AF150364

Vom Autor Michael Rosenkötter
bei BoD bereits erschienen:

Alltag und Lebenswelt einer Bauernfamilie
Der Hof Rosenkötter in der Bauerschaft
des Stifts Quernheim von der Frühen Neuzeit
bis zum Beginn des 19. Jahrhunderts (2020)

From Westphalia Into the World
A Farmer's Family from Westphalia
in Search of a Better Future in the U.S.A.
Eine ostwestfälische Bauernfamilie sucht das
Glück in den Vereinigten Staaten von Amerika
Englische Ausgabe mit deutschem Textteil (2003)

Michael Rosenkötter

Pastoren, Soldaten, Kaufleute …

Auf den Spuren einer Familie
im Westen Preußens

Eine historische Collage

Bibliografische Information der Deutschen Nationalbibliothek: Die Deutsche Nationalbibliothek verzeichnet diese Publikation in der Deutschen Nationalbibliografie; detaillierte
bibliografische Daten sind im Internet über http://dnb.d-nb.de abrufbar.

© 2023 Michael Rosenkötter (Text und Gestaltung)
Herstellung und Verlag: BoD - Books on Demand, Norderstedt

ISBN: 9783739231242

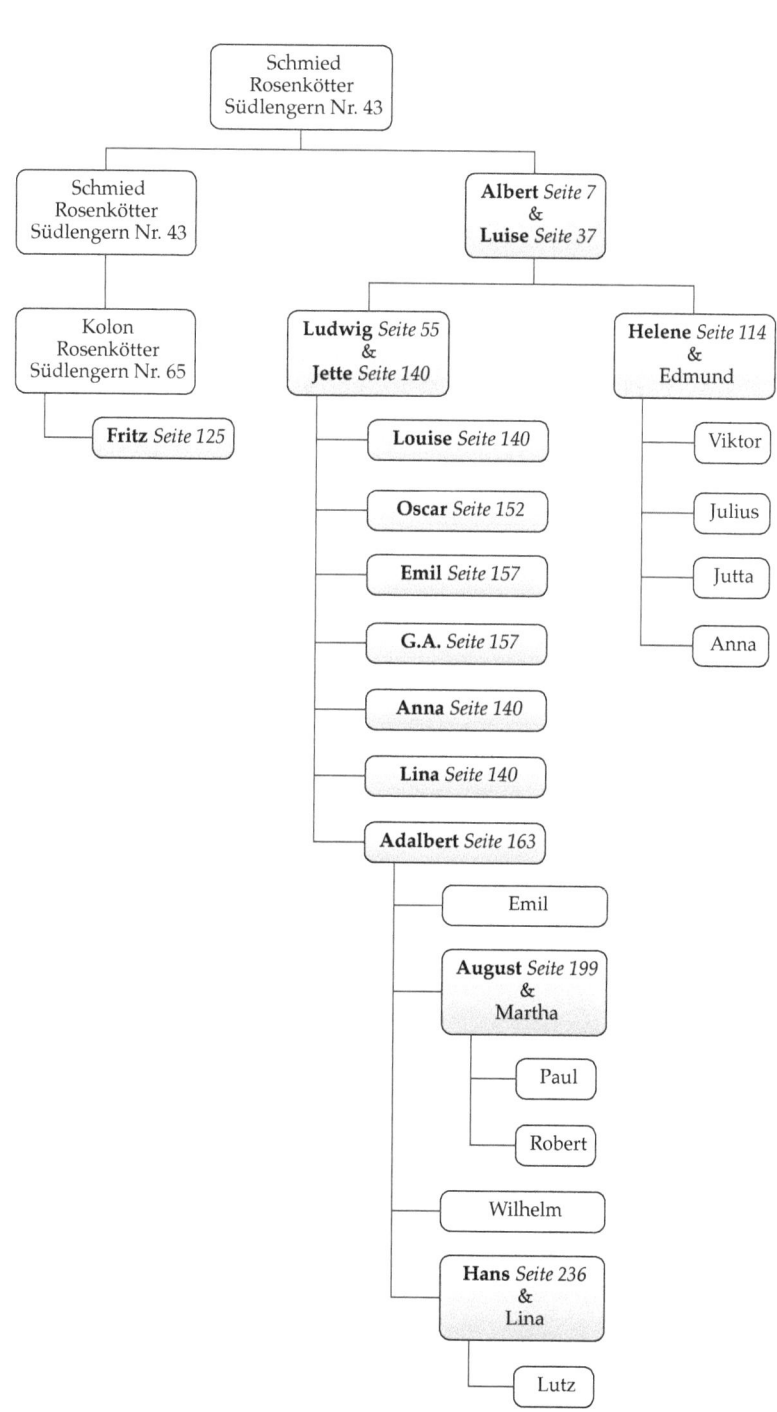

Albert (1764-1805)

Angekommen.
Albert war wieder zurück.
Zurück in seiner Heimat.
Sein halbes Leben hatte er in der Fremde verbracht.
Die meiste Zeit in Halle an der Saale. Später Ratibor.
Langsam hatte er sich wieder an seinen Geburtsort herangetastet.
Erst Herford, dann Mennighüffen, zuletzt Löhne.
Geheiratet, Kinder bekommen.

1805 wurde Albert Heinrich Rosenkötter
in sein Amt als Pfarrer der Kirchengemeinde Bünde eingeführt.
Und genau hier war er vor fast 41 Jahren getauft worden.

*

Alberts Geburtsort war der Rosenkotten des Dorfschmieds im Unter-
dorf von Südlengern. Die Rosenkötter waren nicht immer Schmiede
gewesen. Mitte des 16. Jahrhunderts lebte in dem Rosenkotten der Bau-
meister Heinrich. Erst während des 17. Jahrhunderts, als immer mehr
Werkzeuge und Gebrauchsgegenstände aus Eisen Eingang in den Alltag
der Bauern fanden, wechselten die Rosenkötter zum Schmiedehandwerk.
Alberts Ururgroßvater, Johan Jost Rosenkötter, der 1710 starb, wird in
dem Kirchenbuch als der *Schmidt zu Lengern* bezeichnet.
　　Der Schmied war im Dorf und den umliegenden Bauerschaften bekannt und umgekehrt kannte der Schmied fast alle Leute in der Nachbarschaft. Hin und wieder waren alle auf einen Schmied angewiesen. Es war
die Vielfältigkeit seines Handwerks, die den Schmied auf dem Land un-
verzichtbar machte: Es wurden Pferde beschlagen, Kuhketten repariert,
Sensen gedengelt, Karren und Wagen instand gesetzt, Türen und Tore

aufgehängt, Klammern für den Weidezaun gemacht, Roste gefertigt, Töpfe und Pfannen wiederhergestellt, Schrauben neu geschnitten, Räder beschlagen, Hufeisen geformt, Äxte und Messer geschärft und anderes mehr .... Über die Jahre hatte sich ein Schmied auch jede Menge Kenntnis über die Rinderzucht oder Pferdehaltung angeeignet und wurde von den Bauern häufig um Rat und Hilfe gebeten. Weil der Dorfschmied alle möglichen Leute kannte und dadurch stets auf dem Laufenden war, traf man sich gern bei ihm, um Neuigkeiten auszutauschen.

Mindestens acht, neun Generationen hatten vor Albert auf dem Rosenkotten gelebt. Die Kinder heirateten entweder in die Bauernfamilien der Umgebung ein oder lebten als Heuerlinge mit ihren Familien auf den Höfen, die nie weiter als zwei Wegstunden – ungefähr zehn Kilometer – von Südlengern entfernt lagen: Nördlich der Else und Werre waren dies Höfe in Dünne, Spradow, Kirchlengern, Mennighüffen, südlich der Else in Hiddenhausen, Schweicheln, Herringhausen und östlich der Werre in Falkendiek, Schwarzenmoor, Gohfeld, Bischofshagen und Löhne.

*

Alberts Lebenslauf war in mehrerlei Hinsicht außergewöhnlich:
Er war der erste Rosenkötter,
der für eine längere Zeit seine Heimat verließ;
der erste, der studierte;
der erste, der Pfarrer wurde.

*

Seine Erfahrungen und Beziehungen ermöglichten den Nachkommen völlig neue, andere Wege zu gehen, die sich die vielen Generationen zuvor überhaupt nicht hatten vorstellen können.

Wie sich im Nachhinein zeigt, spiegelt die Entwicklung dieses Familienzweiges viele Aspekte preußischer Geschichte wider: Preußische Politik eröffnete und ermöglichte Chancen und Entwicklungen für die Familie, die sie auch zu nutzen suchte und an manchen politischen und militärischen Ereignissen sind Familienmitglieder auch aktiv beteiligt gewesen. Und ja, – nichts hätte sich am Verlauf der Geschichte verändert, hätte es die Rosenkötter nicht gegeben. Dennoch, der Blick von unten auf die preußische Geschichte beleuchtet einige Aspekte, die von der Geschichtsschreibung häufig ausgeblendet werden.

*

Der Pfarrer einer Kirchgemeinde war Teil des preußischen Staates. Er beurkundete die Geburten, Eheschließungen und Todesfälle seiner Gemeinde, führte die Standesregister und war damit derjenige, der Auskunft gab, welche Kinder schul- oder unterrichtspflichtig wurden und wer, nach der Konfirmation, als Soldat für den Dienst im Militär herangezogen werden konnte. Als Verwalter der Armenkasse war der Pfarrer auch für die Sozial- und Armenfürsorge verantwortlich. Die Bekämpfung der Armut war spätestens nach dem Ende des Dreißigjährigen Krieges eine Aufgabe der Gemeinde und allgemeine Bürgerpflicht, denn sie wurde nicht mehr als ein individuelles, sondern als ein gesellschaftliches Problem betrachtet. Und schließlich oblag dem Pfarrer die staatliche Schulaufsicht. Die Organisation der Schule und die Festlegung der Lehrinhalte waren bis zum Ende des 19. Jahrhunderts weitgehend in kirchlicher Hand.

Die durchweg miserablen fachlichen Leistungen der Schullehrer und deren völlig unzulängliche pädagogische Ausbildung sowie die durchweg schwierigen Lebensbedingungen der Kinder auf dem Lande, die häufig dem Unterricht fernblieben, weil sie als Arbeitskräfte in der Landwirtschaft gebraucht wurden, machten eine grundlegende Neuordnung des Schulwesens notwendig. 1754 wurde eine Landschulordnung für das Fürstentum Minden und die Grafschaft Ravensberg durch die Regierung in Minden erlassen: Sie war die erste umfassende Ordnung des Elementarschulwesens in Preußen und diente als Vorlage für das neun Jahre später in Kraft tretende allgemeine Volksschulgesetz Preußens, das General-Landschul-Reglement.

Im Zentrum des Unterrichts stand der Kleine Katechismus – seit 1529 das lutherische Lehrbuch für den christlichen Glaubensunterricht –, damit die Kinder, wie es im Erlass heißt, den wahren Grund der Hoffnung zum ewigen Leben erfassen. Alle Kinder evangelischen Glaubens sollten die Grundlagen der christlichen Religion, also die Zehn Gebote, das Glaubensbekenntnis, das Vaterunser und die Bedeutung von Taufe, Beichte und Abendmahl kennenlernen und verinnerlichen, indem sie die Fragen und Antworten hierzu in der Schule auswendig lernten. Hinzu kamen Gebete und die Haustafel. Letzteres war eine Sammlung von Bibelversen, die vor allem zum Gehorsam gegenüber den übergeordneten Ständen, den Predigern und der Obrigkeit, dem Ehemann und den Eltern ermahnen, welche ihrerseits zur Fürsorge, Strenge, Gerechtigkeit und zu vorbildlichem Verhalten angehalten sind.

Alle Kinder sollten im Alter von fünf oder sechs Jahren die Schule bis zum 13. beziehungsweise 14. Lebensjahr besuchen. In diesen acht Jahren sollten sie außerdem Lesen und – soweit Eltern es wünschten – auch Schreiben und Rechnen lernen.

Die Schulordnung beinhaltete nicht eine allgemeine Schulpflicht, sondern eine Unterrichtspflicht. Wer sich einen Hauslehrer leisten konnte, durfte die Kinder in den eigenen vier Wänden unterrichten lassen. Festgelegt aber wurden die Unterrichtsinhalte und -ziele, wobei natürlich auch mehr als nur diese vermittelt werden durften. Als Hauslehrer wurden Absolventen der Universitäten, vor allem Kandidaten für eine Pastorenstelle beschäftigt. Für die Besetzung einer Schullehrerstelle wurden dem Konsistorium, der obersten Verwaltungsbehörde der evangelischen Kirche in Minden, so hieß es, *drei tüchtige Subjekte* präsentiert. Sie mussten eine Probe ihrer Kenntnisse beim Superintendenten abgeben. Dieser erteilte gegebenenfalls eine Berufung, und danach konnte der Kandidat in das Amt eines Schulmeisters eingeführt werden.

Folgende Voraussetzungen hatten diese zu erfüllen: Dem angehenden Lehrer mussten nötigen Natur- und Gnadengaben von Gott her mitgeteilt worden sein, er musste eine ausreichende Erkenntnis der göttlichen Wahrheiten besitzen und selber danach leben. Darüber hinaus musste er in der Lage sein, der Jugend gleichfalls zu zeigen, wie sie durch die Gnadenwirkungen des heiligen Geistes aus dem Stande der Sünden in den Stand der Gnaden und zum Glauben und Leben gelangen könne.

Die Lehrer mussten einen tadellosen Lebenswandel vorweisen, Vorbild sein, kein Bier oder Branntwein verkaufen, keine Gastwirtschaften, Schenken oder Krüge aufsuchen und auch nicht an Gastmählern und Feiern teilnehmen oder Musik machen.

Die Schulordnung regelte bis ins Detail den Stundenplan und die Unterrichtsinhalte sowie die unterschiedlichen Unterrichtsmethoden je nach Alter der Schüler und den Ablauf der Stunden. Es gab keine Klassen in der Dorfschule, der Lehrer unterrichtete alle Kinder von fünf bis vierzehn Jahren gemeinsam. Die großen, mittleren und kleinen Jungen und Mädchen hatten jeweils unterschiedliche Anforderungen zu erfüllen: Zum Beispiel schrieben die großen Schüler einen Wochenspruch an die Tafel, die mittleren lasen den Text laut vor, die kleinen buchstabierten einzelne Worte. Es wurden Lieder und Verse gesungen und auswendig gelernt, Morgengebete gesprochen, ein Stück aus dem Katechismus erklärt, ein Kapitel aus dem Testament besprochen, ein monatlicher Psalm gelesen, der Inhalt der biblischen Bücher beigebracht. Es wurde gelesen, buchstabiert und geschrieben und dabei auf ordentliche Aussprache und schönes Schreiben Wert gelegt. Die etwas Älteren sollten die Bedeutung des Kalenders und dessen Gebrauch lernen und auch das Einmaleins perfekt auswendig lernen.

Dass Anspruch und Wirklichkeit zuweilen weit auseinander klafften, wird angesichts der Befähigung mancher Lehrkräfte verständlich: Einige konnten ein paar Lieder oder Verse auswendig und fast ohne Fehler aufsagen und auch ganz schön singen, andere aber vermochten nur leidlich zu lesen oder mussten sich besonders im Schreiben üben; das einfache Rechnen bereitete vielen Schulmeistern großes Kopfzerbrechen.

Die Unerfahrenheit der meisten Schulmeister ließen die jungen Leute auf den Dörfern in Unwissenheit und Dummheit aufwachsen, urteilte Friedrich II. Der hatte allerdings selbst dafür gesorgt: Eine höchst üble Wirkung hatte der Einfall, den der König Friedrich der Große bald nach dem Siebenjährigen Kriege hatte, seine invaliden Soldaten und Unteroffiziere dadurch zu versorgen, dass sie als Landschulmeister angestellt wurden. Die meisten dieser Leute wären hierzu, sowohl wegen der völlig mangelhaften Kenntnisse, als auch wegen der im Soldatenstande angenommen Sitten gänzlich unfähig, so lautete das Urteil von manchen Zeitgenossen.

Bereits vor dem Siebenjährigen Krieg, 1742, war der Sohn des alten Südlengeraner Schulmeisters Brockhaus, ein aktiver Soldat des in der Grafschaft Ravensberg stationierten Infanterie-Regiments, als Lehrerhilfskraft angeworben worden. Vergeblich versuchten die Eltern ihn wegen mittelmäßiger Fähigkeit wieder loszuwerden. Zwei Jahre später übernahm er die Stelle seines Vaters ganz, obwohl er weiterhin in seinem Regiment dienstpflichtig war. Im Dezember 1757 wurde er in einer Schlacht schwer verletzt und in Schlesien begraben.

Sein Nachfolger war der junge Franz Tiemeier aus Holsen, der von 1755 bis zu seinem Tode im Herbst 1800 – sehr zur Zufriedenheit der Gemeinde – Schulmeister von Südlengern blieb.

*

Als Albert Rosenkötter 1770 im Alter von fünfeinhalb Jahren in die Schule kam, war sein Lehrer Tiemeier 34 Jahre alt und hatte bereits fünfzehn Jahre Erfahrung als Schulmeister. Jeweils drei Stunden am Vormittag – im Winter von acht bis elf und im Sommer von sieben bis zehn Uhr – und am Nachmittag von ein bis vier Uhr war Schulunterricht. Am Mittwoch und Sonnabend war nachmittags frei. Sonntags war der Gottesdienst oder die Wiederholungsstunde in der Schule zu besuchen. Ferien gab es in den Wochen der drei hohen kirchlichen Feste: Weihnachten, Ostern und Pfingsten und während der ganzen Erntezeit, die meistens Mitte Juni begann und im späten August endete.

Für Albert dürfte der Schulunterricht schon bald langweilig geworden sein, denn der Lehrstoff bot nach drei, vier Jahren wenig Neues und die Methoden wiederholten sich. Wer, wie Albert, von klein auf in der Schmiede mit allen möglichen Leuten aus dem Dorf und der näheren Umgebung in Kontakt kam und so manchen Gesprächen, Geschichten, Wortwechseln und Witzeleien gelauscht hatte, der wollte mehr wissen, als ein Schullehrer vermitteln konnte. Viel aufregender war es, wenn mal wieder Händler oder Reisende von weit her mit ihren Fuhrwerken die Schmiede aufsuchten, um etwas richten zu lassen – die Schmiede lag nur vierhundert Meter von der Brücke über die Else entfernt.

Lange Zeit bildete der Fluss Else die Grenze zwischen der Grafschaft Ravensberg und dem Fürstentum Minden, die erst 1719 zu einer gemeinsamen, preußischen Verwaltungsprovinz zusammengelegt wurden. Über die Elsebrücke bei Lenniger führte der alte Landweg von Herford nach Lübbecke, der auch überregionale Bedeutung als Passage von Bremen nach Dortmund oder Köln und aus dem Hannoverschen, Osnabrückschen und Ostfriesland hatte. Wer über die Brücke fahren wollte, musste bei dem Gantenkrüger einen Landzoll entrichten. Erst danach wurden die Schlagbäume geöffnet und die Fahrt konnte fortgesetzt werden.

Die Fuhrmänner berichteten von ihren beschwerlichen Reisen und den Gefahren, denen sie unterwegs begegneten. Das war spannender und viel interessanter als die Geschichten, die Albert sich in der Schule anhören musste.

Immer mal wieder wurde geschildert, wie anstelle der alten hölzernen eine neue, steinerne Brücke über die Else gebaut worden war und im Siebenjährigen Krieg ein Teil der französischen Armee auf dem Rückzug vor dem Heer der preußischen Verbündeten die Steinbrücke teilweise zerstörte. Im darauf folgenden Jahr hatten die Franzosen wieder die Brücken über die Else besetzt, um einen Rückzugsweg für die französischsächsischen Truppen freizuhalten. Dann wurde lebhaft von plündernden und brandschatzenden Landsknechten erzählt, die die Gegend unsicher gemacht hatten.

Schon bald war von Hexen und Zauberei die Rede: Unweigerlich kam man auf den Werwolf zu sprechen, der einem auf der Elsebrücke begegnen und nur mit einem Vaterunser vertrieben werden konnte. – Hinter Tiemanns Scheune trafen sich nachts um zwölf Hexen zum Tanz mit dreibeinigen Ziegen. In der Walpurgisnacht trieben sie es besonders schlimm und junge Mädchen mussten aufpassen nicht verführt zu werden. – Beim Gantenkrüger sollten unglaubliche Dinge passiert sein: Ein Schimmel – oder war es doch ein Drache? – kam nachts durch ein Loch im Giebel, sprang durch die Bodenluke auf die Deele der Wirtschaft, erschreckte die Gäste zu Tode und verschwand auf rätselhafte Weise. – Nicht weit davon entfernt sah man nach Mitternacht ein Gespenst: Sämtliche Rosenbäume im Garten brannten, in allen Zimmern war es lichterhell, und im ganzen Hause entstand ein Poltern, als wenn alles umgeworfen und zerschlagen würde. Solche und noch viele andere, Grusel erregende Sagen erzählte man sich in der Schmiede nahe der Elsebrücke.

*

Das Einerlei des Schulalltags war viel schlimmer als es die Vorgaben der Schulordnungen erahnen lassen. Jeden Tag der gleiche Ablauf: der leiernde Vortrag von Versen, Psalmen oder Morgengebeten, das mühsame Schreiben einzelner Buchstaben an die Tafel, die ständigen Wiederholungen, das stotternde Buchstabieren eines Wortes und immer zu die Ermahnungen des Lehrers, aufmerksam zu sein, ruhig den Mitschülerinnen zu lauschen und nicht einzuschlafen. Die witzige Bemerkung, die kleine Stichelei oder das gemeinsame Aufstöhnen ob des gleichen Fehlers waren nur kurze Ablenkungen. Der Schulalltag war ausgesprochen langweilig.

Albert hatte seinen Lehrer genau beobachtet: Tiemeier führte ein Verzeichnis, eine Fleißtabelle. Jeden Morgen wurde die Anwesenheit der Kinder überprüft. Während der Stunden schrieb Tiemeier kurze Notizen über besonders – positiv oder negativ – auffällige Schüler und Schülerinnen. Albert hatte auch mitbekommen, dass der Pfarrer, der hin und wieder in der Schule vorbeikam und den Unterricht verfolgte, sich auch sehr genau diese Listen ansah und manchmal einen Schüler zu sich kommen ließ.

Eines Tages rief der neue Pfarrer Rauschenbusch Albert auf und fragte ihn, wie ihm die Schule gefiele, ob er auch fleißig lerne und ihm die Schule Spaß mache. Na klar!, flunkerte Albert. Ob er denn Lust habe, noch mehr zu lernen und von ihm, dem Pfarrer, unterrichtet zu werden. Albert musste nicht lange überlegen; er mochte den jungen Pfarrer, der auf die Leute zuging und so lebhaft erzählen konnte. So kam es, dass Albert regelmäßig im Pfarrhaus zu Bünde zusätzlichen Unterricht durch den Pfarrer Hilmar Ernst Rauschenbusch erhielt.

Gegensätzlicher konnte Lernen kaum sein: hier die Eintönigkeit des Schulunterrichts, dort Begeisterung, Anregung und Herausforderung. Für Albert eröffnete sich eine ganz neue, ihm noch unbekannte Welt. Und auch für Rauschenbusch hatten solche Gespräche große Bedeutung, da er die Gedankenentwicklung der jungen Menschen noch formen und sie in dem rechten Glauben, so wie er ihn verstand, beeinflussen und festigen konnte.

Der junge Pfarrer Rauschenbusch suchte das Gespräch mit allen seinen Gemeindemitgliedern, die er anfangs als wenig zugänglich und lebendig erfuhr. Gleich nach seiner Ordination in Bünde 1771 bemühte er sich, die Mitglieder seiner Gemeinde kennenzulernen. Er besuchte sie in ihrem Zuhause, aber es kam ihm vor, als wenn er mit Menschen spräche, die noch nie eine Predigt des Evangeliums gehört hätten.

Rauschenbusch war schon früh von seinem Mentor und späteren Schwiegervater, dem Gohfelder Pfarrer und Erweckungsprediger Friedrich August Weihe, auf diese theologisch so schwierige Situation in der Kirchengemeinde Bünde hingewiesen worden. Vorausschauend hatte Weihe dafür gesorgt, dass der Stundenhalter Johann Heinrich Löhmann aus Hausberge dem jungen Pfarrer in den ersten Monaten behilflich würde. Löhmann hielt – in enger Absprache mit Pfarrer Rauschenbusch – Versammlungen oder Bet- und Bibelstunden, sogenannte Konventikel, in privaten Räumen ab. Solche Zusammenkünfte durften die Pfarrer selbst nicht ausrichten. Die Stundenhalter schufen so neben den offiziellen kirchlichen Einrichtungen Gemeinschaften, in denen die Teilnehmer eine ihren Bedürfnissen und Wünschen entsprechende gemeinschaftliche Form der Frömmigkeit entwickeln und pflegen konnten. Dieses Nebeneinander von kirchlichen und privaten Strukturen wurde kennzeichnend für Minden-Ravensberg und hält sich bis in die Gegenwart. Auf diese Weise konnte die Erweckungsbewegung auch in Bünde Fuß fassen.

*

Albert, damals zehn Jahre alt, bekam von diesen Aktivitäten nur wenig mit und verstand noch viel weniger deren Bedeutung. Völlig unverständlich war für Albert, dass der Pfarrer seine Hochzeit mit Wilhelmine

Weihe, die mit zwanzig Jahren genauso alt war wie sein älterer Bruder Johann Friedrich, ohne ein großes Fest hielt. Eine Hochzeit, insbesondere in diesen schönen, warmen Maitagen, musste doch ordentlich gefeiert werden, mit Tanz, Musik und Spiel. Da wurde Speisen und Getränke von allen Teilnehmern aufgefahren, dass sich die Tischplanken bogen. Eine Hochzeit war eine Angelegenheit für das ganze Dorf und man feierte die Nacht hindurch und auch noch den nächsten Tag. Aber nicht so bei den Rauschenbuschs. Sehr eigenartig! Die schworen sich in der Kirche die ewige Treue und bedankten sich bei den zahlreichen Teilnehmern des Gottesdienstes für deren Kommen, aber für Vergnügungen mit der Gemeinde war kein Platz. Das passte so gar nicht zu dem Pfarrer, wie er ihn in den zahlreichen Unterrichtsstunden im Pfarrhaus kennengelernt hatte.

*

Und dann gab es noch das ständige Gerede vom Teufel. Manche Menschen, so erzählten Pfarrer und Stundenhalter, seien vom Teufel besessen. Der Teufel verstecke sich in Geistern und Gespenstern. Albert schien es, als sei der Teufel wahrhaftig ins Pfarrhaus eingezogen, so häufig war von ihm die Rede. Hexen und Dämonen wären nur Verkleidungen des Teufels und der ließe sich, so erklärte Rauschenbusch, nur durch Gebet, Fürbitte, Gesang und insbesondere das Festhalten am richtigen Glauben bekämpfen. Auch der neue Pfarrer Schuss, der nach dem Tod des Pfarrers Mentze 1776 neben Rauschenbusch auf die zweite Pfarrstelle kam, war sich sicher: Tiefe Frömmigkeit und göttliche Begeisterung bewahrten vor jeglichem Übel, namentlich den Teufel.

Früher reichte es, knurrte Alberts Vater, drei Kreuze an das Tor zu malen, ein Beil oder Messer auf die Türschwelle zu legen oder – wenn es denn sein muss – das Vaterunser aufzusagen, um das Böse fernzuhalten.

*

Albert lernte schnell und hatte ein sehr gutes Gedächtnis. Alles, was er einmal auswendig gelernt hatte, konnte er – auch nach langer Zeit – wortwörtlich wiedergeben. Und er war wissbegierig. Rauschenbusch hatte diese Fähigkeiten früh erkannt und gefördert. Für ihn war klar, aus Albert konnte mehr werden, als man allgemein von einem 14-jährigen Jungen im Dorf erwartete. Er sollte eine Lateinschule besuchen und danach, wenn möglich, studieren.

Rauschenbusch hatte seine Pläne bereits mit Albert besprochen und der hatte begeistert zugehört und eingewilligt. Nun mussten die Eltern überzeugt werden. Der Pfarrer erläuterte den Eltern seine Überlegungen: In Halle an der Saale gäbe es eine Lateinschule, die auch Kinder von Eltern aufnähmen, die kein Schulgeld zahlen könnten. Mehr noch, Albert könne gleich nach der Schule in Halle studieren. Theologie wäre genau das Richtige für ihn. Wer weiß, vielleicht würde Albert eines Tages Pfarrer in Bünde werden? Ohnehin musste ja jeder, der in Preußen eine Pfarrstelle erhalten wolle, wenigstens zwei Jahre in Halle studieren.

Dies war keine leichte Entscheidung. Halle war weit weg, ungefähr dreihundert Kilometer! Das bedeutete eine Trennung auf lange Zeit. Wann würde man sich wiedersehen? Würde Albert diese Herausforderungen – ganz allein auf sich gestellt – bewältigen?

*

Tatsächlich erhielt Albert einen Platz im Waisenhaus-Gymnasium, wie es im Volksmund genannt wurde, denn die Lateinschule war im ehemaligen Waisenhaus der Franckeschen Stiftungen untergebracht. Im Herbst machte Albert sich auf den Weg. Allein. Zu Fuß. Es gab zwei Routen Richtung Halle: Die eine verlief nördlich des Harzes über Hildesheim und Halberstadt; die andere südlich des Gebirges über Hameln und Nordhausen. Albert entschied sich für die südliche Wegstrecke. Da konnte er noch bei Caspar Henrich Rosenkötter, einem Verwandten in Falkendiek, vorbeischauen. Caspar hatte vor einem Jahr Cathrine Bültemeyer geheiratet und die junge Heuerlingsfamilie – der kleine Johann war schon anderthalb Jahre alt – wohnte im Kotten auf dem Niemannhof in Falkendiek. Albert musste die Herforder Straße nehmen und bei Schweicheln über die Werrefurt nach Bischofshagen gehen. Am nächsten Tag wanderte er über Exter und Wehrendorf Richtung Hameln. Über Northeim, Nordhausen und Sangerhausen führte die Postroute nach Halle.

Auf dem Weg nach Halle musste er mindestens neun Grenzen passieren: Ausgangspunkt war die Grafschaft Ravensberg. Schon bald überquerte er die Höhen des Fürstentums Lippe, wanderte kurz durch einen Zipfel des Herzogtums Braunschweig, um dann ins Kurfürstentum Hannover zu gelangen; von dort ging es in das Kurfürstentum Brandenburg und die unabhängige Reichsstadt Nordhausen, durch ein kleines Stück des Fürstentums Schwarzburg-Rudolstadt ins Kurfürstentum Sachsen und schließlich wieder nach Brandenburg hinein.

Als Albert in Glaucha, vor den Toren der Stadt Halle in dem Herzogtum Magdeburg gelegen, eintraf, kam er aus dem Staunen kaum heraus: Eine Reihe mächtiger Bauwerke, vier Stockwerke und zwei Dachgeschosse hoch, erhoben sich vor ihm. Es gab eine Armenschule, eine Bürgerschule und die Lateinschule. Die Jungen und Mädchen waren vor Ort in Internaten untergebracht. In den angeschlossenen Werkstätten und Betrieben der Franckeschen Stiftungen erwarben die Schüler praktische Kenntnisse und Erfahrungen in handwerklichen, wirtschaftlichen und verwaltungstechnischen Berufen. Zu den Betrieben der Stiftungen gehörten eine Buchhandlung, die Druckerei, eine Apotheke und das Naturalienkabinett. Die Lateinschüler, wie Albert es bald sein würde, konnten nach ihrem Schulbesuch ein Studium an der Universität aufnehmen. Die riesige Anlage machte einen überwältigenden Eindruck und war auch ein bisschen Furcht einflößend. Albert hatte die ersten Schritte in eine andere Zukunft getan.

*

Die Franckeschen Stiftungen und die Universität zu Halle waren im Laufe von fast einhundert Jahren zu den Zentren der Ausbildung protestantischer Theologen und Wissenschaftler im preußischen Staat geworden. Die hier ausgebildete Elite war der Idee der Aufklärung, nämlich Vernunft praktisch werden zu lassen, verbunden. Die Wissenschafts- und Unterrichtssprache war Deutsch. Ziel war es, die Wirtschaftskraft des Landes und seiner Bewohner insgesamt durch eine kameralistischen Verwaltungsstruktur und planvolle Entwicklung zu stärken.

Das Besondere in Halle war aber die Vermittlung von objektivem Wissen und subjektivem Glauben: von Vernunft und Aufklärung einerseits und einer besonderen Form der Frömmigkeitsbewegung, der Halleschen Prägung des Pietismus andererseits, einer Lebensform, bei der praktische Arbeit und soziale Betätigung im Vordergrund standen.

Mit Hilfe der Vernunft könne sich der Mensch von Bevormundung, Aberglauben, überkommenen Traditionen und Unmündigkeit befreien. Er prüft und entscheidet alles nach Regeln der Logik und mit den Mitteln wissenschaftlicher Erkenntnis. Der Rationalismus der Aufklärung wurde zur beherrschenden Idee und ging einher mit dem Aufstieg der Naturwissenschaften. Letztendlich wurden damit auch die Grundlagen für einen modernen demokratischen Verfassungsstaat und die Industrialisierung gelegt.

Die Frömmigkeit drückte sich in der Art der Lebensführung, der Hinwendung zur Gesellschaft aus, bewahrheitete sich in der karitativen Praxis, der Nächstenliebe, Mitmenschlichkeit und Wohltätigkeit und bewährte sich in der sozialen Veränderung der Welt und durch den Dienst am Nächsten.

Allerdings gab es in Halle und insbesondere im Minden-Ravensberger Land zum Teil heftige Pendelausschläge gegen eine vorwiegend auf Nutzen und Vernunft ausgerichtete Denkweise. Die seelsorgerischen Bedürfnisse der einfachen Christen würden vernachlässigt. Deshalb sei es notwendig, das geistliche Leben der Gemeinden durch Kollegien oder Zirkel der Frömmigkeit wiederzubeleben. Die geistliche Intensität dieser intimen Kreise diente der persönlichen Erbauung, der Frömmigkeits-übung durch Beten, Bibelstudium, Gedankenaustausch und Singen. So würden die Gemeindemitglieder ein starkes Gefühl für Gottes Wirken in ihrem Leben entwickeln.

Die anfangs noch brandenburgische, später preußische Regierung unterstützte mit beträchtlichen finanziellen Zuwendungen und rechtlichen Privilegien die pietistische Bewegung vor allem wegen deren Forderung nach einem liebevollen Verhalten in Religionsstreitigkeiten. Das calvinistische Herrscherhaus sah darin die Chance einer gütlichen Einigung mit den Lutheranern und damit dem eigentlichen Ziel, einer Vereinigung der evangelischen Kirchen, näher zu kommen. Tatsächlich gelang dies erst Anfang des 19. Jahrhunderts.

*

Albert betrachtete die Aufklärung mit großem Wohlwollen. Es machte viel Sinn, den Rätseln der Natur mit Logik und Verstand auf den Grund zu gehen. Sein Vater hatte das in seiner Schmiede nicht anders gemacht: Der hatte aus seiner langen Erfahrung und den vielen Versuchen gelernt, auf welche Art und Weise das Metall zu bearbeiten war. Das Eisen musste der Funktion und dem späteren Gebrauch entsprechend behandelt werden: Mal musste es stahlhart sein, mal seine Schärfe möglichst lange behalten oder auch flexibel wie eine Feder sein. Das alles hat wenig mit Glauben und viel mit Verständnis, Nachdenken, Einsicht und Vernunft zu tun.

Die überhöhte Frömmigkeit der Pfarrer Rauschenbusch und Schuss hatte Albert hingegen verwirrt: Sie waren klug und konnten begeisternd reden, wenn sie auch hin und wieder mit ihrem Gerede vom Teufel, der sich überall und hinter allem verstecken konnte, übertrieben. Der Stundenhalter Löhmann ging in seiner maßlosen Art zu beschwören und zu moralisieren noch weit über die beiden Pastoren hinaus. Manches Mal schienen die Konventikelteilnehmer nach ihren Zusammenkünften gänzlich überdreht und sonderbar, ja – ver-rückt.

Gegen Ende des 18. Jahrhunderts hatten sich verschiedene Ausprägungen des Pietismus herausgebildet, die sich zum Teil heftig bekämpften. Das, was als Wiederbelebung und Einigung der protestantischen Kirche, wie sie einst Martin Luther begründete, gedacht war, hatte sich gewissermaßen in das Gegenteil verkehrt.

*

Rauschenbusch, Schuss und Löhmann standen für die gefühlsbetonte, frömmelnde Erweckungsbewegung in Minden-Ravensberg, die sich ab Mitte des 18. Jahrhunderts rund um den Pfarrer Friedrich August Weihe in Gohfeld gebildet hatte. Knapp dreißig angehende Pfarrer wurden maßgeblich durch Weihe erweckt. Die meisten lebten für eine längere Zeit im Gohfelder Pfarrhaus. August Weihe sorgte für jeden Einzelnen und ließ seine Beziehungen spielen, damit die jungen Pfarramtskandidaten ihre eigene Gemeinde im Minden-Ravensberger Land bekamen.

Albert hatte Friedrich August Weihe nicht persönlich kennengelernt, aber ein Kommilitone, dessen Eltern in Minden wohnten, hatte ihm eine Ausgabe des satirischen Romans *Leben und Schicksale des Martin Dickius* mitgebracht. Der Autor Johann Moritz Schwager, ein aufgeklärter Pfarrer aus Jöllenbeck bei Bielefeld, zeichnete mit spitzer Feder ein Bild von August Weihe:

In Löhne war ein Prediger, dessen Ruhm groß war, und von dem der Ruf in viele benachbarte Gemeinden, wenigstens drei Meilen in der Peripherie, erscholl. Eine Poltermaschine, *die so* laut brüllte, *dass* die Zuhörer ganz betäubt aus der Kirche kamen. Auch hätte er in seinem Leben einige Mal die Kanzel mit seinen gesunden Fäusten in Stücke gestikuliert. Der Prediger war *schlechterdings der Meinung, dass der Zuhörer erschüttert und sein Verstand nicht überzeugt werden müsste, denn, sagte er, die Wahrheit kann wirken, ehe sie verstanden wird. – ›Der große Haufen muss nicht alles verstehen, er muss mehr empfinden, als denken. Es ist gut, dass wir ihm bisweilen ein Wort zu hören geben, dabei er mehr horcht, als denkt‹.*

Nach dem Tod von Friedrich August Weihe im Dezember 1771 übernahm Hilmar Ernst Rauschenbusch die Führung. Nun entwickelte sich Bünde zum neuen Zentrum der Erweckungsbewegung in Minden-Ravensberg. Als aber Rauschenbusch 1774 Weihes Tochter Wilhelmine heiratete, wurde er zu dem charismatischen Wortführer dieser antiaufklärerischen, streng bibelgläubigen Richtung des Pietismus. Das wortwörtliche Bibelverständnis gab scheinbar einfache Antworten auf vielschichtige gesellschaftliche und geistliche Fragen. Die persönliche Glaubenserfahrung in der Gemeinschaft stärkte die Einzelnen, machte sie zu Auserwählten und war häufig verbunden mit einem missionarischen Auftrag. Heute würden wir die so Erweckten eher als Evangelikale bezeichnen.

Eine weitere Spielart des Pietismus in der Gegend zwischen Minden und Bielefeld vertrat der Bünder Pfarrer Johann Gottfried Schuss: Nämlich die mit missionarischem Eifer in die Welt getragene Erweckungsbewegung, den Herrnhuter Pietismus. Die Herrnhuter Brüdergemeine hatte ihren Vorläufer in der reformatorischen Brüder-Unität, auch Böhmische oder Mährische Brüder genannt. Während des Dreißigjährigen Krieges wurden sie vernichtet oder aus Böhmen und Mähren vertrieben. Als Exulanten gelangten sie nach Ungarn, Polen und schließlich auch nach Herrnhut in der Lausitz. Aufgrund ihrer Geschichte hat die Brüdergemeine einen stark missionarischen Charakter. Pfarrer Schuss war ein entschiedener Freund der Herrnhuter.

1780 wurde die Deutsche Christentumsgesellschaft mit dem Ziel der Beförderung der reinen Lehre und wahrer Gottseligkeit gegründet. Die Weihe-Schüler traten geschlossen diesem Sammelbecken bibelgläubiger Kreise bei. Rauschenbusch spielte zunächst eine führende Rolle in der Christentumsgesellschaft und war deren Schriftführer. Sein Kampf gegen die Einführung des aufgeklärten Berliner Gesangbuches in Bünde ein paar Jahre später erregte sogar überregionale Aufmerksamkeit.

*

In Halle verfolgte Albert als Student der Theologie mit einigem Interesse die Auseinandersetzungen zwischen dem Bünder Pfarrer Rauschenbusch und den aufgeklärten Befürwortern des *vom Teufel gereinigten* Berliner Gesangbuchs, wie etwa Johann Moritz Schwager. Rauschenbusch hatte diesen bereits viele Jahre zuvor als *Teufelsspötter, Atheisten und Schriftverkehrer* im wahrsten Wortsinne abgekanzelt. Schwager hielt dem entgegen:

Auch steht dem Herrn Rauschenbusch der Teufel zu Diensten, den ich in Jöllenbeck in der Art, wie er in Bünde noch Mode zu sein scheint, nicht mehr brauchen kann.

Es wiederholte sich der Teufelsstreit, den schon Rauschenbuschs Vater, Johann Carl, dreißig Jahre zuvor in Schaumburg-Lippe geführt und verloren hatte. Der Stadthagener Superintendent hatte sich damals eindeutig gegen jegliche Praktiken des Exorzismus, der Teufels- oder Dämonenaustreibung, ausgesprochen und verfügte die Abschaffung des Beichtstuhls. Man munkelte, dass Hilmar Ernst Rauschenbusch allein deshalb Pfarrer in Bünde wurde, *denn im Bückeburgischen tat sich keine Aussicht für die Zukunft auf.*

Die Rauschenbuschs, Vater und Sohn, benötigten das Böse, den satanischen Widersacher und die Höllenstrafen, um dem von ihnen empfundenen sittlich-religiösen Zerfall in ihren Gemeinden entgegenzuwirken. Sie wandten sich gegen alle Vergnügungen, die der Hinwendung zu einem frommen, bußfertigen Leben entgegenstanden.

Hilmar Ernst Rauschenbusch schürte die Furcht in der Bünder Kirchengemeinde durch seine mit Teufelsbildern und Höllenvisionen gespickten Predigten. Den sonntäglichen Marktverkauf ließ er abschaffen, für Vergnügungen jeglicher Art war kein Platz, auch nicht bei Hochzeiten oder Taufen. Er schreckte auch nicht davor zurück, an den seiner Meinung nach vom Teufel Besessenen Exorzismen vorzunehmen. Rauschenbusch war mit den Erfolgen seiner seelsorgerischen Tätigkeit hoch zufrieden:

Die Erweckungen in der Gemeine gehen still und geräuschlos fort, und ich hatte die große Freude, mehrere dieser göttlich Betrübten bei mir zu sehen, und das sind die süßesten Früchte des Amtslebens.

Die Erweckungsbewegung hatte aus dem Spektakel der teuflischen Besessenheit ein Spektakel der göttlichen Begeisterung gemacht. Irgendwie hatte Albert mit seinem Gefühl, der Teufel sei im Bünder Pfarrhaus zu Hause, nicht ganz falsch gelegen.

*

Der Streit um das vom Teufel gesäuberte Berliner Gesangbuch bildete den Auftakt zum ersten preußischen Kultur- und Kirchenkampf. Während der Regentschaft Friedrich II. (1740-86) hatte die Aufklärung unter der preußischen Geistlichkeit immer mehr Einfluss erhalten und Verfechter des Rationalismus wurden bei der Besetzung von Kirchenämtern bevorzugt. Als 1786 Friedrich Wilhelm II. (1786-97) auf dem Thron folgte, war der Weg frei für den *Ränke schmiedenden, betrügerischen Pfaffen*, so hatte Friedrich II. den zukünftigen Kulturminister Johann Christoph Wöllner charakterisiert. Statt der bisherigen fortschrittlichen preußischen Kulturpolitik verfolgte der *Geheime Finanz-, Kriegs- und Domänenrat sowie Oberhofbau-Intendant* Wöllner eine autoritäre Ideologie. 1788 wurde das Religionsedikt erlassen und es folgten immer schärfere Zensuredikte.

Die Minden-Ravensberger Mitglieder der Christentumsgesellschaft spielten dabei eine höchst unrühmliche Rolle. Der *erweckte und engstirnige* Pfarrer Carl Friedrich Wehrkamp in Werther urteilte:

Das Religionsedikt ist die würdigste Verordnung, die Wöllner noch lange verewigen wird. Wenn das nicht wäre, dann dürften die Neologen – so wurden abwertend die theologischen Vertreter der deutschen Aufklärung von ihren Gegnern bezeichnet – *ja machen, was sie wollten, dann würde aller Glaube aus der Welt sein.*

Hilmar Ernst Rauschenbusch konnte für sich in Anspruch nehmen, dass er im weit vorauseilendem Gehorsam sich dieser reaktionären Verfolgung angedient hatte. Warum aber übernahm er – nach fast neunzehn, angeblich so erfolgreichen, Jahren in Bünde – im Mai 1790 die evangelisch-lutherische Gemeinde in Elberfeld? Waren es wirklich Elberfelder Kaufleute, die in Ravensberg überschüssiges, minderwertiges Moltgarn einkauften, die ihn angeworben hatten? Materielle Gründe für den Wechsel gab es nicht; die zu erwartenden Einkünfte in Elberfeld waren viel geringer als in Bünde. Der heftige Religionsstreit hatte wohl tiefere Spuren in der Gemeinde hinterlassen, als man vonseiten der Erweckten eingestehen mochte. Im *Intelligenzblatt der Allgemeinen Literatur-Zeitung* vom 13. Mai 1790 wurde der Vorgang süffisant kommentiert:

Pastor Rauschenbusch wäre *durch die Schwierigkeiten mit dem Herrn Pastor Schwager in Jöllenbeck, des neuen berlinischen Gesangbuchs wegen, und aus einer gedruckten Leichenpredigt über einen gewissen Schwärmer Lehmann* – gemeint war der Stundenhalter Löhmann – *schon bekannt. … Es war schon dem größten Teile der dortigen Evangelisch-Lutherischen Gemeinde genug, zu wissen, dass Herr Rauschen-*

busch ein Feind des neuen berlinischen Gesangbuchs und aller Neologie sei, um ihn sofort mit 66 Stimmen von 78 zu ihrem Prediger zu erwählen, (wozu denn freilich auch die oben angeführte Leichenpredigt gehört, die einem dortigen Fabrikanten zu 3½ Groschen in Kommission gegeben worden.)

Nach Rauschenbuschs plötzlichem Abgang aus Minden-Ravensberg übernahm der Herforder Pfarrer Gottreich Ehrenhold Hartog die Führung der Erweckungsbewegung in Ravensberg.

*

Diese Ereignisse ließen die Studenten und ihre Professoren in Halle nicht unberührt. Albert kannte die meisten seiner Kommilitonen. Sie kamen aus Franken, Kursachsen, Thüringen, Brandenburg oder vom Niederrhein. Mit vielen hatte er persönlichen Kontakt, vor allem mit jenen Studenten aus seiner Heimat: Da waren zum Beispiel der ein Jahr jüngere Daniel Pemeier aus Minden, später Pfarrer in Exter und Windheim, dessen Werdegang noch auf außergewöhnliche Weise Alberts Weg berühren sollte oder Johann August Beissenhirtz aus Lemgo, mit dem Albert eng befreundet war. Beissenhirtz hatte das Gymnasium in Lemgo mit 17½ Jahren verlassen und danach für zwei Jahre die Universität Academia Ernestina in Rinteln besucht und war 1784 nach Halle gewechselt. 1789 wurde er Pastor in Höxter und ließ sich schließlich im Kurfürstentum Braunschweig-Lüneburg nieder.

Viele Studenten führten sogenannte Stammbücher oder Freundschaftsalben, in die Eltern, Verwandte, Jugend- und Schulfreunde sich eintrugen: Sinnsprüche und Gedichte, persönliche gehaltene Ansprachen und kleine Zeichnungen wurden ergänzt durch Ortsangaben, Datum und Namen. Studenten ersuchten ihre Professoren um einen Eintrag im Stammbuch, auch um gegebenenfalls einen Beleg zu haben, wer sie ausgebildet hatte. Manchmal konnten die Eintragungen wie Empfehlungsschreiben genutzt werden oder verdeutlichten, wie weit man im Lande herumgekommen war. Häufig versicherten sich die Eintragenden ihrer Freundschaft zum Beispiel beim Weggang vom Studienort, indem sie gegenseitig ein Blatt im Album ausfüllten.

Die Stammbücher enthielten auf diese Weise Rückerinnerungen an geliebte, verwandte oder interessante Personen, an freundschaftliche Verhältnisse, denkwürdige Ereignisse und glückliche Zeiten.

Mon cher ami, je vous aime, et je souhaite que vous me daignes souvent de votre souvenir, et c'est pourquoi j'ai ecrit ces peu de mots, dernierement ainsi je vous souhaite un bon voyage.

Halle 30. Sbr 1786 A. H. Rosenkötter
Herfordia Guestphalus
etud. en Theol.

Mein lieber Freund, ich liebe dich, und ich wünsche mir, dass du mich oft mit deiner Erinnerung beehrst, und deshalb habe ich diese wenigen Worte geschrieben, und so wünsche ich dir letztlich eine gute Reise.

Albert schrieb diese Worte auf Französisch in das Stammbuch zum Abschied von seinem Freund Johann August Beissenhirtz im Herbst 1786. In dessen Freundschaftsalbum finden sich auch einige Beiträge der in Halle lehrenden Professoren.

Albert hatte gewiss wie sein Freund Beissenhirtz die Veranstaltungen des sehr jungen Professors Georg Christian Knapp besucht, der bei den Studenten beliebt war und zahlreiche Hörer um sich versammeln konnte. Er war der letzte Vertreter des Halleschen Pietismus, ein aufrichtiger Vertreter des biblisch-praktischen Christentums und hatte freundschaftliche Beziehungen zu der Herrnhuter Brüdergemeine. Jedoch war er ziemlich isoliert in dem stärker werdenden rationalistisch ausgerichteten Kollegium. 1785 wurde Knapp im Alter von 32 Jahren einer der Direktoren der Franckeschen Stiftungen.

Gut zwanzig Jahre älter war der Professor der evangelischen Theologie, Johann August Nösselt. Dieser stammte aus einer sehr pietistisch geprägten Hallenser Kaufmannsfamilie. Seit 1779 war er Direktor des Theologischen Seminars. Sein Vorgänger Johann Salomo Semler war vom Preußischen Kultusminister aus der Hochschule gedrängt worden, denn Semler war Mitbegründer der Aufklärungstheologie und forderte eine historisch-kritische Bibelwissenschaft. Nösselt bestand darauf, dass Semler weiterhin volles Gehalt gezahlt würde. Der preußische Kultusminister – eigentlich *Minister des Geistlichen- und Unterrichtswesens* – Wöllner bedrohte später auch Nösselt mit der Entlassung aus dem Dienst, weil er in seinen Vorlesungen *neologische principia* verträte. Nösselt litt sehr unter dem Wöllnerschen Religionsedikt: Zwei staatliche Inspektoren wurden ihm als Aufpasser aufgezwungen. Nösselt stand aber weiterhin für seine akademische Lehrfreiheit ein und verteidigte die Rezeption der deutschen Aufklärung durch die evangelische Theologie.

Albert bekam diese wissenschaftlichen und theologischen, zum Teil scharf geführten, Auseinandersetzungen an der Universität und im Lande direkt mit. Er hatte seine Beziehungen zur Erweckungsbewegung in der Heimat nie abgebrochen, bezog aber nicht eindeutig Position für den Pietismus oder die Aufklärung.

*

Im Jahr 1788 schloss Albert – er war 24 Jahre alt – sein Studium der Theologie an der Friedrichs-Universität in Halle ab. Die Erste Theologische Prüfung war zugleich eine Voraussetzung für die Zulassung zum Vorbereitungsdienst. Im Mai 1791 bestand Albert auch das Kandidatenexamen in Halle; damit hatte er sich jene Kenntnisse und Fähigkeiten angeeignet, die für den Dienst als Pfarrer erforderlich waren.

Doch gleich nach dem Examen eine Pfarrstelle angeboten zu bekommen, das Glück hatten nur jene, deren Familien bereits seit mehreren Generationen im Kirchendienst waren oder über ausgezeichnete Beziehungen zu den städtischen Patriziern verfügten. Für viele – sehr gut ausgebildete – Absolventen der theologischen Fakultäten bot sich allein die Anstellung als Hauslehrer bei kärglicher Besoldung.

Die nächsten beiden Jahre verbrachte Albert in Oberschlesien. Dieses Gebiet war eine der reichsten Provinzen Österreichs gewesen. In den kriegerischen Auseinandersetzungen über die österreichische Erbfolge und die Vorherrschaft in Europa in den 1740er Jahren verlor Österreich Schlesien an das Königreich Preußen, das die Schwäche Österreichs ausgenutzt und sich fast ganz Schlesien einverleibt hatte und damit zu einer europäischen Großmacht aufgestiegen war. Zwischen Alberts Universität in Halle und seiner Hauslehrerstelle in Ratibor liegen ungefähr 530 Kilometer. Zwei Jahre blieb Albert in diesem südöstlichsten Zipfel Preußens.

*

Danach bemühte sich Albert erfolglos um Pfarrstellen in Minden-Ravensberg. Als Kandidat in Herford taufte er am 2. März 1794 den jüngsten Sohn seines ältesten Bruders, dem Schmied Johann Henrich Rosenkötter, auf den Namen Albert Heinrich Christlieb. Als sich seine Pläne in Herford zerschlugen, bewarb sich Albert als Hauslehrer bei Pfarrer Carl Justus Friedrich Weihe, dem ältesten Sohn des Erweckungspredigers Friedrich August Weihe.

*

1774 war Carl Weihe im Alter von nur 22 Jahren als Pfarrer der Gemeinde Mennighüffen eingeführt worden; er blieb dort 55 Jahre. Als Albert seine Lehrertätigkeit im Pfarrhaus Weihe aufnahm, war gerade das zehnte Kind der Pfarrersfamilie geboren worden. Die Familie bewohnte ein für diese Gegend typisches Fachwerkhaus, einen Vierständerbau mit einem teilweise unterkellertem Kammerfach, in dem die Wohnstube, die Kinderstube und die Schlafkammer untergebracht waren. Über dem Kammerfach gab es einen größeren Saal und zwei kleinere Kammern unter der Dachschräge. Vom Kammerfach kam man in das Flett und die Deele. Rechts und links der Feuerstelle gab es zwei Türen zum Garten beziehungsweise zum Kirchhof hin. Die ehemaligen Ställe beiderseits des Deelentors waren vor kurzem zu Wohnräumen der stetig wachsenden Familie des Geistlichen umgewandelt und durch einen Anbau erweitert worden.

Im neu gebauten Backhaus des Pfarrhofes richtete man eine Konfirmandenstube sowie eine Informatorstube, die Kammer für den Hauslehrer, ein. Hier machte es sich Albert so gemütlich wie es eben ging.

Das Pfarrhaus und die Kirche standen zwischen zwei großen Meierhöfen. Zwei Kilometer westlich lag die Ulenburg; die Huchzermeierhöfe weitere zwei Kilometer nördlich; weniger als einen Kilometer südlich befand sich das Haus Beck und einen weiteren Kilometer östlich davon das Gut Schockemühle. Von hier aus waren es gut fünfhundert Meter bis zur sogenannten Blutwiese, wo die alliierte Übermacht aus englischen und hannoverschen Truppen am 1. August 1759 Teile der französischen Armee besiegten. Vor dem Gefecht musste der Gohfelder Pfarrer, Friedrich August Weihe, französischen Offizieren Quartier gewähren. Zu den genannten Gütern, Häusern und Höfen hatte die Familie Weihe zahlreiche verwandtschaftliche und wirtschaftliche Verbindungen.

*

Die Familie des Pfarrers Carl Weihe bewirtschaftete einen vierzig Hektar großen Pfarrhof. Die Gärten wurden mit Hecken eingefriedet, Baumzöglinge wurden gesetzt und Rötelteiche für die Flachs- und Leinverarbeitung auf der Kirchwiese beim Pfarrhaus angelegt. Ständig erprobte Weihe neue Methoden der Feldbearbeitung und führte den Anbau von Klee und Kartoffeln ein. Der Ertrag des Landes wurde auf diese Weise ganz erheblich verbessert und eine durchgehende Versorgung der Bevölkerung mit Nahrungsmitteln im Frühsommer erreicht. Weihe führte darüber hinaus die Stallfütterung des Nutzviehs ein, wodurch der gesamte Dünger gezielt auf den Ackerflächen ausgebracht werden konnte. Schließlich nutzte er Kühe als Zugtiere und verzichtete auf den Einsatz der kostspieligen Pferde. Dies war beispielgebend für die Bauern und beeindruckte auch den preußischen Regierungsrat und Agrarwissenschaftler Johann Schwerz sehr, als er 1816 die Provinz Westfalen bereiste. Er fand in dem bereits alten Mennighüffer Pfarrer Carl Weihe einen aufgeklärten Gewährsmann. Schwerz schrieb:

Ihm lag daran, die Mennighüffer nicht nur in geistlichen Dingen zu versorgen, sondern im Sinne eines praktischen Christentums auch in wirtschaftlicher, juristischer und schulischer Hinsicht zu beraten und zu fördern. Besonders in der Landwirtschaft vermittelte er neue, fortschrittliche Methoden, die zu einer notwendigen Steigerung der Produktivität führten.

*

Die Kinder des Pfarrers Weihe waren in den Gartenbau und den landwirtschaftlichen Betrieb ganzjährig mit eingebunden. Sie wurden, sagte Carl Weihe, *sorgsam erzogen und zu Fleiß, Sparsamkeit und Herzensfrömmigkeit angehalten.* Morgens um fünf Uhr mussten sie aufstehen und bis sieben Uhr in Garten, Feld und Scheune arbeiten. Erst danach gab es für sie als erstes Frühstück Milch und Brot mit Obstaufstrich, der von den vielen Obstbäumen des eigenen Gartens gemacht war.

Es folgte der Unterricht. Die größeren Kinder, die sich auf den Besuch eines Gymnasiums beziehungsweise einer Universität vorbereiteten, wurden durch einen Hauslehrer angeleitet – dies war von 1795 bis Ende 1799 Albert Rosenkötter. Der Hauslehrer unterrichtete sie in den Fächern Mathematik und Naturwissenschaften, Geschichte, Geografie und in den Sprachen Deutsch, Latein und Französisch.

Die kleinen Kinder wurden vom Pfarrer selbst unterwiesen. Während Pastor Weihe an seinem Pult mit literarischen Arbeiten oder Predigtausarbeitungen beschäftigt war, hatte er immer auch ein Auge auf seine Kinder und ermahnte sie bei nachlassendem Fleiß oder Eifer. Hin und wieder gab ihnen kleine aufmunternde Zeichen.

Müßiggang wurde nicht geduldet, jedes Kind hatte entsprechend seines Alters tätig zu sein. Im Frühjahr bekamen alle ein Lamm, für das sie allein die Verantwortung hatten und sorgen mussten. Im Winter wurde die Wolle gesponnen und daraus Strümpfe gestrickt. Die Kinder hatten eine ganz bestimmte Menge an Flachs zu Garn zu spinnen. Selbstverständlich musste auch jedes Kind die Arbeit am Webstuhl erlernen.

*

Albert beobachtete den Pfarrer genau und die beiden führten manche Gespräche über ihre Moral- und Erziehungsvorstellungen. Für Carl Weihe war es wichtig, dass die Erwachsenen den Kindern ein Vorbild sind und auch die älteren Kinder hatten den jüngeren ein Beispiel zu sein. Für den Pfarrer war es selbstverständlich, dass er die Kinder nach seinen eigenen Vorstellungen lenken und erziehen wollte. Sie müssten früh lernen, sich kleineren Einschränkungen zu unterwerfen, damit ihnen größere Leiden erspart blieben.

Sie müssten, so Carl Weihe, feste Grundsätze entwickeln und auch akzeptieren, dass man sich den Gegebenheiten fügen müsse. Man könne nicht den Gang seines Schicksals eigenmächtig verändern; das sei Unrecht. Prüfungen und Züchtigungen müsse man hinnehmen, um nicht in ein größeres Unglück zu kommen. Andere hätten diese schließlich auch überstanden. Nur so würde man mit den Jahren erfahrener und klüger werden und zu einem ehrenwerten, brauchbaren Menschen heranwachsen. Natürlich galten solche Erziehungsvorstellungen vor allem für die jungen Männer.

Allerdings reagierten manche seiner Söhne – sehr zur Sorge des Vaters – ganz anders: Sie waren unzufrieden, fühlten sich unterdrückt und von Zwängen im Elternhaus und durch veraltete gesellschaftliche Konventionen umgeben. Sie wollten mehr Freiheit und möglichst weit weg ziehen, sogar ins Land der unbegrenzten Möglichkeiten und uneingeschränkten Freiheiten nach Amerika auswandern. Weihe hatte durchaus Verständnis für den jugendlichen Drang, betrachtete aber die Söhne als *leichtsinnig, verführbar und ohne feste Grundsätze, wenn sie hitzig nach einer ungebundenen Lebensart schmachteten.*

Albert konnte sowohl die Eltern wie auch die Kinder verstehen. Er selbst hatte erfahren, was es bedeutete, für eine Weile auf sich selbst zurückgeworfen zu sein, allein zu sein, manchmal verzweifelnd und ungeschützt. Andererseits hatte er diese Zeit auch als sehr bildend erfahren;

er war in der Fremde durchaus innerlich stärker geworden, selbstsicherer, selbstbewusst.

Carl Weihe hatte aber auch die Situation seiner Familie im Blick. Neben den üblichen Sorgen von Eltern um ihre Kinder erwähnte er zwei Punkte: die schlechte Gesundheit der Mutter und die schwierige finanzielle Lage der Familie. Carl Weihe klagte Albert sein Leid: Das Kirchspiel brächte sehr geringe Einnahmen, die nur unwesentlich durch die eigene Landwirtschaft aufgebessert würden. Für den Neubau und die ständige Erweiterung des Pfarrhauses müsse er immer wieder Geld leihen. Zudem hätte er jährlich 200 Reichstaler zu verzinsen. Hinzu kämen die teuren Unterkünfte der Kinder, wenn sie auswärts in der Stadt Unterricht erhielten. Auch der Hauslehrer wäre zu entlohnen – hier musste Albert an seinen kärglichen Lohn denken und verzog leicht seine Miene – und die zahlreiche Familie forderte Nahrung und Kleidung, wobei alles teurer würde und die Einnahmen des Predigers nicht im gleichen Maße stiegen. Weihe war sich gewiss: *Wenn Gott meinen Glauben und Mut nicht stärkte, so müsste beides oft versinken.*

*

Nach einem Jahr als Hauslehrer in Mennighüffen erbat 1796 die Gemeinde Eidinghausen Albert Rosenkötter als Pfarrer. Carl Weihe dürfte wohl fürsorglich die Dinge befördert haben, jedoch Albert lehnte das Angebot ab: Ihn zog es nach Bünde. Ein Jahr später sprachen sich die Bünder Gemeinde und Pfarrer Schuss für den Kandidaten Albert Rosenkötter als Nachfolger des verstorbenen Henrich Engelbrecht auf der 2. Pfarrstelle aus. Pfarrer Schuss befürwortete ersatzweise auch den Kandidaten Friedrich Stohlmann. Schließlich wurde das vakante Predigeramt dem Bewerber Lebrecht Baden aus Herford zugesprochen. Stohlmann, der mit einer Tochter des Herforder Pfarrers Gottreich Ehrenhold Hartog verheiratet war, erhielt Ende 1801 eine Stelle in Rödinghausen.

1798 gab es weiteren Wettstreit unter den Pfarramtskandidaten: Diesmal war überraschend die Pfarrstelle in Isselhorst bei Gütersloh frei geworden. Der Pfarrer Heinrich Theodor Koch war vor einem Monat in das Amt eingeführt und gerade einmal vierzehn Tage mit Julie Schwager, einer Tochter des bereits erwähnten Pfarrers Schwager aus Jöllenbeck bei Bielefeld, verheiratet gewesen, als er plötzlich starb.

Der Briefverkehr zwischen Johann Moritz Schwager und seiner Frau Helene, die ihrer Tochter zur Hilfe geeilt war, belegt die Gerüchteküche und verschiedenen Interessen der jeweiligen Unterstützer und Aspiranten um die Stelle. Am 19. Januar 1798 schrieb Helene an ihren Ehemann:

Auch Rosenkötter soll unterwegs sein und wird hier ziemlich starken Anhang finden. Meinetwegen! Johann Moritz Schwager vermutete am 22. Januar, dass der Isselhorster Kirchenvorsteher *nach Bünde sein dürfte, um sich, nicht etwa nach Rosenkötter zu erkundigen, als vielmehr mit Pastor Schuss und Konsorten sich zu verbünden, um dem Magister Lehmann [ein aufgeklärter Theologe] jemand entgegenzusetzen haben.* Und weiter: *Ich bin nun auf Rosenkötters Ankunft und Benehmen gespannt neugierig. Erlebst Du seine Ankunft noch in Isselhorst, so nimm ihn ja recht aufs Korn, aber nur ja mit kluger Zurückhaltung und freundlichem Wesen, und erlebst Du ihn nicht, so mag Julchen es tun. Hätten wir doch sonst noch ein paar brauchbare Subjekte, sie mit Magister Lehmann auf die Wahl bringen zu können, sonst fürchte ich vor Rosenkötter.* Helene antwortete am 24. Januar: *Ob der Kirchenvorsteher jetzt für Rosenkötter oder für Lohmeyer [ein Erweckter] ist, weiß keiner; vielleicht für beide und für keinen, je nachdem sich das Blatt dreht.* Eine Woche später, am 1. Februar vermeldete Helene Schwager: Ein Gewährsmann *wollte auch Nachricht haben, dass Rosenkötter eine so ungewisse Reise nicht wagen, sondern ausbleiben würde.*

Albert Rosenkötter wurde von Johann Moritz und Helene Schwager eher dem Lager der Erweckungstheologen zugerechnet, die beiden schienen sich aber dieser Zuordnung nicht ganz sicher zu sein. Albert bewarb sich tatsächlich nicht um die Isselhorster Pfarrstelle. Die Gemeinde wählte Magister Lehmann. Und Albert blieb Hauslehrer bei der Familie Carl Weihe.

*

1799 ging Albert als Kandidat nach Elberfeld zu Pfarrer Hilmar Ernst Rauschenbusch, was dort in Urkunden 1799 und 1800 belegt ist. Damit wird die Einschätzung des Jöllenbecker Pfarrers Schwager bestätigt, der Albert Rosenkötter der Erweckungsbewegung zuordnete.

Ende Juni 1800 hielt sich Albert zur Beerdigung seines Vaters in Südlengern auf; seine Mutter war bereits achtzehn Jahre zuvor während seiner Ausbildung in Halle gestorben. In Bünde traf Albert wieder Pfarrer Schuss, der ihm erzählte, dass Lebrecht Baden seit Anfang Mai Pfarrer an

St. Marien in Herford wäre und vierzehn Tage zuvor die freigewordene Stelle mit Georg Friedrich Thomas besetzt worden war. Vielleicht würden sich für Albert ja auch neue Perspektiven entwickeln.

*

In Löhne suchte man Anfang 1801 einen Nachfolger für Samuel Linckmeyer, der auf die frei gewordene Pfarrstelle in Valdorf wechseln würde. Albert kannte Linckmeyer gut. Der war auch auf dem Waisenhaus-Gymnasium gewesen und hatte in Halle studiert. Sein Vater Anton Linckmeyer war ein Schüler Friedrich August Weihes und Anton Linckmeyers Aufruf *Lasst uns alle Weihe sein!* war wohlbekannt. Samuel Linckmeyer war mit Hartogs Tochter Henriette verheiratet.

Am 21. Januar 1801 wurde Albert im Alter von 36 Jahren in das Löhner Pfarramt durch den Superintendenten Carl Ludwig Delius eingeführt. Endlich, nach zwanzig Jahren Schule, Studium, Ausbildung und verschiedenen Hauslehrer- und Kandidatenstellen hatte Albert seine erste Anstellung als Pfarrer einer Gemeinde bekommen – und die war nur fünf Kilometer von seiner Heimat, der Schmiede in Südlengern, entfernt. Nun konnte Albert auch daran denken, eine Familie zu gründen, das Einkommen würde langfristig gesichert sein. Er musste eine passende Frau und vor allem, eine passende Familie finden.

Eine Ehe verband ja nicht nur zwei Menschen, sondern vor allem zwei Verwandtschaftsverbände. Zu jener Zeit bedeutete Heiraten das Aufrechterhalten von Ständegrenzen, die Bewahrung der wirtschaftlichen Ressourcen und Privilegien und des sozialen Status für kommende Generationen. Alle Beteiligten waren sich dieser Umstände bewusst und fügten sich mehr oder weniger freiwillig. Das heißt nicht, dass individuelle Sympathien keine Rolle spielten. Innerhalb des vorgegebenen Rahmens blieb Spielraum für eine persönliche Wahl. Man war sich aber sicher, dass fortgesetzter Umgang, Dankbarkeit und Freundschaft die Herzen öffnen würden und wenn man in einer Verbindung besonders glücklich wäre, würde auch Liebe entstehen können.

Und wieder war Pfarrer Schuss Albert behilflich:

Die Schwester meiner Frau, die Helene, ist mit dem Schulmeister zu Holzhausen bei Minden, dem Ludwig Meier verheiratet. Und die haben eine Tochter, Luise … die könnte genau die Richtige für einen Pfarrer sein … guter Charakter … herzlich … klug und fleißig … im passenden Alter,

26 Jahre jung ... und ihr Großvater war Diener beim Geheimen Finanz-
rat Culeman ... in Minden ... im General-Ober-Finanz-Kriegs- und
Domänen-Direktorium.

Albert war beeindruckt. Man kam überein, dass Frau Pfarrer Wilhelmine Schuss bei ihrer Schwester Helene und deren Mann, dem Schulmeister, nachfragen würde, ob Interesse bestünde und man einen Besuch
vereinbaren dürfe. Der Ausgang ist klar, am 14. Juli 1801 traute Pfarrer
Adolph Georg Kottmeier seinen Amtsbruder, Pfarrer Albert Heinrich
Rosenkötter und Luise Marie Charlotte Meier in der Hartumer Kirche.
Am 10. März 1802 wurde im Pfarrhaus in Löhne der erste Junge geboren,
der sieben Tage später auf den Namen Albert Gottfried *Ludwig* getauft
wurde. Als Taufpaten waren anwesend der erste Prediger in Bünde
Johann Gottfried Schuss und der Großvater Ludwig Meier. Zwei Jahre
später, am 10. Februar 1804 kam die Tochter *Helene* Wilhelmine Charlotte
zur Welt, benannt nach ihrer Großmutter Helene Meier.

*

Als nach dem frühen Tod des Pfarrers Georg Friedrich Thomas – er
war nur 27 Jahre alt geworden – die zweite Pfarrstelle in Bünde neu zu
besetzen war, bewarb sich Albert noch einmal auf diese Position. Hier in
Bünde war er ja gewissermaßen zuhause. Er konnte sein Glück kaum
fassen, als er am 3. März 1805 endlich in die von ihm seit langem angestrebte Stelle in der Gemeinde Bünde eingeführt wurde.

Die junge Witwe Regina Thomas, geborene Frederking aus Berg-
kirchen, hatte für einen Sohn und zwei Töchter zu sorgen und heiratete
vier Jahre nach dem Tod ihres ersten Ehemannes Alberts ehemaligen Hallenser Studienfreund Daniel Pemeier, der 1808 von Exter nach Windheim
an der Weser gerufen worden war.

*

Die Stadt Bünde hatte zu jener Zeit knapp über 700 Einwohner: Kaufleute, Krämer und Händler bildeten zusammen mit den Pastoren und
höheren Verwaltungsbeamten die Oberschicht. Es gab zahlreiche Handwerker, die typisch für die Versorgung einer agrarisch strukturierten
Gegend waren: Schuster, Schneider, Tischler, Schlachter, Zimmerleute,
Schmiede und Drechsler. Hinzu kamen Kleinbetriebe und Ladengeschäfte:

Böttcher, Färber, Schlosser, Glaser, Maler, Maurer, Radmacher, Sattler, Knopfmacher, Barbiere und Uhrmacher. Und schließlich gab es Ansätze vorindustrieller Produktion: verschiedene Webereien und Betriebe der Tabak- und Lederverarbeitung.

*

Albert dachte über seinen langen Weg von Bünde über Halle und Schlesien und wieder zurück in die Heimat Ravensberg nach. Manchmal schien es Albert, als würde die Welt von sozialen Netzwerken zusammengehalten. Als Junge beobachtete er, dass nur sozial Gleichgestellte in den Bauerschaften untereinander heirateten: Der Sohn eines Meiers heiratete die Tochter des Besitzers eines anderen Meierhofes; Groß- oder Erbkötterfamilien suchten die Ehepartner für die Töchter und Söhne unter ihresgleichen; und die Kinder der Kleinbauern-, Brinksitzer- und der Heuerlingsfamilien wussten ebenfalls, wohin sie gehörten.

Bei den Handwerkern in der Stadt war es ähnlich: Die Meister ihres jeweiligen Gewerbes waren in Zünften oder Ämtern organisiert. Ein Geselle konnte nur dann Meister werden, wenn er Sohn eines Meisters war oder in die Familie eines Meisters einheiratete. Kaufleute und Höker bildeten ihre eigenen Gilden und man wählte seine Ehepartner nur unter diesen meist wohlhabenden Bürgerfamilien.

Auch der Landadel blieb unter sich: Zum Beispiel die von Quernheim im Gut Behme vermählten sich mit den Familien vor dem Bussche, von Nagel oder von Cornberg, um nur einige wenige zu nennen. Das gleiche Verhalten konnte man bei den Familien der kleinen Fürstentümer und der europäischen Königshäuser beobachten. Und auf der Verwaltungsebene waren ebenfalls familiale und soziale Netzwerke in Minden-Ravensberg tätig, wie zum Beispiel die Familien Consbruch und Meinders, die seit mehreren Jahrhunderten Amtsmänner, Juristen, Landschreiber, Steuerräte, Bürgermeister, Minister, Geheime Räte, Kammergerichtsräte und vieles andere mehr stellten.

*

Persönliche, familiale, soziale und wirtschaftliche Ziele verbanden die Mitglieder dieser Netzwerke und häufig genug gab es auch zwischen den einzelnen Netzwerken mehr oder weniger intensive Verbindungen. Die Netzwerke der ländlichen Bevölkerung waren lokal auf einen Umkreis von etwa zehn Kilometer und die der Handwerker auf ihren speziellen Beruf begrenzt, aber flächenmäßig breit gestreut. Angehörige der wohlhabenden, angesehenen und einflussreichen Bürgerfamilien waren sowohl in der Stadt sehr engmaschig vernetzt und hatten zahlreiche Beziehungen zu anderen einflussreichen, meist städtischen, Netzwerken.

Das Netz der Kirche war hingegen sehr viel breitflächiger über das Land ausgebreitet. Die Kirche war Mittelpunkt des städtischen Lebens und die Pfarrersfamilie in den Dörfern war gewissermaßen ein Außenposten des Bürgertums auf dem Land. Darüber hinaus gab es zahlreiche verwandtschaftliche Beziehungen der Pfarrerfamilien untereinander. Albert konnte dies gut mit seinen eigenen Erfahrungen belegen. Als Schüler hatte er in Bünde die Pfarrer Mentze, Rauschenbusch und Schuss kennengelernt.

*

Matthäus Friedrich Wilhelm Mentze, Sohn des Herforder Notars und Vermögensverwalters Justus Hermann Mentze, besetzte von 1763 bis 1776 die erste Pfarrerstelle in Bünde, die mit einem großen Pfarrhaus und beträchtlichem Landbesitz auf dem Wehmkamp und Dienstboten ausgestattet war. 1764 half Pfarrer Mentze seinem Bruder, dem Kämmerer, späteren Ratsherrn und Bürgermeister Johann Christian Mentze, die für die Position des Kämmerers der Stadt Herford erforderliche Kaution von über eintausend Reichstaler zu stellen. Für diese Summe konnte man sich Anfang des 18. Jahrhunderts ein großzügiges, repräsentatives Wohngebäude in Renaissancestil am Alten Markt in Herford leisten. Seine ältere Schwester Anna Lucia Mentze war die erste Ehefrau des Erweckungspredigers Friedrich August Weihe. Die jüngere Schwester Maria Wilhelmina Mentze war mit dem Mindener Pfarrer, Rektor und Schulreformer Friderich Maximilian Mauritii verheiratet – auch ein Schüler des August Friedrich Weihe. Die Familie Mentze war auf vielfältige Weise mit anderen Herforder Familien verwandt, die Kaufleute, Bürgermeister, Juristen oder Ratsherren stellten.

*

Auch Rauschenbuschs Vorfahren hatten ihren Ursprung in einem Bauernhof bei Herford und waren zu angesehenen Bürgern der Stadt Herford aufgestiegen. Hilmar Ernst Rauschenbusch war nunmehr in vierter Generation Pfarrer. 1769 war er auf Vermittlung seines Schwiegervaters Friedrich August Weihe Hauslehrer der Familie von Quernheim auf Gut Oberbehme geworden. Zwei Jahre später, im Herbst 1771, nutzte Weihe die persönlichen Beziehungen zu Pastor Mentze, um seinen Schwiegersohn als Pfarrer auf der zweiten Pfarrstelle in Bünde unterzubringen. Bereits zehn Tage nach Pfarrer Mentzes Tod übertrug man Rauschenbusch die frei gewordene erste Pfarrstelle in Bünde.

Sein Neffe Johann Karl Rauschenbusch heiratete Florentina Charlotte Weddigen, Tochter des pietistischen Pfarrers und aufklärerischen Publizisten Peter Florens Weddigen. Dieser gab verschiedene, meist kurzlebige Westfälische Magazine zur Geografie, Geschichte, Statistik und Literatur heraus. Autoren waren zum Beispiel der Jurist, Literat und Historiker Justus Möser aus Osnabrück, der Bergarzt, Hofrat und Heimatforscher Karl Arnold Kortum aus Bochum und der Theologe und Schriftsteller Johann Moritz Schwager aus Jöllenbeck bei Bielefeld.

*

Peter Florens Weddigen war mit Helena Friederika Charlotte Stohlmann verheiratet. Die Familie Stohlmann war wiederum mit den anderen Kaufmannsfamilien Barckhausen und Kottenkamp in Herford verbunden. Friederika Stohlmanns Tanten hatten in die Herforder Familie Schuss eingeheiratet: Der eine war Leinenhändler und Ratsherr, der andere Lehrer und Pfarrer der Jacobi-Gemeinde. Der Sohn des Pfarrers Johannes Florens Schuss, Johann Gottfried, war direkter Nachfolger von Hilmar Ernst Rauschenbusch in Bünde. Insgesamt 33 Jahre bis zu seinem Tode 1809 war Johann Gottfried Schuss als Pfarrer in Bünde tätig.

In Löhne lagen die Dinge nicht viel anders: Der oben erwähnte Pfarrer Franz Friedrich Stohlmann in Rödinghausen war mit Wilhelmine Hartog verheiratet, einer Tochter des Weihe-Schülers Gottreich Ehrenhold Hartog, der – bevor er Prediger in der Jacobi-Gemeinde in Herford wurde – in Löhne als Pfarrer tätig war. Eine weitere Tochter Hartogs ehelichte Samuel Friedrich Linckmeyer, Alberts direkter Vorgänger im Löhner Pfarrhaus.

Zu den Vorgängern im Amt gehört Carl Friedrich Wehrkamp – auch ein Weihe-Schüler und mindestens in fünfter Generation Pfarrer. Ein anderer Zweig der Familie Wehrkamp hatte bereits zwei Pfarrer in der Bünder Kirchengemeinde gestellt, die beide hintereinander jeweils fast vierzig Jahre lang die erste Pfarrstelle besetzten.

*

Albert würde nun Teil dieses weit verzweigten Netzwerkes sein. Und er würde alles daran setzen, dass dies auch für seine Kinder so bliebe. Er war aus der Tradition seiner Familie ausgebrochen und hatte die Chancen, die Schule und Universität boten, genutzt. Er hatte sich durchgesetzt gegen alle inneren und äußeren Widerstände. Gewiss, es war ein langer, mühevoller Weg gewesen. Aber es hatte sich gelohnt. Für ihn und seine Frau war klar, ihre Kinder Ludwig und Helene brauchten eine fundierte Bildung und Ausbildung. Sie würden leichter als er Kontakte knüpfen, Beziehungen aufbauen und pflegen und die sich bietenden Chancen nutzen.

*

Albert war sich sicher:
Er war angekommen.

Luise (1774 - nach 1832)

Die Nachricht Anfang November 1805 war unerwartet und kurz:

In Bünde ist vor einigen Tagen der Herr Pastor Rosenkötter, der noch nicht lange daselbst Prediger gewesen, gestorben und hatte eine Witwe mit zwei kleinen Kindern nachgelassen. Vorher war er in Löhne Prediger.

Nicht einmal acht Monate war Albert Pfarrer in Bünde gewesen.
Er wurde 41 Jahre , 5 Monate, 24 Tage alt.
Als Todesursache wurde Nervenfieber attestiert. Das Nervenfieber, heute als Typhus bekannt, wurde um die Jahrhundertwende bei gut einem Viertel aller Verstorbenen beurkundet. Nervöse Störungen waren das typische Krankheitsbild: Die Patienten phantasieren, leiden unter Bewusstseinsstörungen, großer Unruhe oder Erregbarkeit und können die willkürlichen Bewegungen kaum kontrollieren. Erst hundert Jahre später wurden Salmonellen als Krankheitserreger und verunreinigte Nahrungsmittel oder verschmutztes Wasser als Ursache erkannt.
Kurze Zeit nach Albert starb auch die alte Haushälterin im Pfarrhaus.

*

Für Luise brachen schwere Zeiten an: Sie musste den Haushalt führen, für ihre beiden Kinder sorgen und sich um ihre eigene Zukunft kümmern. Ein Anspruch auf eine langfristige Witwen- und Waisenversorgung gab es nicht. Ihr wurde allerdings ein Gnadenjahr zugestanden mit dem Anrecht auf die vollen Einnahmen ihres verstorbenen Mannes. Wenn aber die Pfarrstelle erneut besetzt würde, müsste sie die Einkünfte mit dem neuen Pfarrer teilen.
Nach dem Gnadenjahr würden sie und ihre Kinder mittellos dastehen. Vielen Pfarrerwitwen blieb nach dem Auszug aus dem Pfarrhaus nur die

Hoffnung auf eine Wiederverheiratung oder die Möglichkeit, eine Bleibe im Elternhaus oder bei Verwandten zu finden.

*

Aber Luise war eine willensstarke Frau, eine Kämpferin. Ein Wesenszug, den sie offensichtlich von ihrem Vater geerbt hatte. Dokumentiert ist eine heftige Auseinandersetzung zwischen dem 76-jährigen Schulmeister Meier zu Holzhausen und dem Hartumer Pastor Erdsiek. Der Pastor beschrieb gegenüber dem Superintendenten diesen Lehrer als *hochbejahrt, greise, sehr kränklich* und *ganz unbrauchbar.* Er sei *schon seit einiger Zeit nicht mehr im Stande, den Schulunterricht regelmäßig zu erteilen.* Lehrer Meier widersprach und machte geltend: *Mein einziger Wunsch geht dahin, etwas Schriftliches wegen meiner Einnahme in Händen zu haben.* Erdsiek signalisierte Einverständnis: *Da sich der Meier hoffentlich nunmehr geziemend betragen wird, so wünsche ich doch, dass ihm aus Rücksicht auf sein hohes Alter seine volle Einnahme belassen werde.*

*

Luise war entschlossen, die Neubesetzung der Pfarrstelle nach dem plötzlichen Tod ihres Mannes möglichst lange hinauszuzögern und hatte die schwierige Situation mit ihrer Tante Wilhelmine Schuss und deren Ehemann besprochen. Stellte Pfarrer Schuss die verwandtschaftlichen Beziehungen und Interessen über die kirchlichen und machte entsprechend seinen Einfluss geltend? Ein solcher Auswahlprozess konnte sich schon mal mehrere Monate hinziehen, dass es aber mehr als ein Jahr dauerte war ungewöhnlich.

Jedenfalls wurde erst am 9. November 1806 der neue Pfarrer Hermann Henrich Rothert in sein Amt eingeführt. Rothert war mit Lisette Schwager verheiratet, der ältesten Tochter von Johann Moritz Schwager und Helene Gösling. Rothert hatte zuvor die Pfarrstelle in Friedrichsdorf bei Gütersloh in der Senne, damals noch Osnabrückische Exklave, inne.

Einen Monat danach, am 19. Dezember 1806, heiratete die 32-jährige Witwe Luise Rosenkötter den Justiz- und Domänenamtmann August Wilhelm Walbaum, der genau an diesem Tag seinen 24. Geburtstag feiern konnte.

August Walbaum war das elfte und jüngste Kind der Familie des Peter Heinrich Walbaum in Werther und seiner Frau Benigna Friederica

Heidsieck. Während die Walbaumfamilie seit mehreren Generationen Leinenhandel betrieb, waren die Heidsieck für das Seelenheil der Gemeinden im Ravensberger Land zuständig. Beide waren seit mehreren Generationen mit anderen Kaufmanns- und Pastorenfamilien wie Delius und Piper aus Versmold oder Kisker und Brune aus Halle verflochten. Ihnen gemeinsam ist, dass sie zur Oberschicht gehörten: Sie stellten Bürgermeister, Ratsherren, Senatoren, Richter, Kaufmänner, Pastoren, Superintendenten, Juristen, Mediziner, Gymnasiallehrer, Offiziere …. Sie hatten meist mehrere dieser Funktionen und Berufe nebeneinander oder hintereinander ausgeübt und stets an ihre Kinder und Enkel vererbt. Wer in diesem Kreis aufwuchs, dem war die Zukunft gesichert.

*

August Walbaum hatte bereits im Alter von neunzehn Jahren sein Studium der Rechtswissenschaften an der Friedrichs-Universität in Halle an der Saale abgeschlossen und war in den beiden folgenden Jahren Regierungsreferendar. Mit 21 Jahren wurde er zum Vogt des Amtes Limberg in Bünde bestellt. Als Justiz- und Domänenamtmann blieb er in dieser Funktion bis zur Aufhebung der Vogtei Limberg durch die französischen Besatzung. Am 7. Juli 1807 hatten Frankreich und Preußen (in Koalition mit dem Russischen Kaiserreich) den Frieden von Tilsit geschlossen: Alle Gebiete westlich der Elbe gingen Preußen verloren. Napoléon gründete das neue Königreich Westphalen (*Royaume de Westphalie*) mit seinem Bruder Jérôme als Monarch. Minden-Ravensberg befand sich nun in dem Weser-Department (*Département du Weser*).

Durch ein Königliches Dekret vom 18. März 1808 wurde August Walbaum, der Richteranwärter (*juge assistant*) zu Limberg, zum Friedensrichter (*juge de paix*) in Halle ernannt. Er löste dort den bisherigen Friedensrichter Christian Ferdinand Brune ab, der zum Präsidenten des Tribunals der ersten Instanz in Bielefeld berufen wurde.

*

Das 1808 im Königreich Westphalen eingeführte bürgerliche Gesetzbuch (*Code Napoléon*) und das zivile Prozessrecht (*Code de procédure*) hatten für die Trennung von Verwaltung, Polizei und Rechtsprechung und die richterliche Unabhängigkeit gesorgt. Die bisherigen – von adeligen Gutsherrn und vom Staat abhängigen – Gerichte waren aufgelöst.

Die Friedensgerichte waren als unterste Gerichts- und Schlichtungsinstanz in den Kantonen angesiedelt und auch für die Rechtsprechung in Zivilsachen zuständig. Die Verhandlungen wurden öffentlich am Amtssitz des Richters, häufig in dessen Privathaus, geführt.

Die Friedensrichter waren gewissermaßen den ordentlichen Gerichten vorgeschaltet und ihre Hauptaufgabe war die der Vermittlung zwischen den Kontrahenten. Sie hatten bei nichtstreitigen, sprich freiwilligen, Angelegenheiten, den Vorsitz: So wurden Familienangelegenheiten wie Heirat, Geburt, Sterbefälle, Erbschaften oder Vormundschaften geregelt. Auch in weniger wichtigen zivilrechtlichen Streitigkeiten oder geringfügigen Gesetzesübertretungen entschieden die Friedensrichter und konnten geringe Geldstrafen und kurze Haftstrafen verhängen. Wurden aber schwere Verbrechen in ihren Bezirken verübt, so konnten die Friedensrichter von den Obergerichten als Untersuchungsrichter beauftragt werden. Die Besoldung der Friedensrichter richtete sich nach der Größe des jeweiligen Kantons und betrug 800 bis 1.200 Franken

*

Die Neuordnung des Justizwesens und die Gewaltenteilung war nur eine von vielen französischen Reformen, die von der preußischen Regierung übernommen wurden. Das französische Königreich Westphalen, als Modellstaat geplant – dazu gehörten ein säkulares Staatsverständnis, der Gleichheitsgrundsatz und die Aufhebung der Leibeigenschaft, die Religionsfreiheit und die Judenemanzipation, – war durchaus ein Vorbild für die preußischen Reformen, die in den Jahren 1807 bis 1815 eingeleitet wurden. Mit der Ständeversammlung gab es einen ersten Ansatz zu einer parlamentarischen Mitsprache. Der Staatsrat war in die drei Sektionen Justizwesen und innere Angelegenheiten, Kriegswesen sowie Handel und Finanzen unterteilt. Es entstanden hierarchische, rationale und kontrollierbare Institutionen, die sich durch Expertise, Schnelligkeit und Effizienz auszeichneten. Die Führung von Zivilstandsregistern und Kirchenbuchduplikaten wurde verfügt. Die Wirtschaft profitierte ebenfalls: Der Zunftzwang wurde aufgehoben, Gewerbefreiheit eingeführt, an die Stelle alter Maße – zum Beispiel Fuß, Scheffel oder Pfund – traten einfach umzurechnende metrische Einheiten wie Zentimeter oder Gramm.

*

Der Friedensrichter August Walbaum und seine junge Familie bezogen das größte Haus am Kirchplatz in Halle. Als Luise durch das Deelentor eintrat, kam sie aus dem Staunen nicht heraus: Die tragenden Eichenbalken waren 40 Zentimeter stark und der geräumige Hausflur hatte eine Höhe von sechs Metern. Am anderen Ende war die Küche mit der offenen Feuerstelle. Zwanzig Schritte hatte Luise gezählt, um vom Tor zum Flett zu gelangen. Der Wohnraum war riesig: Es gab einen Saal, acht schöne, große Zimmer, die beheizbar waren, dazu fünf Schlafkammern – verteilt über die beiden Etagen des Hauses. Im gewölbten Keller konnten die Jahresvorräte gelagert werden. Alles war im besten Zustand. Eine besondere Wagenremise befand sich im Haus. Hinter dem Haus lag ein großer geschlossener Hofplatz und eine Scheune mit Stallungen. Dahinter breitete sich ein 5.000 Quadratmeter großer Garten mit reich tragenden Obstbäumen aus, der Boden roch nach fruchtbarer frischer Erde.

Der Leinenhändler und Bürgermeister Jobst Heinrich Brune hatte in den 1670er Jahren dieses repräsentative, zweigeschossige Fachwerkhaus mit dem großräumigen Dachboden bauen lassen. Das Haus steht noch heute mit seiner 18 Meter messenden Längsseite zur Straße hin und ist 16 Meter tief. Links vom Dielentor befindet sich eine Utlucht mit Blick auf die Legge, der amtlichen Prüfstelle für Leinenstoffe, drei Häuser weiter.

Über die Jahrhunderte hinweg hatte das Haus als Wohn- und Amtssitz der Familie Brune gedient: Bürgermeister, Pfarrer und Richter nutzten dieses repräsentative Gebäude. Es bot ausreichend Platz für Versammlungen und Gesellschaften.

Als August Walbaum zum Friedensrichter im Kanton Halle ernannt worden war, schien es nur folgerichtig, dass seine Familie ihren Wohnsitz in diesem Haus bezog, denn auch die Familien Brune und Walbaum waren seit Generationen miteinander verwandt.

*

Es lebten noch mehr Verwandte in Halle. August Walbaums Schwester Florentine Louise hatte 1803 den Kaufmann Anton Daniel Kisker geheiratet. Die beiden wohnten nur 150 Meter entfernt, südlich von Brunes Haus am Markt.

Anton Kisker erbte im selben Jahr eine Lederfabrik, die knapp einen Kilometer vom Kirchplatz entfernt außerhalb der Stadt lag, denn eine Lohgerberei war mit viel Schmutz und Gestank verbunden. Die Gerber verarbeiteten Rinderhäute zu strapazierfähigen, kräftigen Ledern. Die gerade einsetzende Industrialisierung verlangte nach Triebriemen aus solchem Leder für die neuartigen Dampfmaschinen und auch das Militär forderte Nachschub: Stiefel, Gürtel oder Ranzen, Zaumzeug und Sättel für Pferde mussten in diesen kriegerischen Zeiten ständig ersetzt werden.

Antons jüngster Bruder, Christoph Wilhelm Kisker, leitete den Familienbetrieb, den Leinen- und Tabakhandel und die Brennerei. Er hatte die Branntweindestillation modernisiert und den Handel mit Kolonialwaren und bäuerlichen Erzeugnissen aus dem Ravensberger Land, wie Butter und Schinken, aufgenommen. Die Nachfrage nach diesen heimischen Produkten war bei den deutschen Auswanderern in Übersee besonders stark.

*

Luise und ihre Familie hatten sich schnell in Halle eingelebt und natürlich pflegte man die Kontakte innerhalb der weit verzweigten Verwandtschaft. Ludwig und Helene fanden gleichaltrige Spielkameraden in der Nachbarschaft, wie die Brüder Gustav Wilhelm und Hermann Heinrich – die Erstgeborenen von Onkel Anton Kisker und Tante Florentine; oder Wilhelm Eduard und Georg Karl – Söhne von Oheim Christoph Wilhelm Kisker und seiner Frau Wilhelmine Dorothea Schwarze. Manchmal kamen Tante Henrietta Walbaum, eine Schwester des Stiefvaters, verheiratet mit dem Pfarrer Carl Piper aus Versmold, und ihre Tochter Lisette, drei Jahre älter als Ludwig, zu Besuch. Und dann waren da noch jede Menge andere Kinder. Allein war man eigentlich nie.

*

Gustav Wilhelm Kisker, der 1848 für sieben Wochen preußischer Justizminister war, hatte im Alter von acht Jahren angefangen, ein Stammbuch zu führen. Lisette Piper hatte sich als dritte 1812 ins Stammbuch eingetragen, Helene Rosenkötter 1818 und mehrere Schüler des Ratsgymnasiums in Bielefeld, die mit Ludwig in einer Klasse waren und deren Geschwister.

Die Stammbuchliste macht deutlich, dass schon sehr früh Verbindungen entstanden und diese die Grundlage für das spätere soziale Beziehungsgeflecht bildeten, welches die familialen Strukturen ergänzte. Die Mitglieder dieser Netzwerke unterstützten sich gegenseitig mit Geld, Rat und weiteren Beziehungen.

*

Am 15. September 1810 feierte Luise Walbaum ihren 36. Geburtstag. Bereits am Morgen hatte sie in der neuen Ausgabe der *Öffentlichen Anzeigen des Weser-Departements* die folgende Meldung gelesen: Der Theaterdirektor Friedrich Schirmer kündigte an, dass seine Schauspielgruppe auf ihrer Reise nach Münster zehn *theatralische Vorstellungen* in Osnabrück aufführen würde. Dem *geehrten Publikum zu Osnabrück, so wie den Theaterfreunden der umliegenden Gegend*, zeigte Schirmer respektvoll an, dass am Freitag, den 21. September, das Lustspiel *Die Radikalkur von Madam Weißenthurn* aufgeführt werde.

Johanna Franul von Weißenthurn? – Von der hatte Luise schon viel gehört: War das nicht die Schauspielerin vom Wiener Burgtheater, die mit 16 oder 17 Jahren bereits Hofschauspielerin war? Und im vergangenen Herbst hatte Napoléon die Weißenthurn mit viel Geld und Komplimenten überhäuft, weil sie in einer Inszenierung nur für den Kaiser und den Hofstaat im Schloss Schönbrunn so überzeugend die Rolle der Phèdre verkörpert hatte. Seit Jahren gehörte die Schauspielerin auch zu den meist gespielten Dramatikerinnen in Österreich und Deutschland.

In einem anderen Journal hatte Luise gelesen, dass ihre Lustspiele sich durch witzige und gelungene Dialoge auszeichneten und es viel zu lachen gab. Die Weißenthurn thematisierte in den Stücken die Rolle der Frauen in der von Männern dominierten Gesellschaft, die Beschränkung der Frauen auf Haushalt und Familie und ihre Angst vor einer ungewollten Heirat oder finanzieller Abhängigkeit.

Luise wünschte sich in diesem Augenblick nichts sehnlicher, als diese Theateraufführung in Osnabrück zu besuchen. Und so kam es, dass Anton und Wilhelm Kisker fanden, dass ein Besuch in Osnabrück ein tolles Geburtstagsgeschenk für Luise wäre.

*

Vier Tage später saßen Luise, Anton und Wilhelm in der Postkutsche nach Osnabrück. Dies war das bequemste und auch schnellste Reisemittel – wenn denn die Wege trocken waren. Für die Strecke von Halle über Melle nach Osnabrück – ungefähr 45 Kilometer – brauchte die Kutsche sechs Stunden. Die *Öffentlichen Anzeigen des Weser-Departements* vermeldeten unter der Rubrik *Einpassiert* in Osnabrück, dass am 19. September die *Frau Friedensrichterin Walbaum und die Herren Kaufleute Gebrüder Kisker aus Halle im Gasthof zum krummen Ellenbogen im Kamp* logierten. Dies war die beste Unterkunft in der Stadt mit seinen 8.000 Einwohnern und 1.297 Häusern, wie man dem *Neuen Handbuch für Reisende jeder Gattung durch Deutschland* entnehmen konnte.

Am nächsten Tag erkundete die kleine Reisegruppe die Stadt: Das spätgotische Rathaus, wo 1648 der Westfälische Frieden verkündet worden war, den Marktplatz und die Stadtwaage, die Kirchen und insbesondere den mächtigen Dom. Sie umrundeten die Stadt entlang der Stadtmauer, besichtigten das alte kurfürstliche Schloss. Schlenderten durch die Straßen und engen Gassen. Vom Gasthof waren es knapp zehn Minuten zu Fuß bis zum Theater im Adelshof in der Straße Große Gildewart..

Luise freute sich auf das Theaterstück: In dem Lustspiel *Die Radikalkur* geht es um Eifersucht. Die junge Friderike liebt ihren Bräutigam, Heinrich. Der ist jedoch äußerst eifersüchtig, und Friderikes Onkel will ihr dabei helfen, den Bräutigam zu heilen. Ein verwickeltes und gar gefährliches, weil fast zu weit getriebenes Spiel im Spiel wird inszeniert, der letztlich glückliche Ausgang wird nur knapp erreicht: Ist der junge Mann wirklich geheilt oder wird Heinrich aus Eifersucht sogar zur Gewalt greifen und Friedrikes Leben in Gefahr bringen?

In dem Theaterstück wird aber auch ein wirklicher Krieg ausgefochten. Friderikes Vater ist begeisterter Kriegsanhänger und verschlingt die aktuelle Kriegsberichterstattung der Zeitung. Ihr Bruder, August, ist Soldat, ihr Onkel Obristlieutenant. Friderike steht dem Krieg ablehnend gegenüber. Solange Krieg ist, kann sie *unmöglich fröhlich sein … weil der Krieg Blut kostet*. Ihr Onkel teilt nicht den begeisterten Patriotismus seines Bruders: Manche Aktion sei nicht heldenhaft, sondern leichtsinnig, wenn zum Beispiel fünf Männer sich gegen hundert Mann zur Wehr setzten.

Friderikes Bruder kommt aus dem Krieg halb erblindet zurück. Der kriegsbegeisterte Vater ist stolz: *ein Aug weniger, aber einen Grad mehr: Oberlieutenant*. Der Onkel erwidert nüchtern: *Wenn er jeden Grad mit dem Verlust eines gesunden Gliedes erkaufen musse, so wird er Feldmarschall ohne Händ und Füße*. Angesichts eines solchen Bildes stellt das Theaterstück die Frage wie Friedrikes Zukunft aussehen wird?

Johanna Franul von Weißenthurn hatte das Theaterstück 1805 geschrieben, in einer Zeit ständiger Kriege, der sogenannten Koalitionskriege, und ein Ende dieser Auseinandersetzungen war nicht in Sicht. In *Die Radikalkur* greift die Autorin die Kriegsbegeisterung und den blinden Patriotismus in Europa mutig an. Die Autorin war sich durchaus bewusst, dass ihre weibliche Sicht der aktuellen Situation von vielen Männern, insbesondere an der Spitze der Gesellschaft, nicht geteilt würde. Luise aber war von dem Stück und der Schauspielgruppe begeistert. Dieser Theaterbesuch hatte sich wirklich gelohnt!

*

Wer konnte damals auch nur erahnen, dass man drei Monate später nicht mehr im Königreich Westphalen leben, sondern – zumindest offiziell – Bürger des französischen Kaiserreiches sein würde? Am 13. Dezember 1810 ließ Napoléon durch einen Beschluss des Senats die Niederlande, die Hansestädte Bremen, Hamburg und Lübeck sowie das nördliche Niedersachsen und Gebiete des Königreichs Westphalen in das Kaiserreich Frankreich (*Empire français*) eingliedern.

Fast das gesamte Gebiet Minden-Ravensberg wurde dem Ober-Ems-Departement (*Département de l'Ems-Supérieur*) zugeschlagen. Ende Februar 1811 erfolgte die Übergabe dieser Gebiete. Am 10. Mai wurde dieser Schritt auch formell durch König Jérôme Bonaparte vollzogen. Ziel dieser Maßnahmen war es, das französische Importverbot für britische Waren, die Kontinentalsperre, wirksamer durchsetzen zu können. Lediglich der südliche Teil mit den Städten und Orten Herford, Bielefeld, Schildesche, Heepen, Brackwede und Brockhagen verblieb im Königreich Westphalen und wurde mit dem Departement Fulda (*Département de la Fulde*) vereint.

Die Grenze folgte zumeist den Bach- und Flussläufen: alte Hessel, Schwarzbach, Johannisbach, Aa und Werre bis zur Weser. Die Grenzziehung entlang der Fließgewässer hatte ganz praktische Gründe, denn auf diese Weise war sie für jedermann sichtbar. Die neue Trennlinie zerschnitt oft historisch gewachsenes Gebiet und beeinträchtigte althergebrachte Beziehungen der Menschen: Manche Kirchspiele gehörten nun zwei unterschiedlichen Staaten an, Bauerschaften wurden durchtrennt, in den Städten Herford und Halle verloren zahlreiche Einwohner ihre außerhalb liegenden Gärten an die jeweils andere Staatsmacht.

Grenzpfähle mit den Buchstaben *K.W.* für *Königreich Westphalen* beziehungsweise *E.F.* für *Empire Français* markierten eindrücklich diese Zerschneidung traditioneller Wirtschaftsbeziehungen. Die Grenzzeichen wurden für jedermann deutlich sichtbar an Straßen, Brücken, Mühlen und anderen markanten Punkten an den Grenzbächen aufgestellt.

Im Abstand von ungefähr zehn Kilometern waren Zollstationen vorgesehen. Jedem Posten wurden sechs einfache Zollbeamte sowie zwei bis

vier gehobene Dienstgrade, mindestens ein Zolleinnehmer und ein Leutnant, zugeteilt. Tagsüber oblag den acht Außendienstbeamten der Zoll-
truppe der Wachdienst an diesen Übergangspunkten, während nachts
Streifengänge in unübersichtlichem Grenzgelände oder auch im Hinter-
land angesagt waren. Das Kommando dieser Unternehmungen teilten
sich ein Leutnant und ein Unterleutnant. Eine spektakuläre Ausnahme
bildete aber Halle mit insgesamt neun gehobenen Chargen, denn der
neue Grenzverlauf war nur schwer zu kontrollieren, war doch fast die gesamte Stadt bis auf den nördlichen Teil von der neugezogenen Staats-
grenze eingeschlossen.

Erst zwei Jahre nach dem Senatsbeschluss in Paris wurde durch ein
Königliches Dekret vom 20. November 1812 der Distrikt Bielefeld endgültig mit dem Department Fulda vereinigt und die kommunale Ein-
teilung festgesetzt: Von Werther nach Halle verlief die Grenze entlang der
Straße – die Bauerschaft Ascheloh wurde zweigeteilt zwischen Frankreich und dem westphälischen Kanton Brockhagen –, südlich und west-
lich der bebauten Gebiete der Stadt Halle durchschnitt sie Wiesen und
Äcker, überquerte Straßen und Feldwege bis sie schließlich auf die Was-
sermühlen am Laibach nördlich des Gutes Steinhausen bei Hof Niemeier
traf. Die Bauerschaften Amshausen und Gartnisch und den südlich des
Laibachs gelegenen Teilen von Halle und Oldendorf mit den Höfen
Günner Nr. 3 und Vogt Nr. 12, sowie die Bauerschaften Bokel mit dem
Landgut Tatenhausen und die südliche Hälfte von Hörste wurden nach
Brockhagen eingegliedert.

*

Schnell wurde eine Reihe von Problemen deutlich, die nur höheren
Orts, nämlich von der königlichen Regierung in Kassel, in Absprache mit
dem Kaiserreich gelöst werden konnten: Der Zoll ließ, wie zu erwarten
war, weder das Vieh auf die Weiden passieren, noch das geerntete Getreide zu den Bauernhöfen transportieren, ohne jedesmal Aus- oder Einfuhr
zölle zu erheben. Die Landwirte empfanden dies als Wegelagerei, konnten sie ihr Eigentum doch nur mit Geld freikaufen.

Für die Lösung dieser Konflikte war eine Verfügung des Ministers für
Handel und Gewerbe erforderlich: Die Bauern dürften die Produkte ihrer
Ländereien während der Erntezeit zollfrei ein- bzw. ausführen, wenn das
Kaiserreich ebenso verführe und die Landwirte nachweislich nicht mehr
transportierten, als auf ihren Felder geerntet worden war.

Bei Herford verlief die neue Grenze zwischen dem französischen Kaiserreich und dem Königreich Westphalen entlang der Flüsse Aa und Werre und beeinträchtigte althergebrachte Beziehungen der Menschen. Südlich von Schweicheln gab es eine Furt durch die Werre nach Falkendiek, Löhner Heide und Bischofshagen, die von Reitern und Fuhrwerken seit ewigen Zeiten regelmäßig benutzt wurde. Schon bald gab es hier – fast könnte man sagen zwangsläufig – einen schwunghaften Handel mit Schmuggelwaren wie Salz oder Kaffee über die Grenze hinweg. Die französischen Zollbeamten hatten ihre Mühe, solchen Schleichhandel zu unterbinden.

*

Für Luise und ihren Mann, den Friedensrichter, bedeutete die Ausweitung des Kaiserreiches Frankreich einen erneuten Umzug nach nur drei Jahren in Halle. Mit der Aufhebung des Kantons Halle wurde August Wilhelm Walbaum durch Verfügung des Justizministeriums der Königlich Westphälischen Regierung vom 9. Mai 1811 zum Friedensrichter in Brockhagen ernannt. In dem *Almanach Royale de Westphalie pour l'an 1811* ist er als *Juge de paix, Département de la Fulde, District de Bielefeld, Canton de Brockhagen* aufgelistet.

*

Für die Bevölkerung der Distrikte Minden und Bielefeld stellte das Jahr 1811 innerhalb der westphälisch-französischen Zeit eine harte Zäsur dar. Von den Zeitgenossen wurde die kurze Epoche zwischen 1807 und 1813 daher keineswegs als eine Einheit gesehen.

Die meisten Reformen, die in den ersten Jahren der französischen Herrschaft im Königreich Westphalen eingeführt wurden, waren von der allgemeinen Bevölkerung begrüßt worden. Mit ihren weitreichenden gesellschaftlichen Veränderungen stießen die Besatzer bei den aufgeklärten Bürgern Minden-Ravensbergs durchaus auf Wohlwollen oder Unterstützung. Bauern hatten seit langem eine Grundsteuer zu zahlen und empfanden es als nur zu gerecht, dass nun auch die vorher steuerbefreiten adeligen Standesherren belangt wurden. Breite Kreise der Bevölkerung trugen ihren Teil dazu bei, dass die westphälische Finanzverwaltung die Abschätzung des tatsächlichen zu versteuernden Einkommens der adeligen Gutsbesitzer sehr gründlich vornahm.

Bei den ehemals privilegierten Ständevertretern, den Verlierern der neuen Politik, formierte sich hingegen der Widerstand. Sie machten sich die belastenden Auswirkungen der französischen Besatzungspolitik auf die breite Bevölkerung seit Beginn des Jahres 1811 zunutze. Mit der neuen Grenzziehung wurden althergebrachte Beziehungen zerschnitten: Die drastischen Einschränkungen der Bewegungsfreiheit wirkten sich zunehmend auch auf die Bewusstseinslage der Bevölkerung aus.

Hinzu kam, dass die allgemeinen Abgaben immer höher angesetzt wurden, so dass viele dreimal mehr Steuern zahlen mussten als zu preußischen Zeiten. Zu der angehobenen Grundsteuer wurden neue Steuern erfunden wie die Personal- und Mobiliarsteuer, oder gar eine Tür- und Fenstersteuer. Antifranzösische Stimmungen breiteten sich schnell in der Bevölkerung aus und wurden gezielt von preußischer Seite geschürt und ausgenutzt.

*

An den Grenzen kam es immer häufiger zu Zwischenfällen. Gegen Ende des Jahres 1813 beschwerten sich französische Zöllner, wie zum Beispiel in Jöllenbeck, zunehmend über Anfeindungen und Übergriffe aus der deutschen Bevölkerung. Aus Kirchlengern wurde gemeldet, dass nächtliche Trupps vom Königreich Westphalen aus die Grenze überquerten und die Zöllner anzugreifen drohten. Anderenorts wurde ein Zollbeamter von Schmugglern mit einem Knüppel oder einer Keule geschlagen und am Kopf verwundet. In Schildesche waren über Nacht die Grenzpfähle herausgerissen worden.

*

Die Bedeutung der Franzosenzeit, die anfangs mit so viel Neuem und Positivem in Verbindung gebracht wurde, verkehrte sich zunehmend in ihr Gegenteil. Ab 1811, spätestens aber ab 1813, war die Herrschaft der Franzosen gleichbedeutend mit Unterdrückung, Krieg und Terror. Zu dieser Zeit entwickelte sich der Mythos von der französischen Erbfeindschaft.

Im Februar 1813 wurde in Preußen die allgemeine Wehrpflicht eingeführt und eine Landwehr aufgestellt. Im März hatte Preußen mit Russland ein Bündnis gegen das inzwischen von Russland geschlagene und insgesamt geschwächte französische Kaiserreich geschlossen.

Der Pastor von Schildesche notierte:

Es ging nun auch hier, wie in ganz Preußen eingeführt, die Organisation der Landwehr vor sich. Eine große Menge junger und alter Männer ergriffen hierbei die Waffen. Ja! es war eine Begeisterung für Preußen sondergleichen und ein Hass gegen Frankreich ohne Grenzen.

Es kam zu einer regelrechten Gründungswelle von patriotischen Unterstützungs- und Wohltätigkeits-, Frauen- und Mädchen- oder auch Lazarettvereinen. Die aufgepeitschte nationale Stimmung wurde von den deutschen Regierungen unterstützt und ausgenutzt. Die preußische Prinzessin Marianne rief alle Frauen Preußens auf, ihren Goldschmuck gegen eine Brosche oder einen Ring aus Eisen mit der Inschrift GOLD GAB ICH FÜR EISEN zu tauschen.

Mit dem Bündnis begannen die Befreiungskriege. In den folgenden Monaten traten Schweden und Großbritannien, dann Österreich und schließlich Bayern der Koalition bei. In der Schlacht bei Leipzig Mitte Oktober 1813 fügten die Alliierten Napoléon die kriegsentscheidende Niederlage zu. Damit ging gleichzeitig das Königreich Westphalen unter.

*

Gegen Ende des Jahres 1813 wurden *freiwillige Sammlungen zur Ausrüstung vaterländischer Krieger* veranstaltet. Die Namen und Spenden wurden in den Zeitungen veröffentlicht. Für den Kanton Brockhagen wurde diese Gesamtaufstellung bekannt gegeben:

41 Reichstaler, 15 Silbergroschen	*1 Paar silberne Beinschnallen*
1 Napoléon d'or	*1 Paar silberne Ohrringe*
4 ¼ Brabanter Kronen	*126 Ellen Leinen*
6 holländische Gulden	*5 Paar Schuhe*
25 Francs	*3 Paar Gamaschen, von Tuch*
1 silberner Vorlegelöffel	*2 Hemden*
1 silbernes Schloss	*8 Paar wollene Strümpfe*

Solche Sammlungen fanden überall statt. Ihr Ziel war die materielle Unterstützung der Armee und vor allem aber die Stärkung des National-gefühls. Der Feldzug von 1814 endete mit der Eroberung von Paris und der Abdankung Napoléons.

*

Die Familie des Friedensrichters August Walbaum scheint nur bis Ende 1812 in Brockhagen gewohnt zu haben. Eine Korrekturanzeige im *Almanach Royale de Westphalie pour l'an 1813* besagt, dass statt *Walbaum* nunmehr *Koch* Friedensrichter in Brockhagen wäre.

Luise war mit ihrer Familie nach Bielefeld umgezogen. Hier gab es bessere berufliche Aufstiegschancen für ihren Ehemann und die Kinder konnten eine gute schulische Bildung erhalten. In Bielefeld fanden sie schnell Zugang zu der kleinen und überschaubaren Gruppe der Honoratioren: Nahezu alle Stadtoberen, Pfarrer, Richter, Lehrer oder Fabrikbesitzer und Kaufleute waren irgendwie mit den Walbaums verwandt, verschwägert oder man hatte gemeinsame Bekannte.

Die Stadtverwaltung zum Beispiel bestand neben dem Bürgermeister nur aus fünf Beamten: dem Stadtobersekretär, einem Kämmerei-Rendanten, dem Wege-Inspektor, dem Kanzlisten oder Schreiber und einem Polizeibediensteten, der von drei Polizeidienern unterstützt wurde. Die Familie Walbaum und die Bürgermeister Delius – Conrad Wilhelm Delius (1812– 1817) und dessen Neffe und Nachfolger im Amt Ernst Friedrich Delius (1817–1831) – hatten in dem Brockhagener Pfarrer Heinrich Heidsieck einen gemeinsamen Vorfahren.

Man traf sich in denselben Vereinen und Gesellschaften, man kaufte seinen Kuchen bei den gleichen Konditoren und hatte dieselben Lieferanten, besuchte gemeinsam Musik- und Theateraufführungen, informierte sich gegenseitig und man wusste über jeden Bescheid, hielt sich über alles Wichtige auf dem Laufenden. Das örtliche Informations- und Beziehungsnetz wurde gepflegt und ausgiebig genutzt.

Die Familie Walbaum wohnte in dem Haus Nr. 676 am Papenmarkt direkt neben der Neustädter Marienkirche. Das geräumige Wohnhaus hatte ein Unter- und ein Obergeschoss mit jeweils knapp 90 Quadratmetern. Eine Einfahrt führte in den Hofraum mit einer Scheune, die ungefähr 40 Quadratmeter groß war. Das Grundstück insgesamt umfasste ungefähr 250 Quadratmeter. Das Haus war ursprünglich ein Bürgerhaus und wurde ab 1766 als Vikarienhaus oder Kapitularkurie beschrieben und gehörte zum Stift St. Marien bis zu dessen Auflösung um 1810.

*

Anfang November 1815 erschien im *Öffentlichen Anzeiger der Grafschaft Ravensberg* eine überraschende Verlobungsanzeige:

Unsern Verwandten und Freunden zeigen wir hierdurch unsere Verlobung ganz ergebenst an, und empfehlen uns Ihrem ferneren Wohlwollen. Bielefeld und Herford, den 8. November 1815.
Der Justizkommissar A. Buddeus.
Louise Meier, verwitwete Walbaum.

Theodor Arnold Florens Buddeus war der zweite Sohn des Königlichen Stadtrichters in Bielefeld Friedrich Joachim Arnold Buddeus und dessen Frau Charlotta Justina Velhagen und Enkel des ehemaligen Pfarrers von Spenge Johann Arnold Budde – der hatte seinen Namen latinisiert, um höheres wissenschaftliches und gesellschaftliches Ansehen zu erheischen.

Arnold Buddeus besuchte 1788 die dritte Klasse des Gymnasiums in Bielefeld. Als berufliche Bestimmung des Jungen gaben die Eltern an, dass ihr Sohn *die Rechte studieren soll.* Zur Vorbereitung auf das Studium erhielt Arnold später Unterricht am Joachimsthalerschen Gymnasium in Berlin. 1795 schrieb er sich als Student der Rechtswissenschaften an der Universität in Halle ein. Im November 1796 wechselte er an die Universität in Erlangen. Arnold Buddeus wurde zunächst Stadtrichter, dann Distriktnotar und schließlich Justizkommissar in Bielefeld.

Buddeus war vor einem oder zwei Jahren Witwer geworden und hatte einen zweieinhalbjährigen Sohn, Julius. Luise war ebenfalls seit einiger Zeit Witwe und musste allein für ihre zwei Kinder sorgen. Für die beiden schien eine Heirat die Lösung ihrer Probleme zu sein: Luise als Stiefmutter und Arnold als Ernährer der größeren gemeinsamen Familie.

*

Fünf Jahre später, Mitte Dezember 1820, wurde eine Bekanntmachung im *Öffentlichen Anzeiger der Grafschaft Ravensberg* gedruckt:

Ich bin gesonnen mein Wohnhaus sub Nro. 676, am Papenmarkt gelegen … auf mehrere Jahre zu vermieten. Es befindet sich in einem sehr wohl zu bewohnenden Zustand. … Mietsliebhaber wollen sich … bei dem Kaufmann Herrn Diederich Möller auf dem Damm, oder auch bei mir einfinden, um die Bedingungen zu erfahren. … Luise Buddeus

1822 erschien ein Verzeichnis der bis Herbst 1820 in die neuen Hypo-
thekenbücher des Land- und Stadtgerichts zu Bielefeld eingetragenen
Grundbesitzungen. Unter der laufenden Nummer 18 findet sich als Besitzerin des Wohnhauses *sub Nro. 676: Buddeus, Ehefrau des Justizkommissars.*
Im Sommer 1824 erschien folgende Bekanntmachung:

*Im Auftrage der vom Herrn Justizkommissar Buddeus geschiedenen Ehe-
frau, soll das am Neustädter Kirchhof gelegene ... Wohnhaus nebst
Scheune ... öffentlich meistbietend verkauft werden. Kauflustige werden
eingeladen, sich in der Wohnung des Postmeisters einzufinden und ihr
Gebot abzugeben...*

*

Nur acht Jahre hatte die Ehe von Luise und Arnold Buddeus gehalten.
Luises Kinder Ludwig und Helene waren bereits 22 und 20 Jahre alt;
Arnolds Sohn Julius gerade 12.

Ehe und Ehescheidung waren in dem seit 1794 gültigen Allgemeinen
Preußischen Landrecht in 1.131 Paragraphen bis ins Detail geregelt. Un-
abhängig von irgendwelchen religiösen Vorgaben und richterlichen Aus-
legungen sollte das Recht in all seinen zahlreichen Detail- und Einzel-
regelungen für jedermann in verständlicher Form nachvollziehbar sein.

Die ersten beiden Paragraphen legten allgemein fest, dass *der Hauptzweck der Ehe die Erzeugung und Erziehung der Kinder* sei. Aber *auch zur
wechselseitigen Unterstützung allein kann eine gültige Ehe geschlossen werden.*

Für eine Scheidung war im Regelfall eine Pflichtverletzung des beklagten Ehegatten Voraussetzung, wie *Ehebruch; bösliche Verlassung; Versagung
der ehelichen Pflicht; Vorbereitungshandlungen oder der Versuch einer Tötung;
grobe Verbrechen; unordentliche Lebensart* oder *Versagung des Unterhalts.* Es
werden aber auch verschuldensunabhängige Scheidungsgründe aufgeführt, wie *Impotenz; Wahnsinn* oder *Veränderung der Religion* und die *gegenseitige Einwilligung zur Scheidung bei unüberwindlicher Abneigung.*

Der letzte Punkt wurde auf *ganz kinderlose Ehen,* bei denen auch künftig keine Hoffnung auf die Geburt von Kindern bestand, beschränkt. Dies
war ja nach Paragraph 1 der Hauptzweck der Ehe: Der Staat brauchte
viele Kinder als Arbeitskräfte, Steuerzahler, Soldaten ...

Was auch immer die Gründe für das Auseinanderleben von Luise und
Arnold Buddeus waren, der Justizkommissar wird schon die juristisch
einwandfreie Begründung für die Scheidung der Ehe gefunden haben.

*

In der Folgezeit erschienen immer wieder kurze Mitteilungen zu dem Haus Nr. 676 am Papenmarkt in den *Öffentlichen Anzeigen der Grafschaft Ravensberg.* 1826 suchte *Frau Justizkommissarin Walbaum* zum 1. August einen Interessenten, der auf zwei Jahre ihr *Wohnhaus nebst Zubehör* mieten möchte. Luise lebte zu dieser Zeit mit ihrer Tochter Helene bei ihrem Sohn Ludwig in Minden. Im Oktober 1826 logierten sowohl Ludwig und eine Woche später auch *Frau und Fräulein Rosenkötter* im Hotel *Deutsches Haus* in Bielefeld. Für alle drei ist vermerkt, dass sie aus Minden kamen.

Ende Mai 1827 erschien die öffentliche Bekanntmachung einer gerichtlich angeordneten freiwilligen Versteigerung des am Neustädter Kirchhof gelegenen *Wohnhauses Nr. 676 nebst Scheune und sonstigen Zubehör, welche ohne Abzug der Lasten und Abgaben gerichtlich auf 1.850 Reichstaler abgeschätzt* worden sind und *öffentlich und meistbietend verkauft werden.*

Gleichzeitig wurde ein Mieter für die *obere Etage* des Hauses Nr. 676 bis Ende September 1828 gesucht; *auch kann Stallung, wenn verlangt wird, dabei gegeben werden.*

Ein Jahr darauf, im April 1828, wurde ein weiteres Mal auf die *freiwillige Versteigerung* des Hauses der *Frau Justizkommissarin Walbaum zu Minden* hingewiesen. Unterzeichnet war das sogenannte Subhastationspatent vom Königlich Preußischen Land- und Stadtgericht in Bielefeld.

Ein Kaufinteressent bot 1.000 Reichstaler. Nicht genug, befand der mit dem Verkauf beauftragte Gerichtsassessor und verwies auf den geforderten Preis von 1.850 Reichstaler. Ende Februar 1829 wurde erneut das Haus auf den Markt gebracht. Offensichtlich ohne Erfolg, denn Ende September 1829 ließ Helene von Steinwehr, geborene Rosenkötter, aus Minden diese Anzeige schalten:

Ich beabsichtige, das in Bielefeld sub Nro. 676 am Neustädter Kirchhof gelegene mir gehörige Haus zu Michaeli oder zu Weihnachten diesen Jahres zu vermieten, und verpflichte mich, selbiges vorher in einen wohnbaren Zustand zu setzen. Mietlustige wollen sich in Porto freien Briefen am mich wenden.　　　　　　　　　　*Minden, den 26. September 1829*

In den neuen Hypothekenbüchern, die alle Eintragungen bis Ende Oktober 1829 berücksichtigten, wurde allerdings als Besitzerin noch immer *Buddeus, Ehefrau des Justizkommissars* genannt.

1830 wurde mit einer sogenannten *Edictal-Citation*, einer öffentlichen Vorladung, der Verkauf des Hauses endgültig abgeschlossen. Auf Antrag eines Gläubigers wurde über die Höhe der Kaufpreises für das Haus *der Frau Justizkommissarin* ein Liquidationsprozess eröffnet. Alle Kreditgeber, die ja ihr geliehenes Geld durch eine im Grundbuch eingetragene Hypothek oder Grundschuld gesichert hatten, sollten ihre Ansprüche geltend machen und nachweisen. Wer sich nicht rechtzeitig meldete und seine Ansprüche belegen konnte, dem wurde ein ewiges Stillschweigen gegenüber dem Käufer und den anderen Gläubigern auferlegt.

Das Haus Nr. 676 am Papenmarkt kaufte schließlich der Sohn des Kreisphysikus und Medizinalrats Johann Conrad Beckhaus, der junge Justizkommissar Friedrich Wilhelm Beckhaus. Nach ein paar Jahren gelangte das Haus in den Besitz von Eduard Bertelsmann. Zwanzig Jahre später, 1861, hieß es in einer Anzeige, dass der Kaufmann Eduard Bertelsmann Willens wäre, sein Haus meistbietend zu verkaufen; die Kaufbedingungen könnten im Geschäftszimmer des Herrn Justizrats Beckhaus eingesehen werden.

Gut möglich, dass Ludwig Rosenkötter die entscheidende Rolle beim Verkauf des Hauses seiner Mutter spielte, denn sowohl Friedrich Wilhelm Beckhaus als auch Eduard Bertelsmann besuchten zusammen mit Ludwig 1817 die 2. Klasse des Bielefelder Gymnasiums. Sie waren damals zwischen 13 und 15 Jahre alt und hatten sich sehr wahrscheinlich regelmäßig getroffen: In der zweiten Hälfte der 1820er Jahre war Ludwig mindestens einmal im Jahr in Bielefeld.

*

Die letzten Jahre ihres Lebens verbrachte Luise Rosenkötter in Minden bei ihrer Tochter Helene, verheiratete von Steinwehr.

Ludwig (1802-1859)

Ludwig hatte bereits einige Orte in Minden-Ravensberg kennengelernt. In Bünde, Halle und Brockhagen hatte er zusammen mit seinen Spielkameraden schon bald alle Winkel, Verstecke und die weitere Umgebung entdeckt. Bünde konnte man mit seinen knapp einhundert Häusern und noch nicht einmal 1.000 Einwohnern kaum eine Stadt nennen. Halle war genauso überschaubar. Brockhagen war mit den fast vierhundert Häusern und etwa 2.000 Einwohnern schon sehr viel beeindruckender, aber dennoch kein Vergleich zu Bielefeld, das fast dreimal so groß war.

Bielefelds Einwohnerzahl hatte sich in den letzten drei Jahrzehnten fast verdoppelt. Die Bevölkerung wuchs von circa 2.900 im Jahr 1780 auf 5.600 Einwohner im Jahr 1810, eine Zunahme von 2.700 Personen. Mehr als einhundert Kaufleute – über vierzig waren im Leinenhandel tätig – und ebensoviele Krämer und fast vierhundert Handwerker arbeiteten in der Stadt.

Rund um die Stadt, vom Siekertor bis zum Nebelstor, führte ein Fußweg entlang einer Stadtmauer. Im Süden brauchte man keine Mauer, da lag der Sparrenberg und oben drauf die Ruine der ehemaligen Festung – oder die Reste der Ruine, denn die noch brauchbaren Steine der ehemaligen Festung hatte man zum Bau der Kaserne genutzt oder verkauft. Bielefeld war zu Fuß in einer guten halben Stunde zu umrunden – wenn man sich beeilte. Und fast 2.000 Schritte hatte Ludwig vom Burgtor über den Altmarkt zum Niederntor gezählt; halb so lang war es von der Stadtmühle im Osten zum Oberntor im Westen.

Fast 700 Privathäuser gab es in der Stadt – Ludwig selbst wohnte ja im Haus Nr. 676 am Papenmarkt unterhalb des Sparrenbergs und in der Nähe eines Adelshofes im Besitz der Familie Spiegel und der Kaserne auf dem Weg zum Nebelstor. Wenn er zum Gymnasium am Altstädter Markt ging, kam er in der Breiten Straße an dem Haus seines Stiefgroßvaters Buddeus, dem Königlichen Stadtrichter und jetzigen Justizrat, vorbei.

Der Großvater hatte ihm erzählt, dass dieses Haus einmal ein Teil eines uralten Amtshofes gewesen war. Das jetzige Wohnhaus war neu gebaut und sollte sieben Zimmer und fünf Kammern haben. Nur in den großen Saal durfte Ludwig einmal hineinschauen. Unter der Küche war ein geräumiger Keller und im Waschraum gab es sogar eine Wasserpumpe. Neben dem Wohnhaus stand eine große Scheune. Hinter dem Haus und der Scheune befand sich ein beeindruckender Blumen- und Küchengarten und dahinter eine Wiese mit Apfel-, Birnen-, Pflaumen- und Kirschbäumen. Ludwig erinnerte sich, dass sein Großvater ihm erlaubt hatte, seinen Taschen mit Obst zu füllen.

Großvater Buddeus liebte es, Gärten anzulegen und experimentierte mit allerhand Pflanzen, Sträuchern und Bäumen. Er besaß noch einen Bauerngarten vor dem Nebelstor. Aber sein ganzer Stolz war der außergewöhnliche Garten am Sparrenberg: Bis an die Mauern der ehemaligen Festung hatte er in Terrassen einen wunderschönen, für Bielefeld einzigartigen Garten anlegen lassen. Von ganz oben hatten man einen tollen Blick auf die Stadt und über die Feldfluren.

Wenn man vom Niederntor am nördlichen Ende der Stadt Richtung Heepen schaute, lag ungefähr 500 Meter vom Tor entfernt der ehemalige Meindersche Garten, im Volksmund hieß er jetzt auch Fabrikengarten: Denn dort befanden sich eine Seifensiederei und Damastmanufaktur. Die größte Fläche nahmen aber die Holländischen Bleichen ein. Die Leinenstoffe wurden früher mit Seifenlauge und klarem Wasser behandelt und danach auf den großen Rasenflächen der Luft und Sonne ausgesetzt. Der Bleichprozess dauerte je nach Wetter fast ein halbes Jahr, erzählte der Großvater. Wenn man aber, zum Beispiel wie in Haarlem, die Bleiche mit Seife, Waidasche, Buttermilch und anderen Beigaben unterstützte, erhielt man ein strahlend weißes Leinentuch. – Ludwig war beeindruckt. Das gesamte Gelände schien fast halb so groß wie die Stadt unter ihm.

Ludwig wollte noch mehr wissen und fragte nach dem Bach und den vielen Mühlen unterhalb des Fabrikgartens. Das ist die Lutter, erklärte Buddeus. Sie hat ihre Quelle im Osten und fließt durch Bielefeld hindurch und immer weiter, bis sie weit im Westen in die Ems mündet. Auf ihrem Weg in die Stadt treibe sie mehrere Wassermühlen an: In der Nähe des Fabrikengartens lag die Walk- oder Hammermühle. Dort würden Gewebe, Papiere oder Leder verdichtet und fester gemacht, erklärte Ludwigs Großvater. Es folgte die Lohmühle. Hier wurde Baumrinde, vor allem Eichenrinde wegen des hohen Gerbstoffanteils, zerkleinert. Dann würde man – Großvater Buddeus rümpfte die Nase – Harn und andere stinkende Flüssigkeiten hinzufügen, um damit das Leder zu bearbeiten. Kein Wunder, dachte Ludwig, dass man eine solche Mühle weit außerhalb der Stadt betrieb. In der Ölmühle des Herrn Crüwell, sagte Großvater, würden Ölsaaten, wie Raps und Lein, zermahlen. Die drei Mühlen in der Stadt aber waren reine Getreidemühlen.

Großvater Buddeus wies auf die Bedeutung der Stadtmauer und Tore hin: Alle Waren mussten an den Häuschen der Torschreiber vorbei. Die Schreiber kontrollierten die Kiepen und Wagen und notierten, welche Waren und Mengen in die Stadt gebracht wurden und wieviel Steuern und Abgaben die Passanten zu zahlen hatten. Nein, nicht die Stadt bekam das Geld, sondern der preußische Staat.

*

Das Leben in der Stadt schien Ludwig viel abwechslungsreicher als zuvor in den kleinen Orten. Ein Höhepunkt war sicherlich der Rücktransport der Berliner Quadriga aus Paris in die Hauptstadt Preußens.

Von der Grenze bei Aachen ging die Fahrt über Düsseldorf, Elberfeld, Hamm, Soest, Lippstadt, Bielefeld, Herford, Minden nach Berlin. Es war ein wochenlanger Transport, ein inszenierter preußischer Triumphzug. Die Quadriga hatte man in zahlreichen Holzkisten auf sechs von Pferdegespannen gezogenen Wagen verstaut. Die Fuhrwerke waren mit Girlanden und patriotischen Inschriften geschmückt. Begleitet und beschützt wurden sie von dreißig Reitern der preußischen Kavallerie.

Vorab informierte man die Bevölkerung entlang des Weges von der Ankunft des Konvois. Das *Paderborner Intelligenzblatt* beschreibt die Durchreise in Rietberg:

Das Geläute aller Glocken verkündete die Ankunft der Trophäen vom Brandenburger Tor zu Berlin auf der glorreichen Rückkehr von Paris. Empfangen an der Grenze unseres Gebiets von einer Abteilung des hiesigen Landsturmes, begleitet von dem Landsturm zu Pferde der Stadt Lippstadt näherte sich der Siegeswagen, unter Aufführung der Musik und Paradierung des ganzen Landsturms.
Vor dem Tore waren die Autoritäten in Begleitung des königlichen Schwedischen Offizierskorps, reitender Artillerie, versammelt. So geschah der Empfang unter Ausbruch des Jubels und der Freude des Volkes. Die Tore konnten den Wagen nicht fassen. Das Volk riss den Boden auf, spannte die Pferde ab, und zog ihn herein.

Am 20. Mai 1814 standen auch Ludwig und Helene, wie fast alle Bewohner der Stadt, am Straßenrand. Sie erwarteten ungeduldig die Wagenkolonne am Nebelstor, das nur ein paar Minuten von ihrem Haus entfernt war. Doch der Triumphzug war unerwartet ins Stocken geraten: Das Tor war nicht breit genug und Steine mussten aus den Seitenmauern herausgeschlagen werden. Nun konnte die sperrige Fracht passieren. Das jubelnde Volk begleitete den Triumphzug entlang der Kaserne und vorbei an der Marienkirche unterhalb des Sparrenbergs. Danach ging es auf die Breite Straße, an der Stadt-Mühle vorbei, die Straße Gehrenberg hinauf zum Altstadtmarkt. Am Rathaus machte der Zug kurz halt und ein viel-stimmiges *Hurrah!* und *Vivat!* wurde von der Menge gerufen.

Ein Bielefelder Dienstmädchen trug ihr Gedicht vor:

Vivat! Der König soll leben!
In Freuden stets schweben!
Im besten Vergnügen!
Soll glühen und blühen!
Soll leben ohne Leiden
Und sterben in Freuden!
Vivat! Es lebe Friedrich Wilhelm!

Und ein Unbekannter hatte mit Kreide in riesigen Lettern ein Chrono-gramm an die Wand des Rathauses geschrieben:

Magna VICtorIa BorVssICa BIeLefeLDae. D. 20. Maji.

Die Großbuchstaben ergeben als Römische Zahl zusammengezählt die Jahreszahl 1814, das Jahr des *Großen Sieges Preußens* über Frankreich. Solche lateinisch geschriebenen Chronogramme waren groß in Mode zu jener Zeit.

Nach einer kurzen Pause nahm der Wagentross die Fahrt wieder auf, vorbei an der Nicolai-Kirche und dem Gymnasium auf das Niederntor zu, das man inzwischen auch verbreitert hatte.

Drei Wochen später war die Quadriga in Berlin angekommen. Und nach dem Motto *Wer den Schaden hat, braucht für den Spott nicht zu sorgen* wurde der Platz beim Brandenburger Tor, das *Quarree*, in *Pariser Platz* umbenannt.

Es war ein aufregender Tag für die Bielefelder. So viel Trubel, so viel Glückseligkeit. Ludwig war begeistert und fasziniert von den Reitern in ihren bunten Uniformen und träumte davon, selber einmal als Offizier hoch zu Pferd von einer jubelnden Menschenmenge bewundert zu werden. Ludwig erinnerte sich dunkel daran, wie ihm vor vielen Jahren sein Vater in einem der Bünder Kirchenbücher einen Eintrag gezeigt hatte:

† 1737 – Albert Hermann Rosenkötter, der mannhafte Reiter unter dem hochlöblichen Prinz von Kurland Regiment zu Fuß, 55 Jahre.

Albert Hermann war wohl der erste der Familie Rosenkötter, der in den preußischen Streitkräften als Berufssoldat in einem stehenden Heer gedient hatte.

*

Das Kurland Regiment zu Fuß – das spätere Infanterie-Regiment № 10 – war eines der ältesten brandenburgisch-preußischen Regimenter. Es wurde 1683 gegründet und hatte seit 1714 seine Basis in der westfälischen Grafschaft Ravensberg; je ein Bataillon in Bielefeld und in Herford.

Was aber hat ein tapferer, unerschrockener und standhafter Reiter in der Infanterie zu suchen? Albert Hermann wird ein berittener Fußsoldat, ein leichter Reiter oder Dragoner gewesen sein, der zum Gefecht absaß. Ihr Vorteil gegenüber den Fußsoldaten bestand darin, dass sie sich schneller an einen bestimmten Ort des Schlachtfelds begeben konnten; ihr Vorteil gegenüber der Kavallerie, dass ein leichtes Reitpferd weniger kostspielig war und die Ausbildung nicht so gründlich sein musste. Albert Hermann aber erfuhr eine durchweg friedliche Soldatenzeit. Er starb 1737 im Alter von 55 Jahren in Lengern.

Er hatte zwei preußische Herrscher erlebt, wie sie gegensätzlicher nicht sein konnten: Der eine war Kurfürst Friedrich III., der sich selbst 1701 in Königsberg zum *König Friedrich I. in Preußen* gekrönt hatte. Nachfolgende Günstlingswirtschaft, hohe Repräsentationskosten und Prachtbauten führten zu einer enormen Staatsverschuldung und schließlich zur Finanzkrise. Der Sohn des Königs, Friedrich Wilhelm I., strich als erstes die Staatsausgaben radikal zusammen. Es folgten eine Militarisierung des Staatswesens und die Zentralisierung der Verwaltung durch ein Generaldirektorium und in Minden-Ravensberg durch die Kriegs- und Domänenkammer. Während der Regierungszeit des sogenannten Soldatenkönigs gab es auch die Einführung der allgemeinen Schulpflicht und die Hinwendung zu den Ideen der Aufklärung.

Natürlich wusste Ludwig, der gerade erst zwölf Jahre alt geworden war, nichts von all diesen geschichtlichen Hintergründen. Aber das Bild von dem *mannhaften Reiter* hatte sich in seinem Gedächtnis festgesetzt und die Ereignisse der letzten Jahre hatten ihn sehr beeindruckt.

*

Nur einfache Leute schickten ihre Kinder zur Elementarschule. Dort konnte man weder richtig lernen noch unterrichten: 1788 hatten in Bielefeld sechs Schulmeister 400 Kinder zu unterweisen. Auf eine Lehrkraft kamen also durchschnittlich 67 Schüler; in Brackwede waren es 108, in Heepen 110 und in Jöllenbeck gar 150 Kinder. Die Situation hatte sich Anfang des 19. Jahrhunderts nicht wesentlich geändert.

Die Schulverhältnisse auf dem Ratsgymnasium in der Bielefelder Altstadt waren dagegen sehr viel besser: Dort wurden 58 Schüler von fünf qualifizierten Lehrern – meist angehende Pfarramtskandidaten – unterrichtet; durchschnittlich 11,6 Schüler kamen hier auf einen Lehrer.

Doch die Gymnasien in Ravensberg hatten nicht den besten Ruf: Der preußische Staatsrat Johann Wilhelm Süvern stufte den Zustand aller drei Gymnasien in Bielefeld, Herford und Minden als *sehr unvollkommen und mangelhaft* ein. Süvern regte an, darüber nachzudenken, ob man statt drei sich auf zwei oder gar nur ein *vollkommen eingerichtetes* Gymnasium in Ravensberg beschränken könne. Der Bielefelder Superintendent, der die Aufsicht über die Schulen hatte, favorisierte hingegen dezentrale Verhältnisse, also mehrere Gymnasien in der Region.

Nach wie vor war die Bezahlung der Lehrer, auch wenn sie hervorragende Fähigkeiten hatten, mangelhaft. Während der französischen Regentschaft hatten sich die Lehrereinkommen weiter verringert. Selbst der neue, *vorzüglich geeignete* Direktor des Ratsgymnasiums, August Krönig, wurde 1815 unter anderem auch deshalb ausgewählt, weil er noch bei seinen Eltern wohnte und eigene zusätzliche Einnahmen hatte.

Die fünf Klassen von der Quinta bis zur Prima am Ratsgymnasium waren keine Jahrgangsklassen, sondern die Schüler wurden versetzt, wenn sie den Unterrichtsstoff nach ein bis zweieinhalb Jahren hinreichend beherrschten. Abgesehen von den Pastorenkindern, die ein Universitätsstudium anstrebten, wollten die meisten Gymnasiasten nicht bis zur letzten Klasse, der Prima, bleiben. Die Kinder der Kaufmannsfamilien verließen die Schule bereits nach der Tertia oder spätestens nach der Sekunda. Entsprechend hatte man den Unterricht auf die Bedürfnisse

der Schüler abgestellt. Die stärkere Betonung humanistischer Bildungs-
ziele und die Vorbereitung zum Universitätsstudium erfolgte erst in den
beiden oberen Klassen, der Sekunda und Prima.

1816 besuchte Ludwig – er war 14 Jahre alt – die Tertia des Ratsgymnasiums. Dies entspricht der achten und neunten Klasse unseres
gegenwärtigen Schulsystems. Die dreißig Unterrichtsstunden waren wie
folgt über den Tag verteilt: Montag, Dienstag, Donnerstag und Freitag
wurden jeweils drei Stunden von sieben bis elf Uhr am Vormittag und
drei Stunden von ein bis vier Uhr am Nachmittag erteilt, wobei nach der
zweiten Stunde eine Pause von 15 Minuten von der darauffolgenden
Stunde abgezogen wurde. Am Mittwoch und Samstag gab es nur Nach-
mittagsunterricht. Die dreißig Unterrichtsstunden á 60 Minuten ent-
sprechen den heute üblichen 36 bis 37 Unterrichtsstunden á 45 Minuten.

Die Stundentafel von 1817 des Bielefelder Gymnasiums hatte für die
Tertia folgende Stunden vorgesehen:

Latein (Lateinische Sprache: 5 I Grammatik: 1)	6 Stunden
Deutsch (Aufsatz I Vortrag I Sprache je 1 I Schreiben: 2)	5 Stunden
Rechnen I Anfangsgründe der Mathematik je 2	4 Stunden
Französisch (Sprache I Grammatik je 2)	4 Stunden
Griechisch (Sprache)	2 Stunden
Religion	2 Stunden
Geschichte	2 Stunden
Geografie	2 Stunden
Naturgeschichte	1 Stunde

Für die beiden ersten Stunden am Montag heißt es *Vacat wegen der
Kinderlehre*. Dies bedeutet, dass die Stunden im Plan fehlten, weil zu dieser Zeit die Schüler christlichen Glaubensunterricht als Vorbereitung auf
die Konfirmation erhielten.

Der Schwerpunkt des Unterrichts lag jedoch eindeutig in den *Realien*,
den anwendungsorientierten Fächern, wie deutsche Sprache, Rechnen,
französische Sprache als Verkehrssprache, sowie Geschichte, Geografie
und Naturkunde. Direktor Krönig hatte in Auswertung der Schülerliste
bemerkt:

*Unser Gymnasium gehört zu den gemischten, es werden nicht nur künf-
tige Gelehrte bis zum Abgang zur Universität, sondern auch künftige
Kaufleute, Künstler und Handwerker hier gebildet.*

In einer Schülerliste, aufgestellt von Direktor Krönig im ersten Halbjahr 1817, sind Namen, Alter und Berufswunsch der Jungen und Stand und Wohnort der Eltern vermerkt. Viele Namen sind auch außerhalb der Stadt Bielefeld bekannt: Bertelsmann, von Laer, Delius, Krönig, Beckhaus, Consbruch, Hartog, Hoffbauer: Kaufleute, Ärzte, Pastoren – die städtische Oberschicht.

Nur sechs von fünfzehn Schülern der Secunda konnten ihren Berufswunsch nennen: Vier gaben Kaufmann an, einer Musikus und Ludwig wollte zum Militär. In der Prima waren die Berufswünsche bei fast allen Mitschülern klar: Acht Schüler wollten Rechtswissenschaften, vier Theologie und drei Medizin studieren und jeweils einer sah seine Zukunft im Bau- beziehungsweise Postwesen und der Apothekerkunst.

*

Am 30. Oktober 1816 – Michaelis war traditionell die Zeit der Entlassung und Beurteilung von Arbeitskräften und eben auch von Schülern – hielt Lehrer Hoffmann folgendes im Zensurenbuch über Ludwig fest:

Seine Fortschritte waren seinen Anlagen nicht entsprechend, indem er es zu sehr am häuslichen Fleiß und an Stille und Aufmerksamkeit in den Stunden fehlen ließ. Auch war ihm mehr Bescheidenheit zu wünschen.

Ludwig wurde als intelligent, aber laut, den Unterricht störend und überheblich angesehen. Trotz dieser schlechten Beurteilung – aus der aber auch die Enttäuschung herauszulesen war, dass Ludwig nicht mehr aus seinem Vermögen machte – heißt es in einem Nachtrag in anderer Handschrift: *Seit Ostern 1817 Secunda.* Ludwig war bereits nach einem Jahr in die nächst höhere Klassenstufe versetzt worden.

Die Stundentafel für die Sekunda unterschied sich erheblich von den vorherigen Klassenstufen. Der Schwerpunkt lag nun auf der Vorbereitung auf ein Universitätsstudium. Nahezu die Hälfte der Unterrichtsstunden verteilte sich auf Latein und Griechisch, wobei die grammatischen Kenntnisse vorausgesetzt wurden und vor allem der Wortschatz erweitert werden sollte. Hinzu kamen Geometrie und Algebra – in der Prima lag der Schwerpunkt auf Stereometrie und Trigonometrie – und in Deutsch sollte der Ausdruck in Schrift und Vortrag gefestigt werden. Hier ging es um Theoriebildung, Abstraktionsvermögen und sprachliche Verfeinerung.

Die Stundentafel der Sekunda umfasste folgende Fächer:

Latein (Sprache)	8 Stunden
Griechisch (Sprache)	6 Stunden
Mathematik (Geometrie nach Lorenz: 3 | Algebra: 2)	5 Stunden
Französisch (Sprach: 2 | Grammatik: 1)	3 Stunden
Deutsch (Aufsatz | Vortrag je 1)	2 Stunden

Folgende sechs Stunden wurden *mit der Prima vereint* unterrichtet:

Religion	2 Stunden
Geschichte der Griechen	2 Stunden
Geografie	2 Stunden

Der Unterricht erfolgte in der Sekunda und Prima nach dem Fachlehrerprinzip. Der Prorektor des Ratsgymnasiums, Hieronymus Friedrich Rempel, der Sprachen und Geografie unterrichtete, und der Mathematiklehrer Conrad Rhode unterzeichneten am 18. Oktober 1817 folgenden Eintrag über Ludwigs Lernverhalten:

Häuslichen Fleiß kennt er gar nicht. Nicht einmal in den Ferien hat er daran gedacht, sich in Latein vorzubereiten. Seine häuslichen Arbeiten waren schlecht und von der Hand geschlagen.

Letzteres muss man wohl als flüchtig, nachlässig, schludrig deuten. Ein solches Arbeitsverhalten konnte Prorektor Rempel überhaupt nicht hinnehmen. Er galt als

gelehrter aber auch eifriger und gestrenger Pädagoge, der Ordnung und Zucht in Schule und Haus zu halten wusste. Er konnte sehr leidenschaftlich und zornig werden, wenn es nicht nach seinem Willen und nach seinen Wünschen ging. Doch zeigte er durchaus *Regungen der Heiterkeit und des Frohsinns.*

Am 30. Oktober folgte ein weiterer Eintrag des Prorektors zu Ludwig: *So wie sein Fleiß so ist auch sein Betragen: schlecht.* Ludwig schien es sich mit seinem Lehrer gründlich verdorben zu haben. Da ist der letzte Eintrag in seiner Akte wenig überraschend: *Schüler ging ab: Neujahr 1818.*

*

Aus den Beurteilungen seiner Lehrer wird Ludwigs vermehrte Unruhe, Anspannung, Unausgeglichenheit und Unkonzentriertheit erkennbar. Die Ursachen werden nicht benannt; aber ganz offensichtlich gab es mehr und mehr Probleme im häuslichen Umfeld, die möglicherweise einige Jahre später auch zu der Scheidung seiner Mutter Luise von Arnold Buddeus geführt haben.

*

Ludwig hatte offensichtlich keine Lust auf Schule oder Universität, auch nicht auf eine Ausbildung zum Kaufmann. Ludwig wollte Offizier werden. Die Stein-Hardenbergschen Reformen (1807-15) in Folge der völligen Niederlage Preußens hatten den Wandel hin zum aufgeklärten National- und Industriestaat eingeleitet und für eine Bildungs- und Heeresreform gesorgt.

Die Soldatengesetze wurden dem bürgerlichen Rechtsempfinden angepasst, die allgemeine Wehrpflicht eingeführt, das Offizierskorps reformiert, fast alle Generäle in den Ruhestand geschickt, das Adelsprivileg abgeschafft und die Beförderung nach militärischen Leistungsprinzipien eingeführt. Damit stand die Offizierslaufbahn auch Bürgerlichen grundsätzlich offen, wenn die Offiziersbewerber die Primareife, was dem heutigen Fachabitur entspricht, nachweisen konnten. Dieser Abschluss konnte auch nach Privatunterricht durch eine staatliche Prüfung erreicht werden.

Nach der territorialen und staatlichen Neuordnung Europas durch die Delegierten des Wiener Kongresses und der endgültigen Niederlage der Franzosen bei Waterloo 1815 hatte das Offizierskorps in Preußen seine hohe gesellschaftliche Anerkennung wieder gefunden und der Lebensstil der militärischen Elite war nun auch für das Bürgertum durchaus attraktiv geworden.

Dies und vielleicht die Überlegung, dass Ludwig in klar geordneten Strukturen sich wieder fangen und Selbstsicherheit gewinnen würde, hatten wohl dazu geführt, dass es keine grundlegenden Einwände gegen seinen Berufswunsch gab. Auch schienen nicht nur die gesellschaftliche Anerkennung und Ansehen sondern auch die berufliche Zukunft gesichert zu sein.

*

Im Februar 1819 war Ludwig zusammen mit seiner Familie auf dem Weg nach Minden. Von Hausberge kommend sahen sie die hochaufragenden, schlanken Kirchtürme der Stadt und den wuchtigen Dom mittendrin. Ganz entzückend fand Helene den Blick über das Wesertal auf die herrliche, steinerne Brücke über den Fluss. Noch grandioser empfanden sie alle den Blick von der Brücke nach Norden auf die breite Weser und die grünen Wiesen und nach Süden auf die westfälische Pforte und die Berge, die den Fluss einrahmen. Hier hatte die Weser zwischen dem Wiehengebirge im Westen und dem Wesergebirge im Osten ihren Weg zur Nordsee gefunden. Den Weserfluss säumten Treidelpfade und niedriges Buschwerk. Pferde zogen vollbeladene Lastkähne flussaufwärts gegen die Strömung an. Fischer hielten von ihren Ruderbooten Angeln ins Wasser und hofften auf einen großen Fang.

Groß und ansehnlich waren in Minden der Domhof und der Marktplatz. Die schmalen Gassen dorthin waren so verwinkelt, dass man nie wusste, wohin sie führten. Sie waren eng bebaut. Die Häuser standen mit der Giebelseite zur Straße, so dass kaum Licht durch die Fenster ins Innere gelangen konnte. Überhaupt machte die Stadt einen überfüllten Eindruck: Hunderte Arbeiter waren zusätzlich zum Wiederaufbau von Garnison und Festung in den Ort geholt worden und in manchen Bezirken wurden reihenweise alte Häuser abgerissen. Sie mussten Platz machen für neue militärische Bauwerke.

Ludwig wurde, wie fast alle Offiziere und Offiziersanwärter, in einem Privatquartier in der Stadt untergebracht. Das gleiche galt für die meisten eingezogenen Soldaten. Lediglich dreihundert von ihnen konnten in der Kaserne Nr. 1 am Klausenwall ihre Unterkunft beziehen. Die meisten Offiziere nutzten für sich und ihre Familien die Möglichkeit, Wohnungen oder Häuser zu mieten und bekamen entsprechend der Dienstgrade gestaffelt Unterstützungsgelder.

Für alle anderen 1.200 Militärpersonen war das Einquartierungswesen der Stadt und Festung Minden seit 1818 genauestens geregelt. Ein Einquartierungs-Kataster war erstellt worden: Die Häuser wurden nach Größe und Ausstattung in fünf Klassen unterteilt und die Besitzer mussten entsprechend ein bis fünf Männer aufnehmen. Bei steigender Soldatenzahl waren entsprechend mehr Personen aufzunehmen. Je ein *Schutzherr* in den siebzehn Distrikten der Stadt sorgte für eine gerechte Verteilung der Unterzubringenden. Die Hausbesitzer hatten die *reglementmäßigen Utensilien*, sprich Tisch, Stuhl, Schrank und Bett, Bettwäsche und Handtücher, zu stellen. Sie mussten auch für Feuerung und Licht sorgen. Von der Einquartierungspflicht waren lediglich *notorisch Arme* ausgenommen. Durchschnittlich zwölf Personen lebten in jedem Mindener Haus; in Bielefeld waren es lediglich sieben.

Der Festungsneubau und die Ausweitung der Garnisonsbauten verschärften die Probleme der Unterbringung. Fast ein Zehntel der Häuser musste dem Neubau weichen und wurden abgerissen, über vierhundert Grundstücke wurden für zu errichtende Militäranlagen eingezogen, öffentliche Gebäude, selbst Kirchen und Klöster, nutzte das Militär zeitweise als Offizierswohnungen, Werkstätten, Lager oder Magazine. Angesichts dieser Situation nimmt es nicht Wunder, dass es jahrzehntelang zahlreiche Eingaben, Streitigkeiten und Beschwerden gab.

*

Im Februar 1819 trat Ludwig – er war noch keine siebzehn Jahre alt – seinen Dienst als *Avantageur*, Offiziersanwärter, im *15. Infanterie-Regiment (2. Westphälisches)* an. Der Regimentskommandeur Karl August von Wittich begrüßte die Neuankömmlinge. Oberst von Wittich war Sohn eines Predigers und hatte sich in der letzten Schlacht Napoléons bei Waterloo *vorzüglich ausgezeichnet*. Er wäre ein *musterhaftes Beispiel*, so hieß es in den Berichten, für die *strenge Erfüllung aller Pflichten und Leistungen eines guten Führers*.

*

In den nächsten Wochen und Monaten hatte Ludwig von der Pike auf zu dienen, nämlich so, wie die Pikeniere, die Spießgesellen, das gemeine Fußvolk. Das hieß, Disziplin einüben, im Gleichschritt marschieren, Bewegungsabläufe wiederholen, bis sich alle Soldaten automatisch wie ein mechanischer Apparat bewegten. Das Exerzier-Reglement verdeutlichte in Bildern und Worten die Bewegungsabläufe. So lauteten die einzelnen Befehle zum Abfeuern der Gewehre:

> *Die Gewehre hoch – Ziehet den Hahn auf – Das Gewehr hoch –*
> *Schlagt an – Gebt Feuer – Setzt ab.*

Jeder Befehl löste eine Bewegung aus, wobei genau festgelegt war, wie die Bewegung auszuführen war, wie die Hände zu halten waren, wo welcher Finger auflag, denn das Gewehr musste auf eine ganz bestimmte

Art und Weise gehalten, angelegt, gefeuert werden. Nichts war beliebig. Zu jedem Befehl gab es eine genaue, bis in kleinste Detail festgelegte Ausführungsanweisung. Nichts durfte dem Zufall oder gar dem eigenen Willen der Soldaten überlassen sein. Die Ausbilder hatten auf all diese Details zu achten und sie immer wieder und wieder ausführen zu lassen. Widerspruch oder gar eine eigene Meinung der Soldaten war nicht gewünscht. Es genügte, wenn sie wussten, was sie wie zu tun hatten. Überblick, Zusammenhänge, Ziele – diese hatten die vorgesetzten Offiziere im Blick. Man sieht, die wissenschaftliche Betriebsführung des Frederick Winslow Taylor hatte alte militärische Vorbilder.

*

Ludwig hatte sich seine Zeit beim Militär jedoch anders vorgestellt. Er wusste, dass der Regimentschef – Prinz Friedrich der Niederlande – einen Offiziersanwärter frühestens nach sechs Monaten auswählen und nach eigenem Ermessen zum Portepee-Fähnrich befördern konnte. Allein es geschah nicht. Nicht nach sechs Monaten, nicht nach einem Jahr, auch nicht nach zwei.

Bereits Ende des Jahres 1819 war der letzte Reformer der Militärausbildung aus der Regierung ausgeschieden. Die restaurativen Kräfte gewannen ihre alte Stärke wieder. Der Adel erhielt seine Privilegien und Sonderstellung im Staat zurück und die Armeeangehörigen gelobten wieder, für ihren König, den obersten Feldherrn, zu kämpfen.

Im Juni 1821 kam ein neuer Regimentskommandeur, Ludwig von Schmalensee, und der blieb bis Ende des Jahres 1830 in Minden. Von Schmalensee nahm Ludwigs positives Dienstzeugnis zur Kenntnis. Jetzt musste Ludwig nur noch die Prüfung bestehen. Am 14. Oktober 1821 hielt sich König Friedrich Wilhelm III. in Minden auf und inspizierte seine Truppen. Eine Woche darauf, am 20. Oktober, wurde der Musketier Ludwig Rosenkötter endlich, 32 Monate nach Dienstantritt, zum *Port D'Epée Fähnrich* befördert. Er war nun Berufsoffizieranwärter.

Sechs Monate später, am 24. April 1822, überreichte Oberst von Schmalensee erneut eine Urkunde, das

Patent als Second Lieutenant
im 15ten Infanterie-Regiment (2. Westphälisches) für den
Port D'Epée Fähnrich Rosenkötter.

Damit hatte Ludwig im Alter von zwanzig Jahren den niedrigsten Offiziersdienstgrad erreicht. In der Urkunde heißt es, dass er getreu, hold und gehorsam sein und seinem Dienstgrad entsprechend sich betragen, die Aufgaben und Pflichten wahrnehmen und verrichten und stets fleißig und treu sein solle. Dafür dürfe er auch alle mit seinem Dienstgrad verbundenen Vorrechte und ihm zugestandenen Rechte genießen. Stolz hielt Ludwig das sauber gefaltete Dokument, versehen mit dem großem, roten Siegel des preußischen Königs, in den Händen.

*

Ja, seine Rechte und Vorrechte genießen, das war es, was er zukünftig machen wollte. Und überall würde man ihn als stolzen Offizier der preußischen Armee erkennen: Er trug einen blauen Uniformrock mit einem gelben Kragen, roten Ärmelaufschlägen und hellblauen Achselklappen, Tuchhosen mit zwei roten Streifen und … einen Degen. Natürlich war ihm bewusst, dass er nicht über die Stränge schlagen durfte, denn auch sein außerdienstliches Verhalten wurde in einer *Conduitenliste*, einem Führungszeugnis, festgehalten.

Bereits als Fähnrich hatte man Ludwig geringere Aufgaben in der Ausbildung der Rekruten zugewiesen. Er hatte darauf zu achten, dass die Befehle der Offiziere auch wirklich von jedem einzelnen Soldaten so ausgeführt wurden, wie es die Ausführungsvorschriften vorgaben. Immer wieder musste er Kleinigkeiten korrigieren, bis endlich nach vielen Wochen des Exerzierens die gesamte Abteilung wie eine Einheit sich bewegte. Eine solche Art der Ausbildung macht natürlich nicht nur etwas mit den Rekruten, sondern auch mit den Offizieren. Ludwig klagt in einem Brief, dass er *von diesem Tage an täglich vor und nach Mittag auf dem Exerzierplatz sein muss, um die so einfältigen Rekruten zu kultivieren. Wünsche mir dazu Geduld und gelehrige Schüler.*

Man kann sich attraktivere, herausfordernde, interessantere Tätigkeiten vorstellen. Fördert dieses Offiziersdasein nicht auch Überheblichkeit, Besserwisserei, Absonderung, Distanzierung?

Was mit dem Vorrecht des Offizierpatentes einherging, war alles andere als ein sorgenfreies, bequemes Dasein. Zwar hatte Ludwig ein Anrecht auf ein eigenes Zimmer, doch sein Jahreseinkommen betrug lediglich 240 Taler. Nach Abzügen für die Kleiderkasse, den Mittagstisch und die Wäsche und hin und wieder die Bezahlung eines Burschen blieb nicht viel übrig für Frühstück, Abendessen und irgendwelche Vergnügungen. Aber als Offizier erhielt Ludwig nunmehr auch Zugang zum bürgerlichen Gesellschaftsleben.

*

In Minden hatte sich bereits 1780 eine der ersten Freimaurerlogen im preußischen Westfalen konstituiert, die *Loge Wittekind zur westfälischen Pforte*. Ihr gehörten in der Mehrheit preußische Verwaltungsbeamte, hohe Beamte der Kriegs- und Domänenkammer, Offiziere und Gelehrte an. Mitglieder waren unter anderem der bereits erwähnte Bürgermeister Conrad Wilhelm Delius aus Bielefeld und der aufgeklärte Jöllenbecker Pfarrer Johann Moritz Schwager. Diese gut vernetzte bürgerlich-städtische Schicht pflegte enge wirtschaftliche und familiale Beziehungen zu den freien Hansestädten Bremen und Hamburg. Solche Gesell-schaften, Zirkel, Logen oder Ressourcen dienten der persönlichen Kontaktpflege und dem aufgeklärten, reformorientierten Gespräch. Hier traf sich alles, was Rang und Namen in Minden-Ravensberg hatte, und zugleich waren diese Treffpunkte ein Sammelbecken, um Kandidaten für leitende Beamtenstellen auszumachen.

Wenig später hatte sich 1788 die *Ressourcen-Gesellschaft* in Minden gegründet – die erste außerhalb Berlins. Sonntags kam man zum Nach-mittagstee, Spiel, Diner oder Souper zusammen und alle zwei Wochen gab es einen Tanzball. Freitags wurde zu Konzerten geladen. Ansonsten fand man nachmittags zu jeder Zeit angenehme Gesellschaft. Und ganz nebenbei konnten die Töchter und Söhne der Oberschichten zusammen-geführt werden und sich in einem gesitteten Rahmen kennenlernen.

Das Offizierskorps der Mindener Garnison war korporatives Mitglied der Gesellschaft Ressource seit ihrer Gründung. Mitglieder hatten natür-lich jederzeit freien Zutritt zum Haus der Ressource am Marktplatz. Fremden war, so sie sich ordentlich aufführten, in Begleitung eines Mit-glieds der Zutritt ebenfalls erlaubt. Die Kapelle des Infanterie-Regiments Nr. 15 (Prinz Friedrich der Niederlande) veranstaltete wöchentlich Konzerte im Haus der Ressource. Die *Liedertafel* wurde 1824 als zweiter Singverein in Westfalen nach Münster gegründet und traf sich regel-mäßig zu Singabenden. Die *Harmonie-Gesellschaft* der Honoratioren der Stadt gab ebenfalls Bälle und Konzerte.

Das bürgerliche Milieu in Minden war weltoffen und empfing hoch-stehende Gäste, egal woher sie kamen, in gleicher Weise: Im Herbst 1808 besuchte *Seine Majestät Jérôme, König von Westphalen* die Stadt, Anfang

November 1813 empfing man das Offizierskorps eines mit Preußen verbündeten Kosakenregiments, und im September 1825 gab die Stadt Minden in der Ressource einen Ball, bei dem König Friedrich Wilhelm III., der Kronprinz Friedrich Wilhelm IV., drei weitere preußische Prinzen und Herzog Ernst August von Braunschweig-Lüneburg und von Cumberland zugegen waren.

In mehreren *Journal-Zirkeln* wurden die verschiedensten Zeitschriften von Haus zu Haus gereicht; so zum Beispiel das *Mindener Sonntagsblatt*, das in Westfalen, im Königreich Hannover, in den Hansestädten und Norddeutschland weit verbreitet war und selbst in Hessen und am Rhein gelesen wurde. Deren Gründer waren der Regierungsrat Leopold von Hohenhausen und der aus Bremen stammende Goethe-Freund und *Stadt- und Landesphysikus* Dr. med. Nikolaus Meyer. Zu den Autoren des Sonntagsblatts gehörten auch heute noch bekannte Namen wie Heinrich Heine, August Heinrich Hoffmann – besser bekannt als Hoffmann von Fallersleben, Ferdinand Freiligrath und Levin Schücking.

Elise von Hohenhausen, die ebenfalls im Sonntagsblatt publizierte, hat viele Jahre in Minden gelebt und kam zu folgendem Urteil über das gesellschaftliche Leben in der Stadt: Anders als in Münster, bilde hier der Adel nicht eine besondere Klasse der Gesellschaft.

Überhaupt neigt sich Minden weit mehr den Verhältnissen der größeren deutschen Städte hin; derselbe Hang zum Frohsinn, zur Literatur, zur äußeren Eleganz, deren Kosten durch Mäßigkeit des Tisches und der Haushaltung gedeckt werden.

*

In der Weihnachtszeit des Jahres 1823 war viel Betrieb in der Konditorei Bansi am Gehrenberg in Bielefeld. Johann Fortunat Bansi, aus Sylvaplana im Engadin eingewandert, hatte 1816 die erste Konditorei der Stadt von seinem Bruder übernommen.

Zu den Festtagen am Jahresende gönnten sich die Honoratioren der Stadt allerhand Süßigkeiten, Torten und Gebäck, Schokolade und Süßweine: Landrätin von Quernheim – die Ehefrauen wurden mit dem Beruf ihres Mannes angesprochen –, Kommerzienrat Gustav Delius, Hauptmann von Birkholz, Kaufmann Weddigen, Rektor Krönig und die Lehrer Rempel und Mertens vom Ratsgymnasium, Dr. Wilmanns, Pastorin Hartog, Bertelsmann Jr., Garnhändler Bozi, Gerichtsschreiber Hoffbauer,

Assessor Kurlbaum und Medizinalrat Dr. Beckhaus – sie alle kauften bei Bansi ein.

Johann Bansi hieß nicht nur der Glückliche – Fortunat – sondern war auch der Beglückte: Er heiratete die Tochter Ferdinandina des Leinen-händlers Ernst August Delius und war damit fest mit der Bielefeld Gesell-schaft verbunden. Bansis Konditorei war die erste und einzige Konditorei weit und breit. Seine Weinstube war lange Zeit der alleinige Ort, an dem die Bielefelder Gesellschaft Raum für größere Feierlichkeiten fand.

Am Ende des Jahres 1823 gastierte *August Pichlers Comédie* in der Weinstube. Die in Westfalen umherreisende Theatergruppe wurde von dem Schauspieler Carl Ferdinand Graff geleitet. Die Veranstaltung war gut besucht: Es waren auch die Herren Offiziere aus Minden herüber-gekommen – sieben Hauptleute, neun Majore und neunzehn Lieutenants wollten sich das Schauspiel nicht entgehen lassen und ließen sich dort ihren Trunk und Imbiss reichen. Bescheiden, sehr bescheiden waren sie. Lieutenant Ludwig Rosenkötter brauchte fünfzehn Groschen sechs Pfen-nig in der Comédie, saß aber nachher noch ein Stündchen in der Wein-stube. – Bansi führte genau Buch über seine Gäste und deren Konsum, Einkäufe und Gewohnheiten.

Ludwig hielt sich immer wieder in Bielefeld auf. Anfangs übernachtete er im *Deutschen Haus*. Ende Mai 1827 eröffnete August Boucher den *Ravensberger Hof* am Alten Markt, Ecke Gehrenberg gegenüber dem Rat-haus gelegen. Das Gasthaus war fortan die erste Adresse für Übernach-tungsgäste in Bielefeld. Hier kamen täglich die Postkutschen an. Die Reisenden konnten gleich nach der Ankunft *à la carte* speisen: *Table d'hôte.*

Anfang August 1828 logierte zur gleichen Zeit auch der Provinzial-Steuerdirektor Krüger mit Familie aus Münster in diesem Gasthaus. Wie üblich, stellte man sich vor und führte ein zwangloses Gespräch: Offiziere würden beim Zoll und der Steuerbehörde immer wieder gesucht und hätten gute Chancen aufzusteigen. Wenn Ludwig Interesse habe, solle er sich ruhig an ihn, Krüger, persönlich wenden. Er würde behilflich sein.

*

Die Herausgeber des Mindener Sonntagsblatts gründeten 1825 die *Westphälische Gesellschaft zur Beförderung vaterländischer Kultur,* die die *Westphälischen Provinzial-Blätter* publizierte. Bereits wenige Jahre nach der Gründung hatte die Westphälische Gesellschaft dreihundert Mitglieder, davon die meisten aus Minden. Staats- und Kommunalbeamte stellten die überwiegende Mehrheit, hinzu kamen Kaufleute, Ärzte und Apotheker, Pfarrer und Offiziere. – Einer der Offiziere war Ludwig Rosenkötter, ein *wirkliches Mitglied* seit 1828. Ludwig hatte Anschluss an die gehobene Mindener Gesellschaft gefunden. – Die Westphälische Gesellschaft baute eine bedeutende Sammlung von Kunstwerken und historischen Objekten, ein Naturalienkabinett und eine umfangreiche Bibliothek mit vielen Raritäten aus dem 16. und 17. Jahrhundert auf.

*

In den Jahren 1822 bis 1830 feierte der Kommandeur des 15. Infanterie-Regiments, Oberst von Schmalensee, regelmäßig am 28. Februar den Geburtstag des Chefs des Regiments, des Prinzen Friedrich der Niederlande, im Haus der Ressource. Üblicherweise trat das Sänger-Korps des Regiments auf, es gab ein militärisches Instrumental-Konzert – die *Janitscharenmusik*, eine sehr schwungvolle, rhythmusbetonte türkische Militärmusik, sorgte jedesmal für ausgelassene Stimmung – und zum Ausklang des Festes gab es einen brillanten Ball mit Abendessen.

Ludwig schrieb in einem Brief 1829:

Morgen ist zu Ehren unseres Regiments-Chefs und zum Besten des Mädchen-Vereins ein Militär-Konzert. Auch der Singverein hat seine Unterstützung zugesagt. … Wahrscheinlich wird das Konzert gut besetzt, da noch von jeder Familie wohl eine Person hingehen wird, welche bis jetzt Einladungen erhalten haben.

Zu der Feier wurden stets etwa 200 Gäste eingeladen, die sich vortrefflich vergnügten und großzügig den seit 1817 bestehenden Mädchen-Verein mit Spenden unterstützten. Der Verein bestand sowohl aus adeligen, wie aus Bürgertöchtern und dessen Zweck war es, 40 arme Mädchen zu tüchtigen Dienstboten auszubilden und jährlich neu zu bekleiden.

*

1826 waren Ludwigs Schwester Helene mit ihrer Mutter in eine gemeinsame Wohnung nach Minden umgezogen. Schon bald hatte Helene den Offizier Edmund von Steinwehr kennengelernt, der im selben Regiment wie Ludwig diente und im Oktober 1826 zum Premier-Lieutenant befördert worden war.

Zwölf lange Dienstjahre lag seine Ernennung zum Sekond-Lieutenant zurück, damals war Edmund sechzehn Jahre alt. Die meisten Unteroffiziere hingegen mussten auf die Beförderung vom Sekond- zum Premier-Lieutenant bis zu sechzehn Dienstjahre warten.

*

Grundsätzlich war das Adelsprivileg auf die Offizierslaufbahn seit der letzten Heeresreform aufgehoben und kurzfristig waren auch vermehrt Bürgerliche vor allem während der Befreiungskriege zu Offizieren befördert worden, aber schon nach 1815 hatte sich dieser Trend wieder umgekehrt, denn die adeligen höheren Offiziere hatten das Vorschlagsrecht für zu besetzende Offiziersränge. Dieser Sachverhalt spiegelte sich auch im 15. Infanterie-Regiment in Minden wieder: 1826 waren von den vierzig Sekond-Lieutenants und den zwölf Kaptains sechzig Prozent adelig; die vier Majore, der Oberst und der Chef des Regiments waren ausnahmslos adelig. Lediglich unter den zwölf Premier-Lieutenants befanden sich die Bürgerlichen mit einem Anteil von zwei Dritteln in der Mehrheit; sie waren während der Befreiungskriege befördert worden.

*

Zwei Jahre nach der Beförderung heirateten Helene und Edmund 1828 in Minden. Im Mai 1829 schrieb Ludwig:

Meine Schwester fängt an sich sehr unwohl zu befinden, es will ihr durchaus kein Fleisch mehr schmecken, auch leidet sie an Kopfweh und Übelkeit, ich schließe auf eine künftige Vermehrung der Familie.

In den darauffolgenden acht Jahren wurden zwei Söhne – Viktor und Julius – und drei Töchter – Dorothea (die früh als Kind verstarb), Jutta und Anna – geboren.

*

Der Ressourcen-Saal am Mindener Marktplatz war, wie so häufig, sehr gut besucht, das Programm versprach einen spannenden, ja magischen Abend. *Vorzüglichste Zauberkünste* wollte ein berühmter Taschenspieler darbieten. Es war die Zeit der öffentlich vorgeführten naturwissenschaftlichen Experimente. Chemische, elektrische, galvanische, magnetische und optische Entdeckungen eroberten die Bühne und die Menschen kamen scharenweise, um sich ein ums andere Mal ins Staunen versetzen zu lassen.

Der Taschenspieler kündigte an, dass er nun mit Wasser ein Feuer verursachen wolle. – Nein, das kann nicht wahr sein! Jeder Mensch weiß doch, dass man mit Wasser Feuer löscht! Die Menschenmenge rückte immer näher an die Bühne und beobachtete aufmerksam jede Bewegung des Magiers. Der reichte einen Eimer mit Branntkalk herum. Fast jeder im Publikum wusste, dass man mit ungelöschtem Kalk Tünche zum Weißen der Wände herstellte. Schließlich nahm der Taschenspieler einen Krug Wasser und ließ das Wasser langsam auf das Kalkgemisch laufen. …

Und … tatsächlich … das Wasser … hatte ein Feuer entfacht …!

Erschrocken wich die Menschenmenge vor der Bühne zurück. Der Schrecken führte zu einem großen Gedränge. Und das Gedränge brachte einem jungen Offizier in seiner adretten Ausgehuniform eine junge Frau ganz nahe …. Diese errötete, murmelte eine Verzeihung und war doch ganz hingezogen zu dem jungen Mann. Ganz offensichtlich waren hier magischen Kräfte auf beiden Seiten im Spiel.

Ein Jahr später in einem Brief an Henriette, so hieß die junge Frau, erinnerte sich Ludwig:

Ach, wie glücklich war ich schon einmal auf diesem Ressourcen-Saal; weißt Du noch, wie der Taschenspieler dort seine Künste produzierte und der Schreck und das Gedränge Dich mir näher brachte. Wie selig war ich den Abend.

*

Der Zufall hatte die beiden zusammengeführt. Natürlich war Henriette nicht allein unterwegs; sie wurde von ihrer Mutter und ihrem Bruder Gustav begleitet. Der sollte eine Lehre als Gehilfe bei einem Apotheker in Minden anfangen. Ursprünglich stammte die Familie aus Fürstenwalde an der Spree. Dort hatte Henriettes Mutter Sophia Henriette Politzky zur Jahrhundertwende Carl Heinrich Jacobi geheiratet. Der spätere Senator verwaltete das Servis-, Stempel-, Fabrik- und Bauwesen, das Billetamt, und die Armenkasse samt der Fourage-Rendantur, sowie das Amt des Beisitzers der Zünfte der Tuchmacher, Raschmacher, Garnweber, Nadler und Fischer.

Titel spielten eine wichtige Rolle in der preußischen Gesellschaft. Das wird auch deutlich, wenn man sich die Taufpaten von Louise Henriette *Jette* Amalie Jacobi anschaut: Bürgermeister Treuer, Bürgermeister Schultze, Stadtsekretär Mehls, Kaufmann Wiedemann, Bauinspektor Krause, Zollkontrolleur Jung, Forstmeister von Jürgens, Frau Bürgermeister Ritter, Frau Prediger Lüdke. Alles was Rang und Namen in Fürstenwalde hatte, trug dem Herrn Senator die Patenschaft für seine am 22. Februar 1807 geborene Tochter an. – Die Familie Jacobi hatte fünf Kinder und war erst vor kurzem ins westfälische Münster umgezogen.

*

Ludwig und Jette trafen sich in den nächsten Tagen oder Wochen öfter, natürlich in Anwesenheit von Henriettes Mutter oder ihres Bruders. Aus den Briefen spricht eine große Vertrautheit und Verliebtheit.

Ich habe jetzt schon wenig Ruhe und Rast mehr, immer berechne ich den Zeitpunkt, wo ich Dich umarmen werde. Beinahe fünf ewig lange Wochen bist Du jetzt schon fort und noch drei Wochen habe ich Zeit, bis ich Dich wiedersehe, eine fürchterlich lange Zeit. Wie erwarte ich immer sehnsüchtig den Dienstagabend, wo ich Briefe von Dir erhalte, zu tief fühle ich es, ich könnte doch keine vierzehn Tage ohne Nachricht von Dir sein, noch lieber hätte ich alle Tage ein Schreiben. Wäre Münster fünf oder sechs Stunden von hier, ich holte mir wahrlich alle Woche wenigstens einmal selbst Nachricht.

Doch Münster ist 110 Kilometer von Minden entfernt, ganz gleich, welchen Weg man nahm. Die reguläre Postkutsche fuhr die Strecke Minden – Rehme – Herford – Bielefeld – Brockhagen – Warendorf – Münster. Für diese Verbindung brauchte die Postkutsche 7½ Posten. Durchschnittlich alle fünfzehn Kilometer gab es solche Posten, nämlich Relaisstationen für den Pferdewechsel. Für diese fünfzehn Kilometer brauchte die Postkutsche im Schnitt zwei Stunden. Mit der Eilpost benötigte man also im Durchschnitt bei guten Wetter- und Wegverhältnissen mindestens fünfzehn Stunden für die Strecke Minden – Münster.

Als Ludwig seinen Besuch bei Henriette und deren Mutter Mitte März 1829 in Münster plante, hatte er offiziell nur für Versmold Urlaub bekommen. Der Ort liegt gut sechzig Kilometer von Minden entfernt: Minden – Dehne – Werste – Haus Beck – Südlengern – Spenge – Borgholzhausen –

Versmold. Wollte er weiter nach Münster reiten, musste er den Weg über Milte und Telgte nehmen, mit vierzig Kilometern eine vergleichsweise kurze Strecke. Eins war klar, für den Weg Minden – Münster waren auf dem Pferd zwei Tage zu rechnen.

Sein Pferd wollte Ludwig bei einem Herrn Schumann unterbringen; der wurde auch beauftragt Ludwig einen Burschen zu bestellen, der ihm sein Pferd versorgen, seine Kleider reinigen und ihm Essen holen sollte, denn bei den Offizieren mochte Ludwig nicht essen und im Wirtshause ebenso wenig. Ludwig plante so viel Zeit bei seiner Liebsten zu verbringen, wie nur irgend möglich. Nach dem Essen eine Tasse Kaffee trinken und eine Pfeife rauchen, dies würde Jettes Mutter sicherlich erlauben.

*

Inzwischen war Ludwig klar geworden, dass es keine Zukunft für ihn beim Militär gäbe, zu lange würde die Beförderung zum Kapitän dauern, um ausreichend Geld für den Unterhalt einer Familie zu verdienen:

Was hilft mir auch der Konsens als Offizier, da ich kein Vermögen besitze. Es ist rein unmöglich als Offizier von dem Gehalt mit Familie zu leben und meine Familie mit Nahrungssorgen kämpfen zu sehen, würde mich höchst unglücklich machen. Auch möchte ich nicht, dass meine liebe Henriette etwas entbehrt, was ihr zukäme.

Ludwig hatte deshalb überlegt, vom Militär vielleicht doch Abschied zu nehmen und eine Ausbildung zum Zoll-Kontrolleur beim Hauptzollamt in Minden oder Münster zu beginnen.

*

Bereits im 16. und 17. Jahrhundert hatte es überall Straßenzollstationen gegeben. Zu Beginn des 19. Jahrhunderts existierten innerhalb der preußischen Gebiete über 67 lokale Zolltarife mit ebenso vielen Zollgrenzen. Mit der Neuordnung Europas durch den Wiener Kongress 1815 wurden in vielen Ländern – dem fortschrittlichen französischem Beispiel folgend – die Binnenzölle abgeschafft und Grenzzollsysteme eingeführt. So auch in Preußen durch das Zollgesetz von 1818. Fortan gab es nur noch Einfuhr-, Ausfuhr- und Transitzölle. Grundnahrungsmittel und Rohmaterialien blieben vorerst zollfrei. Mit Ausnahme von Textilien wurden gewerbliche Güter mäßig besteuert. Haupteinahmequelle waren die Zölle auf gehobene Lebensmittel, Genussmittel und Luxusgüter. Nach wie vor wurde der Zoll auf den Hauptverbindungsstrecken zwischen den einzelnen Nationalstaaten erhoben. Kleinere Straßen, Wege und die grüne Grenze mussten aber ebenfalls überwacht werden.

Die neue feste Landesgrenze führte zu einem Wirtschaftsphänomen ganz neuer Art, dem Schmuggel. Auf der Liste des Schmuggelgutes obenan standen Kaffee, Tabakwaren, Tee und Kakao. Deshalb brauchte man neben den Beamten für die Zollabfertigung auch noch Personal zur Überwachung der Grenzen. Verantwortlich waren hier einige wenige Obergrenzaufseher, die von einer stetig wachsenden Zahl von Grenzaufsehern unterstützt wurden, welche im wesentlichen aus Unteroffizieren des stehenden Heeres rekrutiert wurden. Diese durften nicht älter als vierzig Jahre alt sein, mussten mindestens neun Jahre gedient haben. Sie mussten gut sehen und hören können, körperlich gesund, kräftig und frei von besonderen Krankheitsanlagen sein, denn sie mussten ja den Grenzaufseherdienst noch eine Reihe von Jahren ausüben können.

Ludwig schrieb an Jette:

Muss ich denn auch zurücktreten und im Anfang einen Kontrolleur-Posten zu Pferde annehmen, so tue ich dies für Deinen Besitz recht gerne. Zwar habe ich dann nicht mehr wie 400 Reichstaler jährlich und stehe mit manchem früheren Untergebenen gleich, allein ich habe dann die gerechtesten Ansprüche in die nächste vakante Oberkontrolleurstelle einzurücken und bis dahin hilft uns wohl unsere Genügsamkeit haushalten. Sobald ich in Münster bin, werde ich Deiner lieben Mutter dieses klar vorlegen.

Wenn die Mutter und Henriette einverstanden wären, gäbe es kein zurück für ihn.

*

Aber noch hatte Ludwig vom 1. April an mit den Rekruten auf dem Exerzierplatz sechs Monate lang jeden Tag aufs Neue die Bewegungsabläufe einzudrillen. Für ihn waren das keine guten Aussichten, kein Wiedersehen mit Henriette, keine Zeit ihre Briefe in aller Ruhe zu lesen, geschweige denn selber ausführlich Jette zu berichten. Aber er freute sich auf die Militärparade in Lippstadt am 23. September. Der preußische

König würde an diesem Tag eine Revue in der Garnisonsstadt halten. Das waren immer besondere militärische Zeremonien, in der die Soldaten ihre Bewaffnung und Ausrüstung präsentierten. Jette und ihre Familie könnten der Revue zuschauen. Seine Hütte stünde ihnen selbstverständlich zu Diensten. Die Heerschau war aber gefürchtet, denn jeder, der den hohen Ansprüchen des Königs nicht genügte, würde persönlich zur Rechenschaft gezogen und das Fortkommen wäre auf lange Zeit behindert.

Jette verkündete Ludwig im Mai, dass ihre Schwester Emilie im Sommer heiraten und sie damit eine vertraute Freundin verlieren würde, denn Emilie plante mit ihrem zukünftigen Mann, dem Kontrolleur August Thönemann, in Berlin zu wohnen. Ludwig beruhigte sie, *dass Du Emilie verlierst, ist mehr sehr leid, allein Du musst Dich mit dem Gedanken trösten, dass sie ihrem Glück entgegen geht und so kannst Du Dich über ihre Entfernung nur freuen.*

Ludwig seinerseits berichtete von einem großen Fest am Mittag zu Ehren des zum Major beförderten Philipp Karl von Birkholz, der nach Paderborn versetzt würde. Ludwig ließ sich den Wein gut schmecken; nein er wäre nicht einmal angetrunken, sondern bloß in einer recht fröhlichen Weinlaune in einer fidelen Gesellschaft gewesen. Er beteuerte: *Gewiss, ich bin kein Trinker* und er könne recht viel vertragen, nur dürfe ihn *niemand ärgern.* Ludwig fuhr mit lauter wirren Liebesbeschwörungen fort. Am nächsten Tag las er das bisher Geschriebene durch und gelangte zu der Erkenntnis: *Mein gestriges letztes Schreiben ist ein wenig sehr schlecht geraten.* Dennoch korrigierte er nichts.

*

Anfang August 1829 beantragte Ludwig schließlich seine Entlassung aus dem aktiven Militärdienst, um eine Stelle bei einem Hauptzollamt annehmen zu können. Es folgte ein reger Briefverkehr zwischen Berlin (Kriegs-Ministerium, Militär-Ökonomie-Department), Minden (Regiments-Kommandeur) und Münster (Provinzial-Steuer-Direktion).

Berlin bestätigte Ludwigs Anliegen:

Euer Wohlgeboren benachrichtigen wir hierdurch, dass Ihnen mittelst Königlicher Kabinets-Order vom 7ten August dieses Jahres … die Anstellungs-Ansprüche der neun Jahre im stehenden Heer gedienten Unteroffiziere, und der einjährige Betrag der gesetzlichen Pension Ihrer Charge als Unterstützung, bewilligt worden ist.

Münster teilte *ergebenst* mit,

dass der zur Zivilversorgung designierte Lieutenant Rosenkötter dem Herrn Provinzial-Steuerdirektor zu Münster mit dem Auftrage über-wiesen ist, die Prüfung desselben anzuordnen, und auf seine Anstellung Bedacht zu nehmen.

Ludwig wurden als Unterstützungsgeld 120 Reichstaler gegen Quit-tung angewiesen. Die Provinzial-Steuerbehörde in Münster prüfte das persönliche Auftreten Ludwigs, seine Lese-, Schreib- und Rechenfähig-keiten: Gedrucktes und Handgeschriebenes waren flüssig zu lesen. Ludwig musste nach Diktat schreiben, einen eigenständig formulierten Aufsatz vorlegen und Textaufgaben rechnen und in vorgegebener Zeit lösen.

*

Oberst von Schmalensee bescheinigte in einem Empfehlungsschreiben *mit Vergnügen:*

dass Ludwig Rosenkötter jederzeit mit Eifer bemüht gewesen, den Dienst in seinem ganzen Umfange mit Pünktlichkeit und Umsicht wahrzu-nehmen, sowie auch außer Dienst sich eines anständigen Betragens zu befleißigen. Nachdem übrigens der Lieutenant Rosenkötter sowohl durch Fleiß auf der Divisionsschule, als durch nützliche Beschäftigung in den dienstfreien Stunden, auch überhaupt sich immer mehr und mehr auszu-bilden strebte, kann ich dies lobenswerte Bemühen nur mit dem Wunsche anerkennen: dass es ihm in seiner neuen Laufbahn recht bald gelingen möge, die beabsichtigte Anstellung zu finden und auch hier das Ver-trauen seiner Vorgesetzten zu erwerben.

Von Schmalensee schrieb einen weiteren Brief, diesmal an den Herrn Geheimen Finanzrat Krüger in Münster:

Wenn ich mich in den ausgestellten Zeugnissen über Führung und dienstliche Verwendung, nur ganz vorteilhaft über den Rosenkötter aus-sprechen konnte, so darf ich ferner zu seiner besonderen Empfehlung hier nicht unbemerkt lassen, dass derselbe sich jederzeit durch einen hohen Grad an Herzensgüte und durch bescheidenes Betragen auszeichnete und namentlich dadurch einen besonderen Beweis der ersten an den Tag legte:

dass er von seinem geringen Einkommen bisher immer noch seine, auf eine unbedeutende Pension beschränkte, Mutter unterstützte.

Der Geheime Finanzrat und Provinzial-Steuerdirektor Heinrich Karl Krüger antwortete postwendend: mehrere Stellen als berittene Aufseher würden derzeit nicht mehr besetzt. Die Beschränkungen würden wohl noch zwei Jahre andauern und solange würde Ludwig wohl nicht warten wollen. Deshalb bot Krüger ihm zunächst eine Fußaufseherstelle mit einem Gehalt von 240 Reichstalern in Vreden im westlichen Münsterland an der niederländischen Grenze ab 1. Januar 1830 an.

Die Gegend ist richtig, und der Oberkontrolleur Becker zu Stadtlohn, an den ich Sie besonders empfehle, ein sehr unterrichteter, und wahrhaft liebenswürdiger Mann, dessen Rat und Anleitung Sie möglichst benutzen wollen, um den Anspruch auf Beförderung auch zu begründen. Ich werde mich freuen, Sie bei der Durchreise zu sehen.

Krüger hatte diese verständnisvolle und freundliche Mitteilung eigenhändig geschrieben. Es fehlen die üblichen dienstlichen Floskeln und der distanzierte behördliche Ton. Krüger und Ludwig kannten sich ja bereits seit ihrem Treffen in Bielefeld vor gut einem Jahr.

Man sieht, Ludwigs ehemaligen und neuen Vorgesetzten waren ihm durchaus wohl gesonnen, unterstützten ihn, wo sie nur konnten, auch wenn die von ihm angestrebte Stelle als berittener Kontrolleur mit entsprechendem höheren Gehalt noch nicht verfügbar war. Sicherlich, er allein würde von den angebotenen 240 Talern leben können, aber damit eine Familie zu versorgen würde nicht möglich sein, auch wenn er zusätzlich Gratifikationen aus beschlagnahmten Waren erhielte. Ludwig vertraute darauf, dass er sich recht bald auf eine höhere Position bewerben könne.

Tatsächlich gab es einen steigenden Bedarf an Grenzaufsehern zu Fuß. Im Hauptzollamt Coesfeld, das für Vreden zuständig war, stieg die Zahl dieser Personengruppe von 28 im Jahr 1829 auf 94 im Jahr 1858. Die Zahl der berittenen Grenzaufseher nahm jedoch ab und die Zahl der Obergrenzaufseher – die von Ludwig angestrebte Position – blieb im genannten Zeitraum bei vier. – Keine guten Aussichten.

*

Ende des so ereignisreichen Jahres 1829 erhielt Jette, die sich zu der Zeit in Minden aufhielt, einen Brief ihrer Schwester Emilie. Die war Hals über Kopf aus Berlin zu ihrer Mutter nach Münster geflohen und hatte ihren Ehemann zurückgelassen. Emilie war völlig am Boden zerstört und wollte Jette warnen und davor bewahren, dass ihr möglicherweise das Gleiche passieren könnte.

Wer hätte es von dem ehrlichen treuen August erwartet, und dennoch ist er verführt und ich bin unglücklich. Ich bin zu allem unfähig, auch jetzt muss ich mit Gewalt meine Gedanken sammeln, um nur einigermaßen zusammenhängend zu schreiben. Für meine liebe, liebe Jette etwas zu tun, was sie glücklich machen kann, ist je meine größte Freude, doch darf ich dabei auch meine Pflicht nicht vergessen.

Sie erinnerte ihre Schwester, dass sie beide aus ärmlichen Verhältnissen kämen und sich noch nicht einmal das Notdürftigste leisten könnten. Wie sehr wären sie auf einen Ehemann angewiesen, der sich um sie und ihre Kinder kümmerte. Noch könnte ihre Schwester kehrtmachen.

Das ist ein seliges Gefühl zu lieben, und geliebt zu werden, doch schrecklich ist es verlassen da zu stehen. … Ward ich nicht auch so verliebt? Und jetzt nach kaum einem Jahre ist alles wie ein Traum verschwunden.

Die Mutter von Emilie und Henriette wäre ebenfalls besorgt um die Zukunft ihrer Töchter. Sie fände nicht die richtigen Worte für einen Brief an Ludwig und hätte sich vorgenommen, an dessen Mutter zu schreiben, nur müsse man ihr etwas Zeit lassen, sie wäre zu sehr ergriffen von allem, was ihr jetzt Kopf und Herz schwer mache. Emilie schloss ihren Brief an ihre Schwester Jette mit den Worten: *Sage von dem allen, was ich euch beiden anvertraut habe, zu keinem Menschen ein Wort.*

*

Die *Westphälischen Provinzial-Blätter* meldeten 1830, dass Lieutenant Rosenkötter aus dem aktiven Königlichen Preußischen Militärdienst ausgeschieden und als Zollbeamter im Regierungsbezirk Münster angestellt worden sei. – Am 1. Januar 1830, mitten in einem äußerst frostigen Winter, trat Ludwig seine Stelle als Grenzaufseher zu Fuß in Vreden an. Zwölf Stunden täglich, davon vier in der Nacht, musste er zusammen mit einem ortskundigen Kollegen an der Grenze patrouillieren. Die Nächte waren besonders schlimm. Um nicht irgendwelchen Schmugglern aufzufallen, konnten sie sich nur wenig bewegen und kaum warmhalten. Den schweren Mantel hatten sie übergezogen, das Tuch umgebunden, den Kragen hochgestellt und die schwarze Mütze tief ist Gesicht geschoben. Die erfahrenen Schmuggler liebten die mondlosen, stockfinsteren Nächte. Noch besser wenn Nebel oder Regen die Sicht schwer machten. Die Pascher, wie die Schmuggler auch genannt wurden, kannten sich gut im Gelände aus, wussten jeden Hügel, Strauch oder Baum als Deckung zu nehmen. Sie hatten Verwandte und Freunde auf beiden Seiten der Grenze, wo sie jederzeit Unterschlupf finden konnten. Sie kannten Verstecke, Höhlen und hohle Bäume, um die Schmuggelware schnell verschwinden lassen zu können.

Tagsüber auf den Grenzgängen hatte ein erfahrener Kollege Ludwig erzählt, wie wichtig es wäre, genauestens die Beziehungen der Familien im Dorf untereinander und zu den Schmugglern zu kennen. In einem unverfänglichen, freundlichen Gespräch mit den Dorfbewohnern könnte man mit Glück den ein oder anderen Hinweis heraushören, und vielleicht verplapperte sich einer und man bekäme indirekt einen Tipp, wann wohl die nächste Aktion der Pascher geplant wäre. Auch war es nützlich zu wissen, wer von den jungen Leuten empfänglich war, in die Dienste der Schmuggler einzutreten.

Doch eins war klar, Grenzaufseher waren nicht beliebt. Die preußische Regierung setzte bevorzugt evangelische Beamte im katholischen Westmünsterland ein, um einer möglichen Vetternwirtschaft vorzubeugen. Die Grenzer störten aber darüber hinaus die traditionellen Handelsbeziehungen zwischen dem Münsterland und den niederländischen Provinzen Gelderland und Overijssel. Jahrhundertelang hatte es hier einen regen Warenaustausch ohne jegliche Einschränkungen gegeben. Die Menschen, die nun beiderseits der Grenze lebten, beklagten, dass die preußischen und niederländischen Grenzer ihnen das Leben schwer machten und den kleinen Leuten die Versorgung mit preiswerten Waren nicht gönne.

Grenzaufseher sollten aber auch nicht beliebt sein. Sie hatten im Auftrag des preußischen Königs und seiner Regierung jeglichen Schleichhandel zu unterbinden. Notfalls hatten sie auch ihr Gewehr, das stets geladen war, zu gebrauchen. Jeder Grenzer hatte sechs Patronen in seiner Patronentasche mitzuführen. Und sie hatten Schießbefehl. Uniform und Gewehr gaben den Grenzaufsehern ein militärisches Aussehen; aber sie waren Zivilisten, Zöllner.

*

Ludwig bemerkte sehr bald, dass Grenzaufseher und Zöllner eher Einzelkämpfer waren, jeder hoffte auf seine nächste Beförderung oder Auszeichnung. Beim Militär in Minden hatte er ganz andere Erfahrungen gemacht: Man hielt zusammen, denn die Soldaten mussten sich unbedingt aufeinander verlassen können und das gesellschaftliche Ansehen der Offiziere war hoch; man war geachtet. Der Beruf als Grenzaufseher schien Ludwig schon bald nicht mehr ganz so verlockend.

*

Auch in der Beziehung zu Jette stand es nicht immer zum Besten. Die ständige Geldknappheit, die mangelhafte Unterkunft, die Abgeschiedenheit des Grenzortes Vreden, dazu die schlimmen Nachrichten über Emilie und August und die ständige Sorge um das Wohlergehen der Mutter, dies alles trug nicht zur ihrer Aufheiterung bei.

Die Einlassungen ihrer Mutter und ihrer älteren Schwester zu ihrer Beziehung zu Ludwig hatten sie gehörig belastetet. Dennoch entschieden sich Jette und Ludwig im Spätsommer zu heiraten. Der Anfang würde für das junge Paar sehr schwer werden, es fehlte an allem, insbesondere an Mobiliar und Wäsche. Sie suchten materielle Unterstützung bei Jettes Schwester Auguste, die aber ihren Wunsch rundweg ablehnte. Dann signalisierte Emilie aus Berlin, dass sie und August die Mutter bei sich aufnehmen würden, um so die Möbel der Mutter dem jungen Ehepaar zukommen zu lassen. Die Mutter müsste nur dazu gebracht werden, diesen Schritt zu wagen.

Emilie schrieb: *Liebes Jettchen, trage du auch doch etwas dazu bei, unsere liebe Mutter dahin zu bringen, dass sie Ja sagt. Wenn sie nur erst bei uns ist, dann soll sie wieder mehr Lust am Leben gewinnen.* Zu den Heiratsplänen heißt es in Emilies Brief: *Wenn ihr nur einen besseren Anfang hättet, kämet ihr wohl bei guter Sparsamkeit aus, denn wir haben ja auch nicht viel mehr und auf dem Lande ist ja alles noch viel billiger.*

Zunächst aber musste Ludwigs Dienstherr in Münster die Hochzeitspläne genehmigen.

*

Gegen Ende des Jahres trafen reihenweise gute Nachrichten ein.

Der Geheime Finanzrat und Provinzial-Steuerdirektor Krüger ließ Mitte November mitteilen:

Dem Grenzaufseher Ludwig Rosenkötter in Vreden wird hierdurch der nachgesuchte Konsens zu einer Verheiratung mit dem Fräulein Henriette Jacobi aus Münster erteilt, nachdem derselbe erklärt hat, der Königlichen Witwen-Verpflegungs-Anstalt beitreten zu wollen.

In Berlin erklärte sich zur gleichen Zeit der Generaldirektor der Steuern Kuhlmeyer mit Krügers Urteil über den Ausfall der Prüfung des Grenz-Aufsehers Rosenkötter zu Vreden zum Amt eines Ober-Grenz-Kontrolleurs einverstanden. Der solle sich noch einige Zeit unter Anleitung eines *tüchtigen Ober-Kontrolleurs* im *praktischen Dienst üben* und sei zur *Anstellung als Ober-Kontrolleur* notiert. Krüger leitete dieses Urteil weiter mit der Ergänzung, Rosenkötter bald einem ausgezeichneten Ober-Kontrolleur zuzuteilen.

Mitte Dezember 1830 meldete sich Oberst von Schmalensee in einem persönlichen Brief an Ludwig:

Bereits bei meiner letzten Anwesenheit in Münster habe ich durch den Herrn Geheimen Finanzrat Krüger erfahren, dass Sie die Aussicht haben, nicht nur als berittener Aufseher angestellt, sondern wegen der Zufriedenheit Ihrer Vorgesetzten mit Ihren dienstlichen Leistungen, auch recht bald weiter befördert zu werden. – So sehr mir dies zur Freude gereichen wird: so gern habe ich auch unaufgefordert schon die Gelegenheit wahrgenommen, mich doch besonders für Sie bei dem Herrn Geheimen Finanzrat Krüger zu verwenden, von dessen Wohlwollen gegen jeden seiner, dem Staat mit Treue und Umsicht dienenden Untergebenen und Beamten, auch Sie Ihre baldmöglichste Berücksichtigung zuversichtlich erwarten dürfen.

Einen Tag später meldete Krüger bereits Vollzug:

In Betracht Ihrer seitherigen guten Dienstführung ernenne ich Sie vom 1ten Februar kommenden Jahres [1831] ab zum berittenen Grenzaufseher zu Brilon mit einem Jahresgehalt von 250 Reichstaler und 120 Reichstaler Pferdegelder und fordere Sie hierdurch auf, sich zum Antritt dieser Stelle nach erfolgter Entbindung von Ihren jetzigen Dienstgeschäften in Brilon einzufinden und den Tag Ihrer Ankunft daselbst dem Hauptamte zu Giershagen [bei Warburg] vorher anzuzeigen, welches Ihnen auch zur Anschaffung eines Dienstpferdes angemessenen Vorschuss verabreichen wird. – Die reglementsmäßigen Umzugskosten haben Sie zu liquidieren.

Da die Versetzung dienstlich angeordnet war, sie also im Interesse des Staates lag, waren nach dem Allgemeinen Landrecht für die Preußischen Staaten Umzugskosten zu gewähren. Dies bedeutete, insbesondere für Familien, eine vollständige Entschädigung für den Aufwand und eventuell erlittene Verluste. Für einen Grenzaufseher dürften das dreißig Reichstaler für allgemeine Kosten gewesen sein. Hinzu kamen, abhängig von der Entfernung Transport- und Reisekosten, die auf zehn Meilen – das waren zu jener Zeit umgerechnet 75 Kilometer – mit vier Reichstaler vergütet wurden.

*

Endlich! Endlich kamen die Dinge ans Laufen.

Jetzt fehlte nur noch das Aufgebot. In Vreden gab es zu jener Zeit keine protestantische Kirche. Die nächste evangelische Gemeinde war in Oeding, einem kleinen Ort in der Mitte des Dreiecks Stadtlohn, Borken und Winterswijk ganz nah an der Grenze gelegen. Die Kirchengemeinde war vor nicht einmal zehn Jahren gegründet worden, denn bis dahin waren *die armen Protestanten* aus dem benachbarten Niederlanden und die Zöllner *dort sehr verlassen.* Nun wurden diese Gläubigen von dem Gemener Pfarrer August Bährens betreut. An drei aufeinanderfolgenden Sonntagen im Januar wurden die Verlobten, der *Herr Adalbert Ludwig Rosenkötter Lieutenant und Grenzaufseher zu Vreden und das Fräulein Louise Henriette Amalie Jacobi* in den evangelischen Kirchen zu Gemen und Oeding zur Ehe aufgeboten. Mit dem *Losbrief* des örtlichen Pfarrers wurden die beiden *unter Ansuchung des reichsten Göttlichen Segens zur kirchlichen Einsegnung nach Münster* entlassen. Am 10. Februar 1831 erfolgte die kirchliche Trauung in Münster.

*

Knapp dreißig Jahre lagen zwischen Ludwigs Heirat und der Hochzeit seine Eltern Albert und Luise, aber eine Unendlichkeit zwischen den Motiven, die zur Ehe führten. Albert und Luise fanden zueinander, weil ihre Ehe arrangiert wurde. Albert suchte eine Frau, die ihm Kinder gebar, die diese Kinder erziehen und unterrichten konnte, die ihm den Haushalt führte und in seiner Kirchengemeinde als Pfarrersfrau zur Seite stand. Luise sah in Albert einen Mann, der sie und ihre gemeinsamen Kinder langfristig versorgen würde, der allein aufgrund seines Berufes gesellschaftliche Anerkennung und Ansehen genoss. Aus dieser Gemeinschaft, so die Hoffnung, würde Zuneigung wachsen und vielleicht auch Liebe sich entwickeln.

Für Ludwig und Jette, wie auch für Emilie und August, standen Liebe und gegenseitige Zuneigung am Anfang ihrer Partnerschaft. Ihre Beziehungen, wie auch später die zu ihren Kindern, waren gefühlsbetont. Dies ist sehr deutlich in ihren Briefen nachzuvollziehen: *Ach, wie glücklich war ich, wie selig,* schrieb Ludwig an Henriette. Und Emilie verspürte ein *seliges Gefühl zu lieben* und beteuerte *ich liebe August so unaussprechlich.* Die Partnerschaft war emotional, innig und bezog sich auf die eine, besondere Person. Man lebte und arbeitete nicht mehr gemeinsam an einem Ort und zum Ausgleich wurde die Familie als *Insel der Intimität* überhöht.

Die Rolle der Frau wurde zunehmend auf den engen Kreis der Kleinfamilie eingeschränkt. Frauen wurden aus ihrer mehr oder weniger gleichberechtigten Position als Kaufmannsfrau, Handwerksmeisterin oder Bäuerin heraus gedrängt und auf die Rolle als unselbständige, vom Ehemann abhängige *Hausfrau reduziert,* durfte nicht mehr allein Entscheidungen treffen und hatte ihrem Ehemann zu folgen. Mit dieser Entwicklung gingen eine Intimisierung, Individualisierung und Emotionalisierung der Beziehungen einher.

Dieser Wandel der Beziehungen zwischen den Geschlechtern begann Ende des 18. Jahrhunderts und vollzog sich – sehr langsam – innerhalb der Bewegung der Romantik, vor allem aber in den Unterschichten; dort gab es keinerlei Notwendigkeit einer arrangierten Ehe. Einen frühen Ausdruck solch einer romantischen Liebe findet sich auf einer kleinen, bauchigen Glasflasche, die möglicherweise die damals siebzehnjährige Anna Catherine Störmer ihrem Freund und späteren Ehemann Jürgen Henrich zu seinem 25. Geburtstag geschenkt hatte. *Vivat Jürgen Henrich Rosenkötter – Wir beiden lieben uns. 1813* steht auf der einen Seite der Hochzeitsflasche; auf der anderen strahlt eine gelbe Sonne mit lachendem Gesicht auf zwei Herzen, die nahe beieinander stehen.

*

Die guten Meldungen rissen nicht ab. Mitte März 1831 wurde der *vormalige Lieutenant* Ludwig Rosenkötter zum *berittenen* Grenzaufseher ernannt. Da befand er sich bereits mit seiner Frau in Brilon, das dem Zollhauptamt zu Giershagen bei Warburg zugewiesen war. Brilon selbst war erst seit 1815 der preußischen Provinz Westfalen und dem Regierungsbezirk Arnsberg zugeordnet worden – davor gehörte es zu Nassau – und hatte seit der Ernennung zur Kreisstadt erheblich an Bedeutung gewonnen. Schulen und Behörden wurden dort eingerichtet, Straßen ausgebaut, ein Krankenhaus gab es bereits. Langsam war die Stadt mit ihren nicht einmal dreitausend Einwohner über den mittelalterlichen Befestigungsring hinausgewachsen. Die Leinenweberei, eine Eisenwarenfabrik und ein Galmeibergwerk in der Nähe gaben Beschäftigung.

Ludwig schwor den Eid, *Seiner Majestät dem König jederzeit aufrichtig ergeben zu sein.* Dazu gehörten Sorgfalt, Fleiß und Treue den Pflichten seines Amtes gegenüber. Ihm wurden *Dienst-Instruktionen* ausgehändigt. Dem Vorgesetzten hatte er gehorsam zu sein; er musste den *Amtsgenossen* beistehen und verträglich sein, den Steuerpflichtigen gegenüber freundlich bleiben, die Unkundigen belehren und unbestechliche Strenge gegen die *Übertreter der Gesetze* zeigen. *Die Annahme von Geschenken, das Laster des Trunkes und alles Schuldenmachen* würden *als vorsätzliche Pflichtverletzung* angesehen und geahndet.

Mitte Juli 1831 vermeldete das *Arnsberger Intelligenzblatt* den Besuch des *Ober-Kontrolleurs Rosenkötter aus Brilon* im Arnsberger Gasthof des Mathias Linhoff, dem vornehmsten Beherbergungsbetrieb der Stadt an der Straße nach Köln gelegen. Anfang April 1832 logierte Ludwig ebenfalls als Ober-Kontrolleur im Ravensberger Hof in Bielefeld. Jedoch die Beförderung zum Ober-Kontrolleur war noch lange nicht vollzogen.

*

Als Henriette hochschwanger war, wurde Ludwig nach Salza am Harz versetzt, einem kleinem Grenzort nahe der ehemaligen Reichsstadt Nordhausen, die 1802 an Preußen gefallen war. Die von Ludwig zu kontrollierende Grenze zum Königreich Hannover verlief zwischen den Orten Krimderode im Norden und Salza im Süden.

Ende Januar 1833 kam das erste Kind der jungen Familie, eine Tochter, zur Welt. Ludwig schrieb hocherfreut einen Brief an seine Mutter und bat sie, die Patenschaft für seine Tochter zu übernehmen. Die Mutter gratulierte zur *glücklichen Entbindung.* Sie nähme *mit Freuden die Gevatter-*

schaft an. Mein Name ist Luise Marie Charlotte, von diesen sucht Euch einen aus, der Euch am besten gefällt. Für die junge Mutter hatte sie ein paar Empfehlungen parat:

Deiner lieben Frau bitte ich zu sagen, sie solle sich recht in Acht nehmen und fleißig Kamillentee trinken, auch lass sie dem Kinde bei jeder Gelegenheit, wo es nicht ganz recht ist, nur welchen geben, auch wenn ihr nichts fehlt. Besonders den Abend und wenn Deine Frau Schmerzen an der Brust oder Warze hat, nur immer mit Mandelöl einreiben und dann ein warmes Tuch auflegen.

Sie schrieb weiter, dass sie bei Herrn Mendel und der Leihanstalt in Minden den verpfändeten Schmuck – eine silberne Kette, einen Siegelring und einen weiteren goldenen Ring – eingelöst habe. Eine silberne Dose hätte sie in Ludwigs Namen Viktor, dem Erstgeborenen seiner Schwester Helene, geschenkt.

Viktor trägt mir auch einen Gruß auf und der Kleine – gemeint ist Julius von Steinwehr – *plappert schon alles nach. Deiner Frau übersende ich hierbei zwei Betttücher, weil ich weiß, dass es da am nötigsten fehlt, mehr konnte ich jetzt nicht. Ich ersuche Dich aber von den Betttüchern in einer Antwort nichts zu erwähnen.*

*

Zwei Monate später meldete sich August Thönemann aus Windheim bei Petershagen: *Sanft wie ihr Leben ging gestern früh ½ 5 Uhr meine innigst geliebte Emilie schmerzlos zu Gott zu unserem allgütigen Vater.* Drei Wochen lang hatte Jettes ältere Schwester an dem *nervösen, rheumatischen Wechselfieber* gelitten. Die Malaria war bis Anfang des 20. Jahrhunderts in Deutschland verbreitet und wurde auch wegen ihres häufigen Auftretens in Feuchtgebieten *Marschenfieber* genannt. Die meisten Menschen starben in den Erntemonaten, deswegen auch der Name *Stoppelfieber*. Zu einer zweiten, zeitlich stark verzögerten Sterbewelle kam es im Frühling.

*

Ein Jahr danach kündigte sich erneut Nachwuchs in der kleinen Familie Rosenkötter an. Im Oktober 1834 wurde Oscar geboren.

Über Ludwigs Tätigkeit als berittener Grenzaufseher wird weiter nichts berichtet. Das Schmuggelwesen an dieser Grenze war zwar äußerst intensiv, denn die üblichen Waren aus Übersee wie Kaffee, Tee und Tabak wurde im benachbarten Königreich Hannover wesentlich geringer besteuert als in Preußen. Anfang Februar 1835 kam es sogar zu einem richtigen Gefecht zwischen Schmugglern und Grenzern. Einen Tag später, als Grenzer und Soldaten Häuser in Nordhausen nach unverzollten Waren durchsuchen wollten, warfen Bewohner Steine aus den Fenstern und von den Dächern auf die Grenzer herab. Es gab einige Verhaftungen. Aber, wie gesagt, nichts davon findet sich in den Berichten über Ludwig.

*

1835 wurde Ludwig als berittener Steuer-Aufseher dem Haupt-Steuer-Amt Wilnsdorf zugeordnet. Dort – an der Grenze Preußens zu Nassau – hatte sich bis dahin ein Hauptzollamt befunden. Die Provinzial-Steuer-Direktion in Münster verkündete 1836: Das bisherige Haupt-Zoll-Amt Wilnsdorf sei nach erfolgtem Anschluß des Herzogtums Nassau zum Zollverband in ein Haupt-Steuer-Amt ohne Warenniederlage, das heißt ohne Warenlager, verwandelt worden.

Der preußisch dominierte *Deutsche Zollverein* war 1834 von einigen Mitgliedern des Deutschen Bundes gegründet worden. Friedrich List, ein Vorkämpfer des Zollvereins, hatte bereits 1819 für die Schaffung eines einheitlichen Wirtschaftsgebietes geworben:

Achtunddreißig Zoll- und Mautlinien in Deutschland lähmen den Verkehr im Innern und bringen ungefähr dieselbe Wirkung hervor, wie wenn jedes Glied des menschlichen Körpers unterbunden wird, damit das Blut ja nicht in ein anderes überfließe. Um von Hamburg nach Österreich, von Berlin in die Schweiz zu handeln, hat man zehn Staaten zu durchschneiden, zehn Zoll- und Mautordnungen zu studieren, zehnmal Durchgangszoll zu bezahlen. Wer aber das Unglück hat, auf einer Grenze zu wohnen, wo drei oder vier Staaten zusammenstoßen, der verlebt sein ganzes Leben mitten unter feindlich gesinnten Zöllnern und Mautnern, der hat kein Vaterland.

1835 war also Nassau dem Zollverein beigetreten und Ludwig war der Spezial-Steuer-Hebestelle Wilnsdorf zugeordnet. Wieder musste er den Umzug dorthin selbst organisieren: ungefähr 240 Kilometer liegen zwischen Salza am Rand des Harzes und Wilnsdorf im Siegerland. Neben den Habseligkeiten der Familie waren auch zwei kleine Kinder – drei und ein Jahr alt – auf die lange Reise mitzunehmen. Acht lange Tage. Mit Pferd und Karren. In Wilnsdorf angekommen musste Ludwig eine Unterkunft für die Familie finden.

Ende Juli 1835 unternahm die kleine Familie eine Reise nach Münster: *Rosenkötter und Familie aus Laasphe* mieteten sich bei Bernard Tüshaus, Telgterstraße 1 nahe dem Mauritztor, ein.

*

Ludwig war bereits sechs Jahre beim Zoll. Seit sechs Jahren war er zur Anstellung als Ober-Kontrolleur vorgeschlagen. Sechs Jahre lang tat sich nichts. Ludwig erinnerte sich an seinen fast gleichaltrigen Vetter Gustav Wilhelm Kisker aus Halle, der vor drei Jahren von dem damaligen preußischen Justizminister Mühler zunächst als Hilfsarbeiter in die Justizverwaltung berufen worden und im Januar 1835 zum *Geheimen Justizrat und Vortragenden Rat* aufgerückt war. Kisker würde ihm helfen, so hoffte Ludwig.

Sein erster Brief an Kisker blieb unbeantwortet. Er hätte ihn verlegt und nicht wiedergefunden, schrieb Kisker und empfahl Ludwig, sich an den Geheimen Oberfinanzrat und Generaldirektor der Steuern, August Heinrich Kuhlmeyer, zu wenden. Ludwig schrieb postwendend ein *Gesuch um Beförderung* an Kuhlmeyer. Dieser forderte einen Bericht des Herrn Provinzial-Steuerdirektor in Münster an. Krüger legte ein gutes Zeugnis in Bezug auf Dienstführung und sonstiges Verhalten bei. Endlich am 31. Mai 1836 schrieb Kuhlmeyer aus Berlin an den *berittenen Steuer-Aufseher*, Herrn Rosenkötter zu Siegen:

> *Es wird daher, wenn Sie sich fernerhin zur Zufriedenheit führen und vor Schuldenmachen hüten, auf Erfüllung des geäußerten Wunsches, sobald als möglich, Bedacht genommen werden.*

Eine konkrete Zusage sieht anders aus. – Dies waren keine gute Aussichten. Inzwischen war die Familie gewachsen: Emil wurde im April geboren. Doch der Gesundheitszustand von Emil und Jette bereitete Ludwig zusätzlich Sorgen, sie waren kränklich und niemand wusste ihnen zu helfen. Hinzu kam, dass Jettes langjährige Freundin, Julie Strempel, die sich bisher im Rosenkötter-Haushalt nützlich gemacht hatte und Jette stets eine Hilfe war und auch ein bisschen mit Näh- und Strickarbeiten zum Broterwerb beigetragen hatte, zur Familie des Oberförsters Ritgen zu Hof Ginsberg wechselte.

Die allgemeine Situation der Familie Rosenkötter verschlechterte sich zusehends: Ludwigs beruflicher Aufstieg kam nicht voran, der gesundheitliche Zustand seiner Familie verschlimmerte sich, die ständigen Geldsorgen wurden immer größer. Es schien ihm, als habe sich alle Welt gegen ihn verschworen. Insbesondere ärgerte es ihn, dass er als Lieutenant außer Diensten nicht standesgemäß in der Steuer- und Zoll-Behörde eingesetzt wurde. Stets musste er mit Leuten, die eigentlich gesellschaftlich unter ihm standen, zusammenarbeiten oder gar Anweisungen von ihnen entgegennehmen. Dies passte überhaupt nicht zu der ansonsten kleinlichen Korrektheit preußischer Behörden. Schon bald kursierten Gerüchte, dass der berittene Grenzaufseher Rosenkötter *dem Trunke nicht abgeneigt* sei.

So kam es wenige Monate nach Dienstantritt in Wilnsdorf zu einem Streit mit dem vorgesetzten Steuerrat Weber. Was Anlass der verbalen Auseinandersetzung war, ist nicht bekannt. Ludwig konnte aber recht aufbrausend sein, wenn man ihn ärgerte. Offensichtlich hatte er den Steuerrat beschimpft und beleidigt. *Wegen der dem Steuerrat Weber zugefügten Injurie* wurde Ludwig mit einem vierwöchigen Freiheitsentzug bestraft. Ein weiteres Dienstvergehen wurde mit einer 24-stündigen Arreststrafe beschieden. Jedoch wurden beide Strafen nicht in Wilnsdorf vollzogen.

Im Februar 1838 wurde das vierte Kind, Gustav Adolf, geboren. Zwei Jahre danach, ebenfalls im Februar, kam Anna zur Welt. Die Geschwister waren zu dieser Zeit sieben, sechs, vier und zwei Jahre alt.

*

1839 trat Ludwig seine Stelle als berittener Steuer-Aufseher in Herbern an. Im Juni und Oktober hielt sich der Lieutenant a.D. Rosenkötter in dem Gasthof des Joseph Neuhaus, Ludgeristraße 213, in Münster auf.

Ende Oktober 1841 verdiente er sich Anerkennung durch das *Königliche Ministerium des Inneren und der Polizei … für die mit eigener Lebensgefahr bewirkte Lebensrettung des Korbflechters Friedrich Arnold aus Herbern*. Der Landrat des Kreises Lüdinghausen, Graf Maximilian von Korff genannt Schmising, verlieh ihm die Erinnerungs-Medaille *Für Rettung aus Gefahr*.

Sicher wäre Ludwig eine Gehaltserhöhung lieber gewesen, reichte doch das Geld nie bis zum Monatsende. Die wachsende Kinderschar, die fast alljährlich wiederkehrende Entbindung seiner Frau – das sechste Kind, Tochter Lina, wurde Ende Juli 1842 geboren – und schwere, teure Erkrankungen waren neben den laufenden Kosten der Familie für Essen, Unterkunft und Kleidung mit einem Jahreseinkommen von 250 Reichstalern nicht zu bezahlen. Ludwig musste sich in Herbern mit 74 Reichstalern verschulden.

Im Frühjahr 1842 erschien im Paderbornschen Intelligenzblatt eine Bekanntmachung über einen *notwendigen Verkauf* von *Realitäten*: In der Langestraße der Stadt Vlotho sollten ein Wohnhaus und die Scheune der verstorbenen Bäckerswitwe Middelkamp, abgeschätzt auf 638 Reichstaler und 22 Silbergroschen am 24. Mai 1842 zwangsversteigert werden. Gesucht wurde neben den beiden Brüdern Middelkamp der Grenzaufseher Ludwig Rosenkötter, um ihre Vorrechte wahrzunehmen. Ludwig wird von diesem Verkauf wohl nie erfahren haben. Der Erlös wäre sicherlich höchst willkommen gewesen und hätte die Geldsorgen der Familie beträchtlich lindern können.

*

Als Ludwig wieder in den Regierungsbezirk Arnsberg nach Hamm versetzt wurde, nahm er beim *Wucherer Eisleben* Geld auf, um sich *von Herbern freizumachen*. Im Laufe der nächsten Jahre kamen weitere 70 Reichstaler hinzu, die Ludwig einem Schneider, Schuster, Kohlenhändler, Müller und Metzger schuldete. In Hamm wuchs die Familie Rosenkötter weiter: Sohn Adalbert wurde Ende Juni 1845 geboren.

Schlimmer als die Schulden, die Ludwig, wohin er auch ging, folgten, waren die Verfolgungen durch den bereits erwähnten Steuerrat Weber, der in dem Hammer Oberkontrolleur Böhden einen zuverlässigen Komplizen fand.

In den Akten finden sich von Weber und Böhden *nur hämisch hingeworfene Vermutungen über erdichtete Kränklichkeiten, Trunkenheit, Übermut* und dergleichen, *ohne auch nur die geringste Tatsache anzuführen, worauf die Berichterstatter jene Vermutungen gestützt haben. Rosenkötter soll nach Inhalt einiger Berichte ein Trunkenbold sein, dem Rocke, den er trägt und dem Stande, wozu er gehört, Schande machen.*

Den Denunzianten genügte es, Beschuldigungen und Vermutungen vorzubringen, ohne jeglichen Beweis, ohne Begründung und Dokumentation der Vorgänge. Selbst nach erneuter Versetzung Ludwigs ins Sauerland sandte der Oberkontrolleur Böhden weitere Anschuldigungen an die Dienstaufsicht in Münster ein.

Zuständig war der Geheime Oberfinanzrat Krüger. In einem ersten Antwortschreiben im Januar 1845 hatte Krüger beanstandet, dass Ludwig als Angeklagter nicht versetzt worden sei. – Wie könnte dieser auf eine mildere und humanere Behandlung hoffen, wenn er den Anklägern, dem Steuerrat Weber und dem Oberkontrolleur Böhden, weiterhin untergeordnet wäre? Es war zu erwarten, dass sich die beiden *sogar noch zu einer strengeren und geschärfteren Aufsicht über ihn aufgefordert* fühlten.

Im Dezember wies Krüger die erneuten Anschuldigungen durch Böhden zum wiederholten Mal zurück. Die vermeintlichen Dienstvernachlässigungen wären *abermals höchst unbedeutend* und *größtenteils schon exkulpiert*. Eine nähere Untersuchung wäre in Anbetracht der überzogenen Anforderungen und die Art der Verfolgung geringfügiger Unordnungen durch Weber und Böhden ausgeschlossen.

*

Im Herbst 1845 schien sich das Blatt zu wenden: Ludwigs wiederholten Eingaben und Ersuchen auf Versetzung zeigten endlich Wirkung. Er würde nicht länger Böhden unterworfen sein. Am Ersten des Monats September begann Ludwigs Dienst in Meschede. Mit einer kranken Frau und sieben unversorgten Kindern kam er dort an. Die Nachricht aber, dass ein habsüchtiger Wucherer all seine Besitztümer als Pfand einbehalten habe, hatte sich längst im Ort herumgesprochen. Niemand schien verwundert, dass die Familie wochenlang in einem nur mit Streu ausgelegten Raum des Schankwirts Pauß hauste.

In welchem Licht musste Ludwig seinen neuen Vorgesetzten erscheinen? Nach Meschede gingen ihm *drei starke Volumen Personalakten, angefüllt mit protokollarischen Verweisen, Anschuldigungen und Straf-Dekreten* voraus. Das Hauptsteueramt Arnsberg und damit auch die Steuer-Hebestelle Meschede waren angewiesen worden, *strengste Aufsicht* über den neu zugewiesenen Aufseher zu Pferd, Rosenkötter, zu führen. Dennoch kamen in den ersten Monaten nach Dienstantritt in Meschede lediglich ein paar geringfügige, unbedeutende Einträge hinzu, die wahrscheinlich ohne die bisherigen Anschuldigungen nie Eingang in Ludwigs Personalakte gefunden hätten. Dann ereignete sich am 1. Juli 1846 ein Vorfall, dessen Ablauf äußerst strittig blieb, und der für sich genommen wahrscheinlich ohne jegliche Folgen geblieben wäre, hieße der Beschuldigte nicht Ludwig Rosenkötter. Es folgte eine Disziplinar-Untersuchung, für die Ludwig rechtliche Unterstützung und Vertretung durch den Rechtsanwalt Leesemann erhielt.

*

Johann Friedrich Leesemann war Notar, Rechtsanwalt und Justizrat in Münster. Er kannte Gustav Wilhelm Kisker, Ludwigs Vetter und Spielkamerad in Halle, seit der Studentenzeit. Sehr wahrscheinlich, dass Ludwig über Kisker den Kontakt zu Leesemann erhielt. Kisker und Leesemann hatten gemeinsame Beziehungen zu Moritz Rothert, Sohn des Pfarrers Hermann Heinrich Rothert, der 1806 Ludwigs Vater, Albert Rosenkötter, im Pfarramt Bünde gefolgt war.

Leesemann, Kisker, Rothert und viele andere aus dem Minden-Ravensberger Raum gehörten den frühen Burschenschaften an, die als politische Studentenorganisationen die Einheit Deutschlands und die Einlösung des Verfassungsversprechens verfolgten.

Später verkörperte Leesemann *ausreichend preußisch-protestantische Gesinnung*, um 1862 zum ersten Vorsitzenden des Turnverein zu Münster gewählt zu werden. Die Turnerbewegung hatte zu Beginn des 19. Jahrhunderts durchaus ambitionierte politische Ziele: Die Befreiung des Vaterlands von Kleinstaaterei und Obrigkeitswillkür; Abschaffung der Aristokratie; Einführung einer demokratisch-freiheitlichen Verfassung; Vereinigung aller deutschen Länder zu einem Nationalstaat.

*

Leesemann legte dem Gericht in Münster am 30. Juli 1847 eine 21-seitige handschriftliche *Defensionsschrift für den berittenen Steuer-Aufseher und Lieutenant a. D. Ludwig Rosenkötter zu Meschede* vor. Er leitete seine Verteidigung mit diesem Absatz ein:

Wenn man die zu mehreren korpulenten Volumen angeschwollenen Personalakten meines Klienten zuerst von außen ansieht, so begreift man nicht, wie es möglich gewesen ist, dass ein Mann fast achtzehn Jahre lang in einem Dienstverhältnis geduldet worden ist, der allein durch seine persönliche und dienstliche Führung zu einer solchen Masse von Schreibereien Veranlassung gab, und ich will nicht leugnen, dass ich mich mit einer gewissen Befangenheit und mit einem, dem Angeklagten nicht günstigen Vorurteile, der näheren Prüfung jener voluminösen Akten unterzogen habe.

Leesemann studierte die zahlreichen Akten und mit jeder weiteren Lektüre schwand sein Vorurteil. Nur allzu deutlich spiegelten sie die ungerechtfertigten Beschuldigungen durch die jeweiligen Vorgesetzten wider. Leesemann bestätigte den Eindruck, den der Provinzial-Steuer-direktor Krüger früher schon geäußert hatte, nämlich, dass sein Klient systematisch verfolgt worden sei und man ihm keinerlei Chance gegeben hatte, sich aus dieser misslichen Situation zu befreien.

Ich gestehe offen, dass ich nicht begreife, schrieb Leesemann, *wie es meinem Klienten möglich gewesen ist, in solchen Verhältnissen, bei dem fortwährenden Zunehmen seiner Familie, bei den vielen Krankheiten, Wochenbetten, Versetzungen, und obendrein in einer Zeit, wo die unentbehrlichsten Lebensbedürfnisse nicht bloß den doppelten, sondern den dreifachen Preis erreicht hatten, sich nur eine Schuldenlast von etwa 300 Reichstalern aufzubürden.*

Zwar hätte Ludwig auch in Meschede weitere Schulden gemacht, – für die ausstehende Miete vom 1. September bis 1846 wäre er mit 54 Reichstalern bei seinem Hauswirt Pauß schuldig geworden – , aber von einem leichtfertigen Schuldenmachen sei Ludwig weit entfernt, denn er habe sein Mobiliar in Hamm auslösen, einen Kaufmann für geliefertes Tuch und einen Arzt für die Behandlung bezahlen müssen. Zu berücksichtigen sei darüber hinaus, dass Ludwig und Pauß gemeinsam bei der vorgesetzten Behörde einen Vertrag einreichten, worin beide beantragten, dass von dem Einkommen Ludwigs regelmäßig eine gewisse Summe an Pauß auszuzahlen sei, um seine Schulden zu tilgen und dies wurde amtlich genehmigt.

Schließlich wandte sich Leesemann dem eigentlichen Anlass der Disziplinar-Untersuchung zu, dass nämlich – laut Aussage des 77-jährigen *Barriere-Empfängers auf'm Stimmstamm* Andreas Ulzenheimer und dessen Frau Marianne – der Aufsichtsbeamte Ludwig Rosenkötter bereits am Tage zuvor seine Anwesenheit für den *nächsten* Tag eingetragen hätte. Dies wäre, wenn so geschehen, sicherlich ein Verstoß gegen die Dienstvorschriften. Die Aussagen des Ehepaars Ulzenheimer wären aber widersprüchlich und sie erbrächten keinerlei Beweis für ihre angebliche Beobachtung. Des Weiteren behaupteten sie, dass der Steuer-Aufseher am nächsten Tag nicht zur Kontrolle anwesend gewesen wäre. Sie hätten den Grenz-Aufseher Rosenkötter an jenem Tage überhaupt nicht gesehen. Ganz richtig wies Leesemann darauf hin, dass, wenn man einen Vorgang nicht mit eigenen Augen gesehen habe, man nicht folgern könne, dass dieser Vorgang überhaupt nicht geschehen sei. Man müsse schon einen Beweis erbringen, dass zur gleichen Zeit die Person an einem anderen Ort gesehen wurde. Solange ein solcher Beweis nicht erbracht worden ist, gelte die Unschuldsvermutung.

Offensichtlich war das Ergebnis der Disziplinar-Untersuchung, dass das Dienstverhältnis mit dem berittenen Grenz- bzw. Steuer-Aufseher Ludwig Rosenkötter nicht fortgesetzt wurde. Ob Ludwig entlassen oder vorzeitig pensioniert wurde, ist aus den vorliegenden Unterlagen nicht ersichtlich. Die Familie Rosenkötter blieb noch bis Anfang April 1848 in Meschede. Die Bemühungen Ludwigs in den nächsten Jahren, irgendeine Tätigkeit ausüben zu können, zeigen aber, dass so oder so das Geld für den Unterhalt der Familie nicht ausreichte.

*

Noch von Meschede aus schrieb Ludwig Mitte März 1848 an das Königliche Ober-Präsidium der Provinz Westfalen wegen der Beschäftigung als Lohnschreiber bei einer der in Münster angesiedelten Behörden. Das Oberpräsidium antwortete postwendend und gab folgende Punkte zu bedenken: Die einzelnen Behörden würden selbstständig über die Einstellung von *Hilfsarbeitern* entscheiden. Zudem wäre ein Berechtigungs-Zeugnis einzureichen. Und schließlich gäbe es im eigenen Bureau des Oberpräsidiums zur Zeit keine Gelegenheit zur Anstellung.

*

Offensichtlich war Ludwig mit der Antwort nicht zufrieden und machte als Lieutenant a. D. Anfang Mai eine Eingabe an seinen früheren obersten Dienstherrn, das Kriegs-Ministerium in Berlin. Zu dieser Zeit hatte das bürgerlich-liberale Märzkabinett die Regierungsgeschäfte in Berlin übernommen. Ministerpräsident war der politisch gemäßigte, liberale Bankier Ludolf Camphausen. Der Kaufmann und Bankier David Hansemann führte das Finanz- und Handelsministerium und war ein Vertreter des rheinischen Wirtschaftsbürgertums. Beide Bankiers verband nicht nur der Liberalismus, sondern auch ihr Interesse am Ausbau der Verkehrsinfrastruktur, insbesondere der Eisenbahnen. Die Regierung Camphausen-Hansemann hatte nur knapp drei Monate Bestand.

In dem Antwortschreiben des Kriegsministers August von Kanitz an Ludwig hieß es, dass ein direktes Einschreiten von seiner Seite nicht stattfinden könnte, vielmehr müsste es den Generalkommandos der Bezirke überlassen bleiben, *je nach Zeit und Umständen Sie bei den etwa nötig werdenden Anstellungs-Vorschlägen zu berücksichtigen.*

*

Spätestens seit Juli 1848 wohnte die Familie Rosenkötter in Münster. Jette suchte ebenfalls nach Möglichkeiten, Geld zu verdienen. Sie gab folgende Anzeige im Westfälischen Merkur auf, einer liberalen Zeitung, die täglich in Münster erschien:

Zur Unterweisung in Anfertigung aller Arten feiner Handarbeiten, vorzüglich Stickereien und Näherei in Weiß empfiehlt sich ergebenst,
Henriette Rosenkötter, Neubrücken-Straße No. 132
Münster, den 21. Juli 1848

Vorwiegend Leinenstoffe wurden mit floralen Mustern, Monogrammen mit Weiß-in-Weiß-Stickerei verziert. Beliebt waren Servietten, Tischdecken, Tischläufer, Zierkissen aber auch Kleidungsstücke wie Blusen oder Taufkleider. Jette hatte darin eine gewisse Fertigkeit entwickelt und auch ihre Töchter in diese Form der Stickerei eingewiesen.

*

Der Bäcker und Brauer Franz Westhoff hatte vor kurzem die alte münstersche Herberge an der Neubrückenstraße 132, die wohl bereits seit 200 Jahren bestand, übernommen. Der Gasthof lag neben dem Komödien- bzw. Schauspielhaus.

Seit vielen Generationen hatten Bäcker und Brauer diese Herberge in Betrieb. Hier trafen sich früher die Boten, die die Post aus den umliegenden Gemeinden nach Münster brachten und am nächsten Morgen den Weg zurück antraten.

Im Adressbuch Münster von 1853 sind unter der Überschrift *Gasthöfe, Restaurationen, Schenken etc.* sieben *Gasthöfe*; vierzehn *Restaurationen und*

Weinhäuser, wie Gasthöfe; dreizehn *Wein-, Bier- und Likör-Schenken;* 25 *Krü-ge und Ausspannungen;* und 207 *Bier- und Branntweinschenken,* darunter auch Franz Westhoff in der Neubrückenstraße 132. Es war also eine sehr einfache, billige Unterkunft, in der 1848 die Familie Rosenkötter abstieg. Kein Vergleich zu dem Quartier, das Ludwig und Jette noch im Dezember 1843 aufgesucht hatten, nämlich *Zum König von England* am Prinzipalmarkt, gewissermaßen das Grand Hotel Münsters, welches Ferdinand Gerbaulet 1841 neu bauen ließ.

*

Das Jahr 1848 bedeutete aber auch in Münster aufgeregte Zeiten. In dem großen Saal im ersten Stock des Gasthofes Westhoff diskutierte der *Deutsche Verein* in der einen Woche über *Kirche und Staat, Arbeitsgewäh-rung und Armenversorgung von Seiten des Staates* und das *Verhältnis der Offiziere zu den Untergebenen im stehenden Heere.*

14 Tage später ging es um die *politische Mitwirkung und nationale Reprä-sentation* und einen *Beschluss zur Vereinbarung der Verfassung in Berlin;* auch wollte man den *Entwurf einer Adresse an die Nationalversammlung in Frankfurt* diskutieren. Weitere Tagesordnungspunkte waren das *Bürger-wehr-Gesetz* und die *Klassensteuer.*

Dieser Deutsche Verein war erst Ende Juli aus dem *Konstitutionellen Verein* hervorgegangen und hatte zuvor seine Versammlungen im Saal der *Wein- und Bayrisch-Bierschenke und Restauration* des Clemens Vogelsang am Domhof abgehalten. Das politische Ziel des Deutschen Vereins war die *nationale Einheit und politische Freiheit* aller Deutschen.

Diese Grundlagen erscheinen nur gesichert durch unumwundene Anerkennung der Beschlüsse der verfassungsgebenden deutschen Reichs-versammlung, die beauftragt ist, die nationale Einheit herzustellen und das Maß und Gesetz der errungenen Freiheit festzusetzen.

Am 18./19. November 1848 trafen sich die Delegierten des *Westfälischen Kongresses für die Sache und Rechte der preußischen Nationalversammlung und des preußischen Volkes.* Sie legten Wert auf die Feststellung, dass in Münster kein Aufstand oder eine gar eine Revolution geplant werde. Es wäre lediglich eine Zusammenkunft von 166 Deputierten, welche von westfälischen *Stadtverordnetenversammlungen, Gemeindebehörden, Bürger-wehren* und *Vereinen* der verschiedensten Art entsandt worden seien. Sie gehörten vorwiegend dem Besitz- und Bildungsbürgertum an. Es waren Kaufleute, Fabrikanten, Landwirte, Gutsbesitzer oder Juristen. Dennoch oder gerade deshalb wurden die Teilnehmer des Kongresses von den preußischen Behörden politisch verfolgt, vor Gericht gestellt und teilweise ins Gefängnis gesteckt. Die liberalen Bürger sollten mundtot gemacht werden.

*

Der Saal des Westhoffschen Gasthofes diente ein paar Jahre lang auch als das Hauptquartier der bürgerlichen Fastnacht – gleich neben der Hochburg der aristokratischen Ballfastnacht, die im Komödienhaus residierte. In den Fluren des Gasthofes hingen noch die Plakate der zweitältesten deutschen Karnevalsgesellschaft, *Freudenthal*, die hier ihre Zusammenkünfte im großen Saal feierte. – Jette fühlte sich in Anbetracht der erbärmlichen familiären Situation eher in einem Jammertal.

*

Ludwig kam mit seinen Einstellungswünschen nicht voran. Am 20. September wandte er sich nochmals an den Oberpräsidenten der Provinz Westfalen, Eduard von Flottwell. Dieser ließ umgehend antworten:

So sehr ich Ihre in der Eingabe von heute geschilderte drückende Lage bedaure, so bin ich doch gänzlich außer Stande, Ihnen irgendwie lohnende Arbeiten zuzuwenden, und habe mich daher darauf beschränken müssen, Ihnen auf einen zur Verfügung stehenden geringen Fonds ›Anderweit‹ drei Reichstaler anzuweisen, welche Sie bei dem Rechnungsrat Hasenkamp in Empfang nehmen können.

Drei Reichstaler! Drei Taler würden vielleicht, bei sehr sparsamer Haushaltsführung, ausreichen, seine Familie – immerhin zwei Erwachsene und sieben Kinder im Alter von drei bis fünfzehn Jahren – eine Woche zu ernähren und ein Teil der laufenden Kosten zu decken.

*

Im Frühjahr 1848 hatte Ludwig mit großem Interesse die politischen Auseinandersetzungen in Europa verfolgt und sah schließlich für sich eine Gelegenheit, wieder als aktiver Offizier sein Geld zu verdienen: In dem Grenzgebiet zwischen Dänemark und dem Deutschen Bund waren die Ereignisse eskaliert. Im Gefolge der Märzrevolutionen hatte sich die Lage in den Herzogtümern Schleswig, Holstein und Lauenburg zugespitzt. Die Situation im Norden war äußerst kompliziert: Schleswig war Dänemark zugeordnet, während Holstein und Lauenburg dem Deutschen Bund angehörten. Landesherr insgesamt war jedoch der dänische König und seit Jahrhunderten kamen die dänisch- und deutschsprachige Bevölkerung einvernehmlich miteinander aus.

Die politischen Auseinandersetzungen des Jahres 1848 hatten überall die Absetzung der absolutistischen Herrscher und die Schaffung demokratischer, bürgerlicher Verhältnisse zum Ziel. Gleichzeitig hatte sich auch die Idee von einem Nationalstaat mit gleicher Sprache und Kultur entwickelt, in dem die Demokratie sich herausbilden und festigen sollte. Der dänischsprachige Norden forderte, dass die Grafschaft Südjütland (jarledømme Sønderjylland) insgesamt Dänemark zuzuordnen sei, während der deutschsprachige Süden die Eingliederung des Herzogtums Schleswig in den Deutschen Bund verlangte. Es folgten drei Jahre kriegerische Auseinandersetzungen mit hohen Verlusten auf beiden Seiten.

Ludwig kontaktierte im Februar 1849 seinen früheren Regimentskommandeur Generallieutenant a. D. von Schmalensee und bat ihn um ein Zeugnis. Der attestierte Ludwig *viel Fleiß und Pünktlichkeit*. Auch wäre *seine Führung von musterhaften und rühmlichen Betragen*. Von Schmalensee könnte Ludwig nur *rühmlichst* zu einem Versorgungsposten empfehlen und wünschte Ludwig *den besten Erfolg*.

In Münster hatte Ludwig die Bekanntschaft mit dem Generallieutenant a. D. Karl von Monsterberg gesucht. Dieser war Anfang der 1840er Jahre *Kommandeur der 13ten Division im 7. Armee Korps*, wozu auch das 15. Infanterie-Regiment in Minden von 1820 bis 1837 gehörte. Am 21. März 1849 schrieb auch von Monsterberg eine Empfehlung für Ludwig:

Der Königlich Preußische Premier Lieutenant a. D. Herr Rosenkötter wünscht, da hier in der Provinz alle Stellen der ausrückenden Truppen schon seit längerer Zeit besetzt sind, seine Kräfte der Deutschen Sache und namentlich der Schleswig-Holsteinschen zu widmen und daselbst in die Reihen der dortigen Landesverteidiger einzutreten. Dass er eines solchen Entschlusses würdig erscheint wird das Zeugnis des Generallieutenant von Schmalensee, unter dessen Befehl der Herr Rosenkötter gestanden, näher erklären. Von Monsterberg fügte hinzu, dass er

Ludwig stets als einen *Mann von ehrenhaften Entschlüssen und Gesinnungen* kennengelernt hätte, weshalb *er auch keinen Abstand nehme, ihn Allen zu empfehlen.*

Doch überraschend erhielt Ludwig ein Angebot, als *Abschreiber* bei dem neuen Oberfinanzrat und Provinzial-Steuerdirektor Carl August Göring zu arbeiten. Drei Jahre lang, bis 1852, fertigte Ludwig saubere und genaue Ab- und Zweitschriften für die Steuerdirektion an. Hatte der 1846 pensionierte Heinrich Karl Krüger ein gutes Wort für Ludwig eingelegt? Krüger hatte sich immer wieder für Ludwig eingesetzt und auch später im Ruhestand die Familie Rosenkötter unterstützt.

*

Fast auf den Tag genau 43 Jahre nach ihrer eigenen Geburt gebar Henriette im Februar 1850 ihr achtes Kind, Maria Johanna Eleonore. Das jüngste Kind der Familie scheint schon bald nach der Geburt gestorben zu sein; es wird in keinem Brief oder Dokument erwähnt.

Die Familie wohnte zu dieser Zeit in Münsters *Jüdefelder Leischaft* (Stadtviertel) in dem Haus Nr. 78a in der Buddenstraße (heute: Breul Nr. 9), zwischen Buddenturm und Neubrückentor. Gleich hinter dem Hof befand sich ein langgezogener Fischteich und der – zu einer Promenade umgebaute – Verteidigungswall. Dahinter waren die Wassergräben der Kreuzschanze, der ehemaligen Befestigungsanlage. Von der Promenade hatte man zu jener Zeit einen Blick auf das im Norden entstehende Kreuzviertel: einige Häuser und Straßen waren bereits errichtet.

Im Süden befand sich der Minoritengarten des ehemaligen Franziskanerklosters. Die Klosterkirche, das älteste Gotteshaus der Franziskaner, war zur Kirche der evangelischen Gemeinde umgewandelt worden und wurde auch von der Familie Rosenkötter besucht. Südwestlich lag das aufgelöste Observantenkloster; die preußische Regierung brachte hier nach 1813 ein Militär-Lazarett unter.

Das Wohnhaus, ein erst kürzlich errichtetes zweigeschossiges Fachwerkhaus, dürfte für die zehnköpfige Familie gerade noch ausreichend gewesen sein. Im Vorderhaus standen jeweils ungefähr 60 Quadratmeter im Erd- und Obergeschoss zur Verfügung; im Hinterhaus waren es 35 Quadratmeter. Das Haus musste aber mit zwei weiteren Mietparteien geteilt werden, nämlich dem Intendantur-Registrator Carl Faber und dem Musiklehrer und Domkapellisten Müller.

*

Im Juli 1852 versuchte Ludwig eine Stelle als *Lohnschreiber* in der Gerichtskanzlei in Münster zu bekommen. Der Gerichtsdirektor Franz Georg Karl Wilhelm von Tabouillot ließ Ludwig wissen, dass er aus seiner Bewerbung nicht ersehen könnte, ob er versorgungsberechtigt sei und deshalb ein anderer Lohnschreiber zu kündigen wäre. Ludwig sollte ihm entsprechende Nachweise vorlegen.

Ludwig legte dar, dass er *aus dem Militär mit Zivil-Versorgungs-Ansprüchen entlassen und wirklich im Zivil angestellt war*. Er hätte sich nichts zu Schulden kommen lassen: *Meine moralische und bürgerliche Führung ist der Polizei bekannt und erwarte ich hierüber keinen Anstoß*. Er schloss sein Anschreiben: *Leid sollte es mir sein, wenn durch mich jemand verdrängt würde, allein die Sorge für acht Kinder erfordert es, dass ich auch unter dieser Bedingung bitten muss, mich zu beschäftigen, da ich überhaupt keine Anstellung, sondern nur momentane Beschäftigung beanspruche, bis vielleicht hohen, oder höheren Orts anderweit über mich verfügt wird*. Tabouillot antwortete umgehend, dass er einen *angestellten Lohnschreiber nur dann kündigen kann, wenn* ihm *ein Versorgungsberechtigter sein Näherrecht nachweist*. Die Betonung lag dabei auf Berechtigter und Nachweis.

*

Schließlich war es wieder die Steuerbehörde in Münster, die Ludwig eine kurzfristige Tätigkeit als *Chausseegeld-Erheber* vermittelte. Zwei oder drei Jahre lang kassierte er das Wegegeld, das dem Unterhalt befestigter Provinzialstraßen diente. *Für Post- und Personenkutschen, Kaleschen, Cabriolets und alles Fuhrwerk, einschließlich Schlitten zum Fortschaffen von Personen, beladen oder unbeladen, für jedes Zugtier* war für eine Meile (7½ Kilometer) ein Silbergroschen zu entrichten. Mit Aushändigung der Quittung über den entrichteten Wegezoll öffnete sich der Schlagbaum und die Chaussee war freigegeben bis zur nächsten Mautstelle.

Seine Dienststelle war das Neutor-Wachthaus am Neuenplatz; auf der gegenüberliegenden Straßenseite stand das Torschreiberhaus. Ludwig hatte das Fenster zur Straße hin mit Topfpflanzen verschönt: zwei Monatsrosen, die schon den ganzen Sommer über blühten, und jeweils eine Levkoje und ein Goldlack. Doch Ende September 1855 wurden am Abend die Blumentöpfe gestohlen.

Der Lieutenant a. D. erstattete eine Diebstahlsanzeige – die Blumen hatten ihn einen Taler gekostet –, der Staatsanwalt wurde tätig, warnte vor dem Ankauf der Gegenstände und ersuchte jeden, der etwas über deren Verbleib oder zur Entdeckung des Täters beitragen könne, Anzeige bei ihm oder der nächsten Polizeibehörde zu machen.

Wenig später war jedoch schon wieder von dem *pensionierten Chaussee-geld-Erheber Rosenkötter* die Rede. Noch einmal richtete Ludwig einen Brief an Tabouillot mit der Bitte um Beschäftigung. Der Kreisgerichts-direktor verwies auf seinen Bescheid von vor drei Jahren, Ludwig hätte bisher nicht den Nachweis geführt, dass ihm eine Stelle zuständen. Ohne diesen Nachweis könnte der Kreisgerichtsdirektor *auf fernere Anträge* keine Rücksicht nehmen.

*

Für die folgenden Jahre ist nicht bekannt, ob Ludwig über regelmäßige Einkünfte verfügte. Auffällig ist jedoch, wie sehr Ludwig und seine Familie auf Unterstützung anderer angewiesen waren. Dabei ging es nicht nur um die anwaltliche Hilfe durch Leesemann oder die Förderung durch den Provinzial-Steuerdirektor Krüger, sondern auch um handfeste materielle Beiträge durch Verwandte, Bekannte und Gönner.

So schrieb Ludwig 1856 einen Brief anlässlich des 75. Geburtstags seines Onkels Wilhelm Kisker in Halle und schilderte ihm nebenbei das Leid seiner Familie. Dieser antwortete:

Dass Du durch Trübsal und Missgeschick viel zu tragen hast, kann ich mir denken. Blicke aber auf frühere Jahre zurück und dann bitte Gott (von dem alles kommt) aus dem Grunde Deines Herzens um seinen Beistand und Vergebung aller Missgunst, dann wirst Du von Tag zu Tag erkennen, dass Er keinen verlässt, der Ihn reuig und ernstlich bittet! Ein erstes Fingerzeichen muss man darin schon deutlich gewahren, dass sich Deine Kinder so gut regieren!

Der Kommerzienrat, Leinenkaufmann und Händler hatte gut reden, materielle Sorgen plagten diesen gewiss nicht: Christoph Wilhelm Kisker finanzierte privat den Bau einer Chaussee und sorgte damit für die Anbindung der Stadt Halle an die im Bau befindliche Köln-Mindener

Eisenbahn, deren Planung maßgeblich durch den Münsteraner Geheimen Finanzrat und Provinzial-Steuerdirektor Karl Heinrich Krüger vorangetrieben worden war. Auch förderte Kisker soziale Einrichtungen in seiner Heimatstadt. *Alles,* so sagten seine Mitbürger im Ort, *alles, was je der Ravensberger gebrauchte, konnte er in dem Geschäft W. Kisker finden. Alles, auch guten Rat.* Wie zum Beispiel *Vertraue auf Gott!* und *Entbehrung hilft zur Überwindung.* Ludwigs Onkel schloss seinen Brief mit dem Hinweis:

Mir ist auch vieles vorgekommen, was mich hart anfasste – so der Tod meines Schwiegersohnes Lampe und dessen Frau, wo mir neun unversorgte Kinder als alleiniges Erbteil verblieben. Doch er zeigte sich Ludwig gegenüber entgegenkommend: *Indessen überreiche ich auch Dir drei Taler inliegend mit der Bitte meine gut gemeinten Worte nicht übel zu deuten. – Dein aufrichtiger Oheim.*

*

Ludwigs Schwester, Helene, schrieb in einem der letzten Briefe an ihren Bruder kurz vor seinem Tod:

Dir und den deinigen geht es leider immer schlecht. Sie bedauerte, *dass alle euere früheren Wohltäter jetzt nicht mehr sind* und *auch euer Engel, die Frau Nebelung. – Unterstützt Euch denn Leesemann noch?,* fragte sie und versuchte zu trösten: *Hoffentlich wird auch für Euch die schwerste Zeit vorüber sein, da Ihr doch nun bald alle Eure Kinder erzogen habt und sie auch noch möglichst Euch unterstützen werden.*

Im Juli 1852 wohnten noch alle acht Kinder am Breul in Münster. Die neunzehnjährige Louise stand kurz vor der Abreise in die preußische Rheinprovinz, um im Kreis Bernkastel als Haushaltshilfe beim Kaufmann de Wilde zu arbeiten. Von den drei älteren Jungen, Oscar, Emil und Gustav Adolf, ist nichts über ihre Ausbildung bekannt. Anna, Lina und Adalbert besuchten noch die Elementarschule.

Zwei Jahre später, im August 1854, waren von den sieben Kindern – die jüngste in Münster geborene Tochter war kürzlich verstorben – nur noch der neunjährige Adalbert, die elfjährige Lina und die dreizehnjährige Anna im elterlichen Hause. Louise arbeitete noch immer in Zeltingen an der Mosel, Oscar hatte eine Ausbildung bei der Post bekommen, Emil und Gustav Adolf ließen sich zum Kaufmann ausbilden und auch Anna verdiente bereits mit kleinen Aushilfsarbeiten im Haushalt der Familie von Monsterberg in der Ludgeristraße Nr. 91 ein bisschen Geld.

*

Das Leben der Familie Rosenkötter in Münster war durch Ludwigs wiederholte Arbeitslosigkeit geprägt. Ludwig und Jette suchten Unterstützung in der Verwandtschaft, bei Bekannten und ehemaligen Vorgesetzten. Selbstverständlich erfuhren die Eltern durch ihre fast erwachsenen Kinder, die bereits ausgebildet waren und eigenes Geld verdienten, Hilfe. Dennoch war die wirtschaftliche und soziale Situation der Familie von großer Not geprägt. Krankheiten bestimmten zunehmend den Alltag.

Die Zukunft war alles andere als gewiss. Für die jüngsten Kinder, Lina und – vor allem – Adalbert, musste noch die Ausbildung gesichert werden. Die schulische Bildung bereitete nur unzureichend auf einen Beruf vor. Die Kinder lernten Lesen, Buchstabieren und eine gute Handschrift. Sie übten Briefe, eine Rechnung oder einen Aufsatz schreiben. Ebenso die grundlegenden Rechenarten – Addition, Subtraktion, Multiplikation und Division und auch den Dreisatz – würden sie beherrschen. Vor allem aber brachte man ihnen den Katechismus bei. Dies alles würde aber nicht hinreichen, den Lebensunterhalt zu verdienen.

*

Ludwig hatte von seinen ehemaligen Regimentschefs erfahren, dass es eine Möglichkeit zu einer kostenlosen Ausbildung in dem Militär-Knaben-Erziehungs-Institut in Annaburg gäbe. Dies sei eine Erziehungsanstalt für Söhne von Unteroffizieren und Gemeinen des deutschen Heeres. Die Erziehung und Verpflegung der Schüler geschehe ganz auf Kosten des preußischen Staates.

Er wandte sich in dieser Angelegenheit an die Königliche Intendantur des 7. Armee-Korps in der Krummen Gasse in Münster. Die Intendantur war für die materielle Versorgung der Truppe und auch ihrer ehemaligen Angehörigen in allen Bereichen zuständig. Diese militärische Verwaltungsbehörde unterrichtete am 27. Juni 1854 das Allgemeine Kriegs-Departement im Kriegs-Ministerium in Berlin über Ludwigs Anliegen. Ludwig von Wasserschleben antwortete in Vertretung des Direktors am 9. August 1854:

Man habe *Adalbert zwar ausnahmsweise als Anwärter für das Militär-Knaben-Erziehungs-Institut zu Annaburg notiert, dass derselbe jedoch wenig Hoffnung hat, aufgenommen zu werden, da von den sieben Kindern des Rosenkötter außer dem genannten Knaben sich nur noch eine Tochter, elf Jahre alt, im elterlichen Hause befindet, während unter den Expektanten viele vorhanden sind, die einer weit zahlreicheren Familie angehören, die einer Unterstützung bedürftig ist. Im günstigsten Falle aber würde die Aufnahme des Knaben vor Michaeli 1856 nicht erfolgen können.*

Ludwig gab sich mit diesem Bescheid nicht zufrieden und suchte nach weiteren Wegen, für seinen Sohn Adalbert doch noch die baldige Aufnahme in Annaburg zu ermöglichen. Er wandte sich an den Oberst-Lieutenant a.D. Rudolph Röhrdanz, der in der Frauenstraße Nr. 20 in Münster wohnte.

Röhrdanz war seit 1849 Vertreter der Inneren Mission in der Rheinprovinz für Elberfeld. Ein Jahr zuvor hatte in Wittenberg eine *Versammlung evangelischer Männer* als Reaktion auf die Revolutionsereignisse 1848 stattgefunden. Johann Hinrich Wichern hatte, aus der pietistischen Erweckungsbewegung kommend und als Begründer des *Rauhen Hauses* in Dorn bei Hamburg, die sozialen Folgen der Industrialisierung und die Massenarmut als die zentrale Aufgabe der Kirche gesehen. 1849 konstituierte sich der *Zentral-Ausschuss für die Innere Mission der deutschen evangelischen Kirche.* Röhrdanz hatte auch Kontakt zu den führenden Vertretern des Genossenschaftswesens.

Röhrdanz verfasste Anfang September 1855 einen Brief, in dem er sich für die Aufnahme Adalberts in Annaburg stark machte. Zusammen mit einem weiteren Bericht der Münsteraner Intendantur wurden diese Schreiben nach Berlin geschickt. Zwei Tage später kam die Erwiderung,

dass es lediglich bei unserer Verfügung vom 9ten August 1854 sein Bewenden behalten muss, da kein genügender Grund vorliegt, dem Knaben, welcher erst 10 Jahre alt ist, vor vielen anderen vollberechtigten und gleich bedürftigen Knaben, welche meist erst nach vollendetem 11ten Lebensjahre zur Aufnahme gelangen, den Vorzug zu geben.

Es ist nicht bekannt, wer auf die Idee kam, die Angelegenheit zu ihrer Erledigung gleich bei der obersten staatlichen Instanz vorzubringen. War es Röhrdanz, der Rechtsanwalt Leesemann oder der Pfarrer Lüttke?

Jedenfalls schien ein Immediatsgesuch von Henriette direkt an die Königin Elisabeth von Preußen, gleichsam von Frau zu Frau, Erfolg versprechend. Ein solches Immediatsgesuch unter Umgehung aller behördlichen Dienststellen stand jedem preußischen Bürger zu.

Am 17. Oktober 1855 kam die Antwort: *Das Immediatsgesuch Ihrer Ehegattin an Ihre Majestät die Königin vom 4ten Oktober ist behufs ihrer Bescheidung an das Kriegs-Ministerium abgegeben worden*, hieß es in dem Brief an Ludwig. Das Kriegs-Ministerium wiederum verweist auf seinen früheren Erlass an die Münsteraner Intendantur, von dem Ludwig sicherlich Kenntnis erhalten habe und entschied:

Sie haben sich daher bis zu einer späteren Zeit um so mehr zu gedulden, als Ihr Sohn Adalbert lange nach Ihrer bereits im Jahre 1830 erfolgten Entlassung aus dem Militärdienst geboren ist, und daher allen denjenigen Knaben nachstehen muss, welche während der aktiven Dienstzeit ihrer Väter geboren sind.

Damit waren zunächst alle Versuche, Adalbert im Militär-Knaben-Erziehungs-Institut unterzubringen, gescheitert.

*

In den letzten 1850er Jahren verschlechterte sich das allgemeine und gesundheitliche Befinden der Eltern sehr schnell. Es waren immer wieder die gleichen Probleme zu lösen: Woher würde genug Geld kommen, um die Familie zu ernähren und zu kleiden oder die Miete zu bezahlen? Wie würde die Zukunft ihrer Kinder aussehen? Welche Berufe würden die größte Sicherheit bieten? Eine Anstellung in der preußischen Verwaltung? Die Selbstständigkeit als Kaufmann? Die gründliche Ausbildung in einem Handwerk? Oder eine Laufbahn beim Militär? Diese stete Ungewissheit und Zweifel führten zu hohen Belastungen; Jette und Ludwig wurden immer schwächer und nervöser. Ihre Kräfte ließen zusehends nach und Krankheiten hatten ein leichtes Spiel mit den ausgezehrten Körpern.

Cousine Louise Piper *hätte gerne gewusst, woran alle erkrankt gewesen* waren. Schwager Edmund von Steinwehr schrieb: *Dass Deine liebe Frau krank ist tut mir von Herzen Leid, Gott möge geben, dass die Arme recht bald gesund werde und sie zur Freude der Ihrigen noch recht lange lebe.* Eine andere Verwandte meldete sich bei Jette: *Liebe Frau Cousine, lassen Sie mich denn auch ja wissen, wie es Ihnen allen geht, es tut mir immer sehr leid, wenn ich von so häufigem Kranksein bei Ihnen höre.* Ludwigs Schwester Helene klagte:

Mit innigsten Bedauern haben wir deinen letzten Brief gelesen, und leider daraus gesehen, dass du, mein geliebter Bruder, noch immer an den Folgen deiner letzten schweren Krankheit leidest. ... Dir und den deinigen geht es leider immer schlecht. Ein paar Wochen später kommt ihre Nachfrage: *Wie geht es Dir mein liebes Jettchen? Du ärmste hast es wohl wieder recht schwer, und selbst noch schwach ohne Stärkung von Deiner Krankheit. Und die kleine Lina hat Euch allein gepflegt. Der gütige Gott bewahre sie, wie kommt ihr aber auch an diese unglückliche Krankheit.* Die Sorgen in der Familie wurden größer: *Wovon besteht ihr ärmsten, wenn ich mir denke, dass ihr krank und leidend seid, und so gar keine Pflege, dass wir auch alle arm sein müssen.*

Krankenhäuser waren besondere Anstalten, den Ärmsten und Aussätzigen vorbehalten. Einen Arzt rufen, das war teuer und es war auch nicht gewiss, dass dessen medizinische Kenntnisse eine Krankheit lindern oder gar den Erkrankten heilen würden. Die Ängste der Erkrankten, sich in ein Krankenbett zu legen waren groß, denn wer zum Liegen kam, dessen Schicksal schien besiegelt, weil so gut wie niemals sich ein Kranker wieder von so einem Lager erhob. Irgendwann war die Erschöpfung zu tief. Ludwigs Nichte, Anna von Steinwehr, schrieb im April 1859:

Liebes Onkelchen. – Mit großer Trauer haben wir die Nachricht von Eurer großen Krankheit, die Euch, besonders aber Dich, lieber Onkel, schon so lange darniederdrückt, hoffentlich wird dies aber bald wieder überstanden sein.

Am 30. Mai teilte Louise ihrer Tante Helene und deren Familie mit, dass der Zustand ihres Vaters sehr gefährlich wäre und sein Ende sich abzeichnen würde. Drei Wochen später starb Ludwig am 20. Juni 1859. Er wurde 57 Jahre alt.

*

Mein innig geliebtes Jettchen! – Mit tief betrübten Herzen empfing ich am 24. die Todesnachricht meines einzigen, innig geliebten Bruders. Obgleich ihm die Ruhe nach so vielen ausgestandenen Leiden, wohl zu gönnen, so muss doch der Gedanke, nun auch den letzten meiner Familie scheiden zu sehen, erst nach langer Zeit überwunden werden, um ohne Schmerz daran zu denken und sich selbst dabei in den Hintergrund zu stellen. Sehr, sehr betrübte uns die Nachricht schon, dass ihr alle wieder durch die schreckliche Pogenkrankheit heimgesucht wurdet, doch noch mehr, wie wir hörten, dass mein lieber Bruder, noch immer nicht genesen, und zuletzt diese so schreckliche wie schmerzhafte Krankheit daraus hervorging, doch glaubten wir alle sein Ende doch auch nicht so nahe, obgleich es dem ärmsten wohl zu wünschen war ….

Die Pogenkrankheit, Poggen oder Pocken, war eine der gefürchtetsten Erkrankungen. Wer sie überlebte, war mit Narben gezeichnet. Viele Erkrankte erblindeten, wurden taub, behielten Hirnschäden zurück oder eine Lähmung. Ein Drittel der Infizierten überlebte die Krankheit nicht.

In Preußen wurde zwar 1815 die Impfung gegen Pocken eingeführt, sie setzte sich aber nur zögerlich durch. Henriette und Ludwig hatten zumindest eines ihrer Kinder gegen die Pocken impfen lassen: Für Gustav Adolf liegt ein *Zeugnis über Schutzpocken-Impfung* aus dem Jahr 1838 vor. Aber erst 1874 wurde die allgemeine Impfpflicht durchgesetzt. Die Zahl der Todesfälle durch Pocken sank darauf in Preußen von 2.642 im Jahr 1868 auf drei im Jahr 1879.

*

Die Aufmerksamkeit der Familienangehörigen richtete sich nach Ludwigs Tod auf seine Frau Henriette. Anna von Steinwehr erkundigte sich:

Wie geht es denn unserer lieben Tante Jettchen, hoffentlich wird sie, wenn sie erst etwas getröstet ist, auch wieder kräftiger werden, da ihr so zarter und schwacher Körper bei so anhaltender Pflege doch endlich erliegen [im Sinne von: eine Wirkung zeigen] musste. Annas Mutter Helene dachte praktischer: *Wie wirst Du mein liebes Jettchen, denn nun deine Einrichtung nutzen, wahrscheinlich wirst du doch mit deinen Kindern alle zusammen ziehen? Wie viel Witwenpension hast du?*

Einen Monat nach dem Tod ihres Mannes erhielt die *Witwe Louise Henriette Amalie Rosenkötter geborene Jacobi* eine Mitteilung der *General-Direktion der Königlich Preußischen allgemeinen Witwen-Verpflegungs-Anstalt*, dass sie vom 1. Oktober 1860 an, *so lange sie lebt und unverheiratet ist*, eine jährliche Pension von 75 Reichstaler bekäme, auszahlbar halbjährlich zu 37 Reichstaler und 15 Silbergroschen.

*

Die älteste Tochter Louise hatte Anfang Mai 1859 eine Wohnung bei Schlossermeister Nikolaus Wegmann, Rothenburg 44, schräg gegenüber der Neuen Kaserne gefunden. Jette zog nach Ludwigs Tod zunächst dort ein. Später fanden Jette und ihre Töchter eine gemeinsame Wohnung in der Salzstraße Nr. 71. In einer Zeitungsanzeige Mitte November bot die Witwe Rosenkötter die *Anfertigung aller Putzarbeiten unter Zusicherung billiger und reeller Bedienung* an. Sie wolle auch *billig Unterricht ... in allen feinen Handarbeiten, vorzüglich im Weißsticken* erteilen.

Am 1. Oktober 1860 quittierte die *verwitwete Rosenkötter, geborene Jacobi*, den Erhalt von 37 Reichstalern und 15 Silbergroschen nachdem zuvor attestiert worden war, dass sie *heute noch in unverheirateten Stande lebt*.

*

Dann verzeichnet das Adressbuch Elberfeld aus dem Jahr 1864 die *Witwe Adalbert Rosenkötter*, wohnhaft in der Hochstraße 94. Das Elberfelder Adressbuch der Jahre 1868-70 führt gleich mehrere Mitglieder der Familie Rosenkötter auf: In der Südstraße 38 waren Adalbert und sein älterer Bruder Emil gemeldet. Hier wohnten aber auch die Mutter Henriette und zumindest zeitweise die Geschwister Louise, Anna und Lina. Oscar wohnte fünf Minuten vom Hauptbahnhof Elberfeld entfernt im Distelbeck 14a und fünfzehn Minuten bis zur Südstraße 38.

Ende April 1869 erschien im *Täglichen Anzeiger für Berg und Mark* folgende Todesanzeige:

Heute Nachmittag 6 Uhr verschied zu einem bessern Leben, unsere geliebte Mutter und Großmutter, Frau Ww. Lieutenant Rosenkötter, geb. Jacobi – Um stille Teilnahme bitten die Hinterbliebenen.

Elberfeld, 27. April 1869

Henriette wurde 62 Jahre alt.

*

Krankheit und Tod gehörten zum Leben, waren Alltagserfahrung und begleiteten die Menschen. Entsprechend groß war das Interesse an den Details von Krankheiten und deren Verlauf nicht nur bei den direkt Verwandten der Familie: *Ich hätte gerne gewusst, woran alle erkrankt gewesen.* Ein solche Frage war nicht nur höfliche Anteilnahme, sondern aufrichtiges Interesse:

Bitte geben Sie nähere Auskunft über die Krankheit und den Todestag der uns so leid abgestorbenen Lisette Piper. Oder: Lassen Sie mich denn auch ja wissen, wie es Ihnen allen geht, es tut mir immer sehr leid, wenn ich von so häufigem Kranksein bei Ihnen höre.

Aber auch unaufgefordert wurde von irgendwelchen Zipperlein berichtet:

Leide an einem flechtenartigen Ausschlage, bin sehr missvergnügt, mache den Meinigen das Leben sauer. – Ich neige seit einiger Zeit sehr zu Brust-erkältungen und habe im Winter deshalb mitunter das Haus gehütet.

Manchmal wurde auch ausführlich in allen Einzelheiten berichtet:

Mein armer Mann ist aber jetzt der ausschließliche Gegenstand meiner Sorge, der alles Übrige weichen muss. Er ist leider in einem höchst be-klagenswerten Zustande, mit jedem Tag wird er hilfloser, unbeholfener, sodass er leider jetzt nicht mehr im Stande ist, auch nur das Geringste allein zu machen, ich muss ihn wie ein kleines Kind behandeln, dabei hat er so entsetzlich viel Bedürfnisse und Eigenheiten, die mit durch seine Krankheit herbeigeführt werden.

Es spielte keine Rolle, ob man irgendwelche verwandtschaftlichen Beziehungen hatte oder sich nur hinreichend gut kannte, um solche Krankengeschichten aufzuschreiben.

Krankheiten und Unfälle, der Tod eines Kindes oder eines Elternteiles, aber auch Notlagen, Armut, Sorgen und Ängste wurden als göttliche Prü-fungen gesehen. All der Kummer musste einen göttlichen Zweck haben:

Ich hege im Stillen noch immer die Befürchtung, dass es schon zu spät gewesen, doch wie Gott will, wir müssen uns ja alledem fügen, was er über uns beschlossen. – Gott der Allmächtige prüft uns unendlich hart!

Durch alle Prüfungen des Lebens, allen Kummer und Leid würde man am Ende doch gestärkt herausgehen, gesiegt haben – so die Hoffnung:

Mein Herz ist zerrissen, bittere, die bittersten Tränen können nur mein Herz dahin entlasten, dass ich mich demütig dem Willen Gottes, meinem harten Schicksal unterwerfe, und um Kraft bitte.

Die drei christlichen oder göttlichen Tugenden, Glaube, Hoffnung und Liebe selber zu leben und an andere weiterzugeben, sollen Kraft geben, das eigene Vertrauen in Gottes Hände zu legen. Im Vertrauen auf Gott wird Angst ausgeschlossen:

Ihr Wunsch war nur, wenn es Gott gefallen sollte, sie aufs Krankenlager zu legen, sie nicht zu lange leiden zu lassen. Dieser Wunsch ist denn auch gnädig erfüllt. – Gefasst auf ihr Ende und ergeben in den Willen Gottes traf sie ihre letzten Dispositionen und so vorbereitet entschlief sie sanft und schmerzlos in den treuen Armen ihrer Schwester. – Sanft wie ihr Leben ging gestern … meine innigstgeliebte Emilie schmerzlos zu Gott zu unserem allgütigen Vater, um den Lohn für ihr tadelloses Wirken hienieden zu empfangen.

Nicht selten wurde der Beistand der Leser der Briefe gewünscht:

Beten auch Sie mit mir zum Allmächtigen, dass er doch meinen armen Mann beistehe, und nur etwas diese entsetzlichen Leiden mildere!!

Wer jedoch über ausreichend finanzielle Mittel verfügte, konnte sich auch anderwärtig Beistand und Hilfe suchen:

Ich hoffe jedoch nach Ausspruch des Arztes diesen Sommer noch gesund zu werden. – Am Freitag schickten wir zum Arzt, der das Übel für Grippe erklärte und fernere Schonung anempfahl. – Doch ich konnte mich immer zu keiner Operation entschließen, bis ich endlich nachgab, und in Königsberg ärztlichen Rat aufsuchte, wo derselbe es dann für höchst nötig hielt, das Geschwulst herauszuschneiden, da wie er meinte ich schon viel zu lange gewartet habe, und es schon einen bösartigen Charakter angenommen.

Und wenn Ärzte nicht mehr helfen konnten, probierte man andere, alternative Verfahren, wie die *magnetische Kur* nach Franz Anton Mesmer, die wundersame Linderung und gar Heilung versprach.

Leben und Tod gehörten zusammen und man ging davon aus, dass die Verstorbenen auch weiterhin Einfluss auf das Leben der Hinterbliebenen haben würden:

Dieses ist mein Trost. Sie umschwebt mich und meine armen mutterlosen Kinder als Schutzengel um mich zu trösten, fleht Gott um Stärkung für mich und Erhaltung, um mir die Unterpfände ihrer grenzenlosen Liebe nach ihr zu bilden.

Helene (1804 - 1889)

Helene wurde zwei Jahre nach ihrem Bruder Ludwig geboren. Kindheit und Jugend dürften weitgehend ähnlich verlaufen sein. Sie hatte ebenfalls eine gute Schulbildung bekommen. Nach der Scheidung ihrer Mutter Luise hatte Helene bis 1826 in Bielefeld gewohnt und war dann zusammen mit der Mutter ihrem Bruder Ludwig nach Minden gefolgt. Nach zwei Jahren hatte Helene im Alter von vierundzwanzig Jahren den Premier Lieutenant Edmund von Steinwehr geheiratet.

*

Die Familie von Steinwehr kam ursprünglich aus der Probstei in Holstein, siedelte aber um 1300 in Vorpommern rund um Stettin. Im 18. Jahrhundert erreichte eine Linie dieser Adelsfamilie Ostpreußen und gelangte in den Besitz des Rittergutes Weskeim (Weskajmy), ungefähr auf halber Strecke zwischen Königsberg, der Hauptstadt des ehemaligen Ostpreußen, (dem heutigen Kaliningrad) und dem südlich gelegenen Allenstein (Olsztyn in Polen). Es war Edmunds Vater, der spätere Major und Landschaftsrat Ernst von Steinwehr, der 1789 den gesamten Gutskomplex nach seiner Eheschließung mit Friederica de Fresin – der Tochter des ehemaligen Erbherrn Friedrich Wilhelm de Fresin – für 30.000 Taler übernommen hatte. 1830 berichteten die Preußischen Provinzial-Blätter, dass das Gut Weskeim im Rahmen einer notwendigen Zwangsversteigerung verkauft worden sei. Das Deutsche Adels-Lexikon vermerkt, dass die Familie von Steinwehr in neuester Zeit nicht mehr als begütert angesehen wurde.

*

Zu dieser Zeit waren Helene und Edmund bereits zwei Jahre verheiratet. Für beide war es sicherlich eine Heirat aus Liebe gewesen – wie bei

Jette und Ludwig. Für Helene mag aber auch die Tatsache der Einheirat in eine alte Adelsfamilie eine Rolle gespielt haben, schien dies doch eine gewisse finanzielle Sicherheit zu bieten.

1830 wurde der erste Sohn, Viktor, in Minden geboren. Ende des darauffolgenden Jahres folgte Julius. Das Paar hatte drei Töchter: Die erste verstarb früh nach der Geburt; 1836 wurde Jutta geboren, zwei Jahre später Anna. Die Familie wohnte bis 1854 in Minden. Zuletzt lautete die Adresse Martinitreppe 109b, eine kleine Gasse, die vom Martinikirchhof zum Markt führte.

*

Edmund von Steinwehr hatte seine Militärlaufbahn im 5. Kurmärkischen Landwehr-Regiment begonnen und war bereits als Fünfzehnjähriger Unteroffizier. Ein Jahr darauf wurde er zum Sekond-Lieutenant im 15. Infanterie-Regiment in Minden ernannt. Von 1834 bis 1847 war er als Hauptmann Chef der 4. beziehungsweise der 1. Kompagnie. Am 6. Februar 1847 wurde er *mit dem Charakter als Major, Erlaubnis zum Tragen der Regiments-Uniform mit den vorgeschriebenen Abzeichen für Verabschiedete, Aussicht auf Anstellung im Zivildienst und der gesetzlichen Pension verabschiedet.* Er durfte sich fortan Major nennen, bekam aber lediglich die Pension eines Hauptmanns. Sechs Jahre später ernannte man ihn zum Führer des 2. Aufgebots eines Bataillons im Landwehr-Regiment zunächst in Minden, dann in Ostpreußen. 1867 wurde er von diesem Verhältnis entbunden; da war er 69 Jahre alt.

Als Jugendlicher war Edmund von Steinwehr in den Jahren 1813 bis 1815 an Feldzügen gegen Österreich beteiligt. 1832 war das Mindener 15. Infanterie-Regiment Teil eines Observationskorps an der Maas. Der König von Preußen ließ auf diese Weise französische Truppen beobachten, die den Belgiern in ihren Unabhängigkeitsbemühungen gegen die Niederlande zu Hilfe gekommen waren. Die Franzosen belagerten die von den Niederländern gehaltene Zitadelle von Antwerpen und zwangen diese schließlich zur Kapitulation. Die französische Armee kehrte daraufhin nach Frankreich zurück und das preußische Observationskorps wurde aufgelöst.

Am 11. März 1833 schrieb die Witwe Luise Rosenkötter an Ludwig:

Uns ist es recht schlecht gegangen. Steinwehr ist auf dem Rückmarsch krank geworden und musste in dem Lazarett in Münster liegen bleiben.

Am 31. Januar rückte hier das Regiment in lauter Jubel wieder ein und wir Armen mussten weinen, da sich alles freute. Steinwehr hat sich beim Übergang des Rheins sehr erkältet und da er gerade an Hämorrhoiden gelitten hatte, so waren welche zurückgehalten und er hatte auf einem Wagen nicht weiter können. Am 9. ist er nun hier angekommen, ist wieder etwas besser, aber noch recht matt.

*

Als 1854 die Familie Edmund von Steinwehr sich entschied, nach Ostpreußen umzuziehen, blieben die beiden Söhne Viktor (24) und Julius (23) in Minden. Helene klagte in einem Brief an ihren Bruder Ende Juni 1859:

Von unseren Söhnen hören wir sehr wenig, da beide sehr faul im Schreiben sind. Von Julius, welcher in Minden steht, haben wir fast in einem Jahr nichts gehört. Victor steht in Bielefeld als Landwehr-Adjudant. Beide sind jetzt Premier Lieutenant geworden. Wir hatten diesen Herbst auf ihren Besuch gehofft, da wir sie schon dreieinhalb Jahre nicht sahen, doch durch diese kriegerischen Aussichten sind unsere Hoffnungen vereitelt.

Helene fürchtete das Eingreifen Preußens gegen Frankreich, das an der Seite Sardiniens im nationalen Einigungskrieg Italiens gegen Österreich stand.

Dennoch war für Helene und Edmund der Umzug nach Ostpreußen die richtige Entscheidung. Edmund schrieb an Ludwig:

Was uns nun betrifft, so kann ich wirklich froh sein, dass wir nach Preußen gegangen sind, denn in Minden wo ich nach Abzug von Witwenkasse, Lebensversicherung und gesetzten Schulden hätte mit 480 Reichstalern leben sollen, hätte ich mit meinen beiden erwachsenen Töchtern zu Grunde gehen müssen. Denn seit den vier Jahren, die ich hier bin, habe ich außer meinen gesetzten Schulden in Minden, wenigsten noch 400 Reichstaler andere daselbst kontrahierte Schulden bezahlen müssen. Wären die Schulden dort minder geworden? Hätte ich sie bezahlen können? Oh nein! Die Schuldenmasse wäre immer gewachsen und ich so mit den Meinigen zu Grunde gegangen, also danke ich nochmals meinem Gott, dass ich hier bin. Und Helene ergänzte: *Doch fehlt es uns selbst noch an allem nötigen, und selbst unsere mangelhafte Einrichtung sind wir noch ganz schuldig und erst jetzt können wir monatlich fünf Taler darauf abtragen. Wir leben hier zwar viel billiger wie in der Stadt, doch sind wir auch durch unseren Umzug so in Rückstand geraten.*

*

Edmund hatte seine familiären Beziehungen spielen lassen, um seinen Wunsch, wieder in seine Heimat in Ostpreußen zurückkehren zu können, Wirklichkeit werden zu lassen. Seine sieben Jahre ältere Schwester Emilie hatte Albrecht von Kleist geheiratet. Das Paar bekam sieben Kinder. Die Tochter Amalie hatte von ihrer Großtante Julie von Ostau die Güter Lablacken, Kampken und Willmanns im Kreis Labiau geschenkt bekommen. Zusammen mit ihrem Ehemann, dem königlichen Kammerherrn Friedrich von Wnuck, lebte sie nun auf dem großen Gut Lablacken, ungefähr vierzig Kilometer nordöstlich von Königsberg. Die Familie von Wnuck verbrachte gern den Sommer am Strand des Seebads Cranz, nördlich von Königsberg am Rande der Kurischen Nehrung gelegen. Die kalten Wintermonate waren viel besser in der Stadt auszuhalten. In Königsberg trafen sich die vermögenden preußischen Adelsfamilien zu rauschenden Festen, Bällen und Diners. Während der Abwesenheit der Gutsbesitzer musste natürlich der landwirtschaftliche Betrieb fortgeführt werden. Und hier kam der Wunsch ihres Onkels Edmund gerade recht: Edmund und Helene könnten sich in einer der vielen Wohnungen auf dem Gutshof einrichten und als Gegenleistung die Wirtschaft des Gutes übernehmen.

*

Es war eine lange Reise von Minden nach Ostpreußen zum Gut Lablacken. Sicherlich, es gab seit einigen Jahren eine fast durchgehende Eisenbahnverbindung von Minden nach Königsberg, aber die Reise dorthin war lang, umständlich und anstrengend. Der Weg führte von Minden über Hannover, Braunschweig, Magdeburg nach Berlin und weiter über Stettin, Kreuz und Bromberg Richtung Danzig. Kurz vor Danzig gab es einen Abzweig in Dirschau nach Elbing und von dort ging es schließlich nach Königsberg. Allerdings war zu jener Zeit die Eisenbahnstrecke zwischen Dirschau und Marienburg noch nicht vollständig ausgebaut. Die Lücke wurde erst mit der Fertigstellung der Brücken über die Flüsse Weichsel und Nogat im Jahre 1857 geschlossen.

Allein die Kosten für die Eisenbahntickets dürften für die vierköpfige Steinwehr-Familie rund einhundert Reichstaler betragen haben; durchschnittlich fünf Silbergroschen wurden pro Meile in der ersten Klasse verlangt, umgerechnet auf einen Kilometer waren das acht Pfennige. Hinzu kamen Transportkosten für das Gepäck, die Kutschen, etwaige Übernachtungen und Verpflegung.

In Lablacken mussten noch Möbel, Haushaltsgeräte und Kleidung besorgt werden. Auf diese Weise kamen schnell die von Edmund erwähnten vierhundert Reichstaler neue Schulden zusammen.

*

Von Königsberg führte eine Chaussee nach Nordosten durch eine grüne Wiesenlandschaft, die sich bis zum Kurischen Haff erstreckte und hier und da von Kornfeldern und schmalen Waldstreifen unterbrochen wurde. Es war ein feuchtes Land: Immer wieder überschwemmte das Brackwasser aus dem Haff das platte Land, machte die Böden schwer. Ein paar Stunden war die Familie Steinwehr auf der glatten Straße bereits gefahren, als der Kutscher sein Gefährt links abbiegen ließ. Der Wagen holperte durch die harten, tief ausgefahrenen Spuren. Dann bogen sie in eine breite Allee uralter Linden ein, fuhren bald durch ein Tor in einer dicken Steinmauer auf einen von Scheunen und Ställen umgebenen, mit alten Bäumen bewachsenen Platz und hielten vor dem Herrenhaus. Die ganze Anlage glich einer Festung und der Gutshof von Lablacken zeugte vom Reichtum seiner Besitzer. Die Wnucks begrüßten freudig ihre Verwandten aus dem fernen Westfalen, die erschöpft von der langen Reise und doch glücklich waren. Besonders ausgelassen war aber Wnucks vierzehnjährige Tochter Lilly, die sich freute, mit Jutta und Anna zwei fast Gleichaltrige gefunden zu haben.

Von einem Herrenhaus zu sprechen war eigentlich falsch, denn es war ein seltsames Haus: Jahrhunderte hatten an ihm gebaut, ohne Rücksicht auf Stil und Schönheit, nur bestrebt, Platz zu schaffen für die mit dem Wohlstand steigenden Bedürfnisse der Bewohner. Im Grunde waren es drei im Halbkreis aneinandergereihte zweistöckige Gebäude. Lilly führte die Neuankömmlinge durch die Anlage. Durch das Portal des schmalen mittleren Baus betrat man die Eingangshalle mit den schweren wuchtigen Eichenmöbeln. Ein paar Ritterrüstungen bewachten die Bewohner und Gäste. Der Blick durch den Raum ging hinaus auf eine überdachte Veranda und in den Park. In der dunklen Halle führten auf beiden Seiten zwei Treppen hinauf zum Obergeschoss. Fast endlos, so schien es, waren die Fluchten der Zimmer, die sich oben und unten, von Fluren, Treppen und Winkeln vielfach unterbrochen, rechts und links durch die langgestreckten Häuser zogen. Rokoko-, Empire- und Biedermeiermöbel kündeten von dem Zeitgeschmack der Generationen, die in diesem Herrenhaus geboren wurden, arbeiteten, lebten und starben.

Die Wnucks hatten die Ländereien des Guts Lablacken mit Kanälen, Dämmen, Schleusen und einer Dampf-Mahlmühle von 60 Pferdestärken versehen, um die Wiesen und Äcker zu entwässern. Wälder wurde verkleinert und nur so viel behalten, wie zum Unterhalt des Guts notwendig war. Auch wurde in den Siedlungen, die zu Lablacken gehörten, Häuser verbessert und neu errichtet. Der Garten hinter dem Herrenhaus war bereits von den Ostaus angelegt worden und Wnucks hatten das Areal erheblich vergrößert und zu einem großzügigen Park ausbauen lassen. Ein vor hundert Jahren angelegter Laubengang war zu einer Buchenallee herangewachsen. Einer der Wege durchschnitt den großen Garten von Ost nach West. Wo er begann und wo er aufhörte, war die Mauer von einem hohen hölzernen Bogenfenster unterbrochen. Wer abends durch das eine gen Westen hinausschaute, sah die Sonne im Meer versinken, durch das andere erblickte man im Osten den Kirchturm von Legitten.

*

Nach ein paar Jahren hatten sich die Steinwehrs auf Lablacken eingerichtet und die jahreszeitlichen Abwesenheiten der Wnucks waren einer gewissen Routine gewichen.

Wenn die Wnucks in Königsberg sind, geht die Mamsell, die hier die ganze Wirtschaft leitet, mit. Dann ziehen wir in Wnucks Wohnung, schrieb Helene an ihren Bruder in Münster. *Wir geben unsre ganze Wirtschaft auf, und ich beaufsichtigte dort alles, und gebe alles für 36 Knechte und Mägde heraus.*

Der Umzug der Steinwehrs aus ihrer Unterkunft in die Wohnung der Gutsherrenfamilie machte für die Bediensteten der Wnucks auch äußerlich deutlich, Helene und Edmund waren nicht nur die Stellvertreter der Wnucks, sie waren für diese Zeit die Herrschaft. Es war eben Helenes Zuständigkeit, den Einsatz der Arbeitskräfte zu koordinieren, Anweisungen zu geben, Aufsicht zu führen, zu loben und, wenn nötig, zu bemängeln.

Es ist erstaunlich, mit welcher Selbstverständlichkeit Helene diese Rolle übernahm. Sicherlich war es hilfreich, dass alle Angestellten auf dem Gutshof wussten, die Steinwehrs waren direkt mit den Wnucks verwandt.

Wir haben dann für uns fast gar keine Ausgaben, und das Geld, was wir dann sparen, wird für unsere Kinder angewandt. Dies wünscht auch der Wnuck, da er, wenn sie nicht anständig auftreten können, dieselben nicht mitnehmen würde. Aus allem diesen siehst Du, dass unsere Kinder ihre Jugend sehr angenehm verleben, wir aber noch immer mit Sorgen zu kämpfen haben.

Ein Jahr darauf berichtete Helene: *Und dann kosten uns die Mädchen, die durch Wnucks in den ersten Gesellschaften leben, für ihre Garderobe sehr viel, obgleich dieselben auch noch manchen Taler durch Stickereien verdienen. Die beiden Mädchen leben hier sehr angenehm und waren dieselben wieder jede sechs Wochen in den Wintermonaten mit Wnucks in Königsberg, wo sie in fortwährendem Trubel von Vergnügen lebten. Steinwehr und ich waren dagegen ruhig in Lablacken in Wnucks Wohnung, wo ich dann die Aufsicht über die Wirtschaft führe, und wir dafür die drei Monate freies Leben haben, sonst würde es auch garnicht möglich sein, den Mädchen, was sie zu ihrem Aufenthalt für die Zeit dort bedürfen, zu schicken.*

Auch Edmund war mit dem Umzug nach Lablacken sehr zufrieden. Er freute sich, dass er seinen beiden Töchtern ein für sie so aufregendes Leben bieten konnte. Er wusste sie bei den Wnucks in guten Händen.

Was nun die beiden Mädchen selbst betrifft, so sind die beide gut und brav, treten in der großen Welt mit Anstand auf, und wenn auch gerade nicht hübsch, so doch durch ihr angenehmes Betragen und Wesen, ganz angenehme Erscheinungen. – Du scheinst zu verwechseln, schrieb er seinem Schwager Ludwig in Münster, *nicht Anna sondern Jutta hat das importierte Stumpfnäschen, ist recht stark, etwas kleiner wie Anna, welche ihr in der Stärke nicht viel nachgibt, denn sie wiegen eine jede ihre einhundertundvierzig und einige Pfunde.*

Edmund betrachtete mit großem Wohlwollen, dass seine Töchter *ihr Leben so froh und vergnügt* genossen, wie es *in Minden wohl nie hätten haben können*. Mit Wnucks einziger Tochter waren seine *beiden Töchter ein Herz und eine Seele* und Lilly war *wirklich trotz ihrem Reichtum ein noch unverdorbenes liebes Mädchen von achtzehn Jahren.*

Im Frühjahr und den ersten Sommertagen lebten die Wnucks auf Gut Lablacken. Mitte Juli, mit Beginn des Hochsommers, würden die Wnucks *nach dem Seebade Cranz auf sechs Wochen gehen, wo die beiden Mädchen abwechselnd drei Wochen sind.* Den Winter verbrachte die Gutsherrenfamilie auf drei Monate in Königsberg, *wo Wnuck ein sehr großes Haus macht, und die Mädchen dadurch wieder ein sehr angenehmen Winter verleben. – Du siehst also, mein alter Junge, dass dieselben eine sehr frohe Jugend haben.*

*

Steinwehrs waren stolz auf ihre älteste Tochter: *Jutta ist hier sehr beliebt, und wenn wir nicht wollten, täte sie das ganze Jahr auswärts sein. Vor acht Tagen ist sie erst zurückgekehrt. Sie war bei der Familie des Barons von Hausen; die Frau ist eine geborene Gräfin Kalckreuth. Sehr reiche Leute, mit deren Tochter Pauline (23) Jutta sehr befreundet ist. Sie war drei Monate [von Anfang Januar bis April 1858] dort.*

Die Familie Heinrich von Knobloch, genannt Baron von Hausen-Aubier, wohnte auf dem Gut Puschkeiten, das vierzig Kilometer südlich von Königsberg lag und auch mal im Besitz der Familie von Ostau war. Jutta hatte bereits im Jahr zuvor für neun Wochen ihre Freundin in Puschkeiten besucht; sie *war erst im Dezember von dort zurückgekehrt.* Juttas Besuche bei Pauline von Knoblauch häuften sich. Helene schrieb an ihren Bruder 1859:

Jutta ist wieder nicht bei uns, zum Besuch bei der Familie des Barons Hausen, deren Tochter ihre intimste Freundin, und die ihren Besuch gern für immer beanspruchten, und wird auch wieder, wie fast alle Jahr ihren Geburtstag, der wie du weißt am 2. Mai ist, dort verbringen.

Wenn Jutta wieder einmal auf Gut Lablacken bei ihren Eltern war, dann lag ganz bestimmt schon eine neue Einladung von einer Gräfin hier oder einer Freundin dort vor.

Dies alles ist nun sehr angenehm für die Mädchen, doch kannst Du auch denken, dass sie oft diese Muße gebrauchen, und wir mögen ihnen, da es ihnen so von allen Seiten geboten wird, doch auch die Freuden der Jugend nicht rauben. Hin und wieder aber legte Edmund sein Veto ein, wenn er glaubte, seine Töchter kaum wiederzuerkennen. *Der Vater lässt sie nicht, er sagt, solange er lebe, will er doch auch seine Kinder bei sich sehen.*

*

Anna, die zwei Jahre jüngere Schwester, hatte sich bereits entschieden. Helene vermeldete, dass man nicht wüsste, *wo wir für Annas Aussteuer etwas hernehmen sollen. Bis jetzt ist noch nicht das kleinste vorhanden.* Und dann erläuterte sie ihrem Bruder die neuesten Entwicklungen:

Jetzt wird Anna auf kurze Zeit nach Königsberg gehen, um mit ihrem Bräutigam sich dessen Mutter vorzustellen. Sie kennt dieselbe schon, da es eine Tante ihres Vaters ist, doch noch nicht in diesem Verhältnis, und im September wird der Philipp auf einige Zeit nach Lablacken kommen. Philipp Steinwehr ist ein sehr rechtlicher, von seinen Vorgesetzten wie bei seinen Kameraden, sehr geachteter und geliebter Mensch.

Pfingsten war derselbe auch schon hier, aber bei Wnuck – er ist auch ein rechter Vetter von Wnuck –, und da haben die beiden sich verlobt. Natürlich bekannt wird es zuerst noch nicht, da doch fünf bis sechs Jahre vergehen werden, bis der Philipp befördert ist. Doch Anna ist ja erst im April zwanzig geworden und kann ja auch wohl noch warten. Und arme Mädchen finden ja so selten Partien und der Philipp ist ein sehr lieber guter Mensch.

Edmund berichtete ergänzend: *Was Anna betrifft, so hat sich dieselbe in den Pfingsten, mit einem Vetter von mir, mit einem preußischen Lieutenant von Steinwehr vom 3. Regimente verlobt. Derselbe ist 32 Jahre alt, ein recht braver Junge. Die jungen Leute haben mich so lange gequält, bis ich und meine Frau unsere Einwilligung gegeben haben. Gott! der Allmächtige möge geben, daß es zu ihrem Heile ist, denn es ist noch eine lange Zeit – wohl fünf Jahre –, bis er Hauptmann 1. Klasse ist. Indessen hat er mir versprochen treulich auszuharren.*

Anna war natürlich guter Dinge über diese neuen Entwicklungen, doch waren mit der Verlobung auch schon Einschränkungen verbunden:

Ich lebe jetzt sehr viel zu Hause auf Lablacken. Mit dem Tanzen hört es jetzt ganz auf, da mein Philipp dies nicht sehr liebt, ich ihm dies also schon zu Gefallen tun muss.

*

Die Steinwehrs machten sich natürlich ihre Gedanken über die Zukunft ihrer so lebensfrohen ältesten Tochter:

Sehr wünschte ich auch für meine Jutta eine Versorgung. Doch in den Kreisen, worin sie sich bewegt, wird es sich wohl schwer finden, da in den großartigen Verhältnissen, worin dieselben Leute leben, auch viel gebraucht wird, und wenn selbst auch alle sehr vermögend, doch noch alle reich heiraten wollen. – Sonst Beifall haben meine Mädchen sehr, doch wenn hier sich ein Paar verheiratet, und haben nicht wenigstens 1.800 Reichstaler jährlich, sowohl als Lieutenant, als Zivilist, dann glauben sie nicht bestehen zu können, und so sind denn wohl wenig Aussichten dafür vorhanden und die Jutta ist namentlich durch den vielen Umgang ein wenig verwöhnt.

Jutta war auch wohl viel zu beschäftigt, um sich mit solchen Planungen auseinanderzusetzen. Sie wollte das Leben, so wie es war, genießen. Ihre Mutter schien das ähnlich zu sehen:

Nun so lange Lilly, das einzige Kind von Wnucks, noch unverheiratet ist, werden sie ein sehr angenehmes Leben haben. Doch ist dieselbe in diesem Monat achtzehn Jahre geworden und hatte schon, wo dieselbe zuerst auftrat, vier Anträge, die aber alle den Eltern nicht genehm waren, da sie für ihre Tochter – eine sehr reiche Erbin – viel Ansprüche machen.

Jutta und Lilly genossen noch fast zwei Jahrzehnte lang das pralle Leben. Dann starb Jutta, die nie geheiratet hatte, 1877 im Alter von 40 Jahren. Im gleichen Jahr vermählte sich ihre beste Freundin Lilly in Königsberg mit dem Offizier Werner von Gustedt.

Dessen Mutter Jenny, geborene Rabe von Pappenheim, war eine uneheliche Tochter von Jérôme Bonaparte, König von Westphalen. Sie war mit der Prinzessin Augusta von Sachsen-Weimar-Eisenach in gleichem Alter und in einem fast geschwisterlichem Verhältnis neben ihr aufgewachsen. Die beiden Frauen blieben nahezu ein halbes Jahrhundert in einem engen, freundschaftlichen Briefkontakt. Augusta war da schon lange die Ehefrau des späteren Kaisers Wilhelm I.

Der Ausflug nach Ostpreußen in die Welt der Landgüter, adeligen Gutsbesitzer und Freiherren hat uns schließlich nach Westfalen zurückgeführt.

Fritz (1838-1910)

Fritz hatte einen Brief erhalten. Aus Südlengern. Von seinen Brüdern, Heinrich und August, sieben und vier Jahre älter als er. Die Brüder hatten Aufregendes zu berichten: Sie hatten von einem Auswanderungsagenten eine Schiffspassage der Reederei *D. H. Wätjen & Co.* nach Amerika gekauft. Ihr Plan war, nach New Orleans zu reisen, dann den Mississippi auf einem Raddampfer hinaufzufahren bis nach Quincy, Illinois. So hatten es auch die Brüder und die Eltern ihres Schwagers Johann Friedrich Babenhauserheide aus Herringhausen gemacht, die sich schließlich in Jacksonville, Illinois, niedergelassen hatten.

Heinrich und August wollten zusammen mit ihren Wallenbrücker Freundinnen Friederike Doht und Henriette Fürstenau ausreisen. Sie wollten selbstständig werden, vielleicht ihr eigenes Unternehmen gründen. Hauptsache raus aus den bedrückenden Verhältnissen, raus aus der Abhängigkeit und der Armut, die sie als Fuhrknechte täglich erlebten.

Heinrich und August schlugen ihrem jüngsten Bruder vor, mit ihnen zusammen von Bremen die Überfahrt über den Atlantik nach New Orleans im Herbst 1857 zu wagen. 27 Reichstaler würde die Passage kosten. Und er müsse sofort aufbrechen, denn das Segelschiff, das wie die Reederei auch *D. H. Wätjen* hieß, würde schon bald in See stechen.

*

Vor sechs Jahren, im Winter 1850/51 war die Mutter der drei Brüder Heinrich, August und Fritz schwer erkrankt und schließlich gestorben. Zwei Jahre später starb auch der Vater, der einst von Pastor Albert Rosenkötter getauft worden war. Fritz, der eigentlich Wilhelm hieß, war nun allein zu Hause: Denn drei seiner Geschwister hatten die Kindheit nicht überlebt, die drei ältesten Geschwister waren schon verheiratet und die drei mittleren Brüder waren als Fuhrmänner und Tagelöhner ständig unterwegs. Eine Bekannte seiner Eltern, die im Dorf Laer östlich der damals ungefähr achttausend Einwohner zählenden Stadt Bochum wohnte, hatte den vierzehnjährigen Wilhelm mitgenommen und auf dem Bonnermannhof in Laer untergebracht. Weil dort bereits ein Junge mit gleichem Namen war, hatte ihn die Bäuerin kurzerhand auf Friedrich umgetauft oder einfach Fritz genannt und so hat er diesen Namen sein Leben lang behalten.

*

Fritz las den Brief immer wieder und faltete ihn danach ordentlich zusammen. Nach jedem Lesen wuchs sein Wunsch, die Reise nach Amerika zusammen mit seinen Brüdern zu wagen. Schließlich ging er zur Bäuerin Bonnermann, druckste ein bisschen herum, doch dann erzählte er von seinen neuen Plänen. Vier Jahre hatte er auf dem Hof gute Arbeit geleistet, hatte auch genug vom Lohn gespart, um die Überfahrt bezahlen zu können. Die Bauersfrau war klug genug zu wissen, dass Fritz ihr ewig Vorwürfe machen würde, wenn sie ihn jetzt nicht ziehen ließe. Sie musste an den Nachbarjungen Karl Goerdt denken, der vor fünf Jahren nach Iowa ausgewandert war. Also willigte sie ein und gab Fritz zu verstehen, dass er jederzeit daheim willkommen wäre.

*

Früh morgens am Tag darauf, es war der 23. September 1857, machte sich Fritz auf den Weg zum nächstgelegenen Bahnhof der *Köln-Mindener-Eisenbahn-Gesellschaft*: Der Bahnhof *Herne-Bochum* war 1847 eröffnet worden und lag zwischen dem Dorf Herne und dem Wasserschloss Strünkede. Der Weg führte vom Bonnermannhof in Laer auf die Preußische Staats-Chaussee Richtung Westen. Schon bald war Fritz in Bochum angekommen. Dort gab es nun zwei Wege Richtung Bahnhof: Entweder nahm er die besser ausgebaute Straße über Hofstede-Riemke oder den Weg über Grumme-Altenhöfe zum Dorf Herne. Je nach dem, wie schnell er vorankam, würde er insgesamt zwei bis drei Stunden brauchen. Und dann noch einmal einen halben Tag mit der Eisenbahn von Herne über Wunstorf bis Bremen. Dies war natürlich sehr viel schneller als wenn er den ganzen Weg von Laer nach Bremen zu Fuß gegangen wäre. Vier bis fünf Tage hätte er dafür benötigt.

In Bremen brauchte er nur vom Ausgang des Bahnhofs einer der beiden Straßen nach Südwesten folgen, hatte man Fritz erzählt, und er würde zum Weserhafen, der Schlachte, kommen. Dort sollte er irgendeinen Schiffer fragen, welcher Kahn denn als nächstes nach Bremerhaven segeln würde. Aber er müsse sich darauf einstellen, dass die Reise lange dauern könnte, denn Ebbe und Flut bestimmten die Strömung der Weser und Gegenwind behinderte immer wieder das Vorankommen der rund zwanzig Meter langen Plattboote. Als der Kapitän hörte, dass Fritz die Passage nach Amerika mit der *D. H. Wätjen* machen wollte, lachte er: Die Anstrengung könnte er sich sparen. Das Schiff hätte am Vormittag den Hafen verlassen. Mit viel Glück würde er dort jetzt die Segel am Horizont noch ausmachen können.

Fritz hatte seine Zweifel und wollte wissen, woher der Seemann hier in Bremen wisse könne, dass der Großsegler in Bremerhaven die Leinen los gemacht habe. *Schon mal was vom Telegrafen gehört?* Tatsächlich bekamen die Bremer Reeder und Kaufleute seit 1847 ständig die neuesten Nachrichten aus Bremerhaven übermittelt. Mehr noch: Bremen war durch den Telegrafendienst mit Hamburg, Berlin, Dresden, Frankfurt und Köln verbunden. So blieb man auf dem Laufenden.

*

Am nächsten Morgen fuhr Fritz wieder mit der Eisenbahn zurück nach Laer. Hinter Minden zwängten sich Wasserstraße, Chaussee, Eisenbahn und Fußwege durch die Weserpforte. Bei Hausberge verließ die Eisenbahn die Weser Richtung Westen, passierte den Bahnhof Löhne und führte im großen Bogen nach Süden auf Herford zu. Für einen kurzen Augenblick glaubte Fritz das Gut Oberbehme zu sehen. Dahinter lag sein Heimatdorf: Südlengern.

Fritz musste an seine Geschwister denken: Sein ältester Bruder Hermann war vor fast zwanzig Jahren in die Niederlande ausgewandert und hatte eine Lehre bei dem Konditor Speelmeijer im Kuipersgang an der Lijnbaansgracht No 226 in Amsterdam gemacht. Wilhelm, der zweitälteste Bruder, verdingte sich als Tagelöhner in Dinslaken und würde in einem Monat seine hochschwangere Gertrude heiraten. Jetzt waren Heinrich und August mit ihren Freundinnen losgezogen, um ihr Glück in Amerika zu finden. Seine beiden Schwestern waren in der Herforder Gegend verheiratet. Er selbst hoffte, weiterhin bei den Bonnermanns zu bleiben. Die Landschaft dort war genauso ländlich geprägt wie die seines Geburtsortes. Allerdings begannen einige Zeitgenossen bereits von einem rheinisch-westfälischen Kohlenbezirk zu sprechen.

Am frühen Nachmittag war Fritz wieder auf dem Hof in Laer angekommen. Niemand drängte ihn, von seinem Abenteuer zu erzählen. Man
tat so, als wenn gar nichts geschehen wäre. Es schien fast so, als wenn er
nur einen Botengang in den nächst größeren Ort gemacht hätte. Nichts
Besonderes also.

*

Seit dem Herbst letzten Jahres hatte Fritz nicht von seinen Geschwistern
gehört. Dann kam endlich ein Brief aus Amerika, genauer aus Quincy,
Illinois. Dorthin hatte es seine Brüder Heinrich und August verschlagen.
Sie vermeldeten ihre Hochzeiten: Heinrich hatte im Mai *Ricke*, eigentlich
August Henriette, geheiratet, die ihr erstes Kind Ende Februar oder Anfang März erwartete. Die Brüder hatten schnell Arbeit gefunden und
blickten voll großer Erwartungen in die Zukunft.

Dann erzählten sie ausführlich von ihrer Reise nach Amerika. Heinrich
und August Rosenkötter und ihre Freundinnen hatten sich wie auch die
meisten Mitreisenden im Auswandererhaus einquartiert und ein paar Tage
dort auf die Abreise ihres Schiffes gewartet. Seit Anfang der 1850er Jahre
bestand diese, zwischen dem Fluss Geeste und dem Altem Hafen gelegene, Herberge. Sie bot bis zu zweitausend Reisenden Unterkunft. In dem
großen Gebäude gab es Schlafsäle, Waschräume, eine Krankenstation
und eine Kapelle. Die Küche verpflegte nicht nur die Auswanderer, sondern auch Matrosen, Werft- und Hafenarbeiter wurden hier mit warmen
Mahlzeiten versorgt.

Viele Tage vor der Abreise der *D. H. Wätjen* hatte die Besatzung Provi-
ant für die Reise über den Atlantik verstaut: gepökeltes Ochsen- und
Schweinefleisch und geräucherten Speck; getrocknete grüne und gelbe
Erbsen, Graupen, Hafergrütze, Linsen, Bohnen und Pflaumen; Sauer-
kraut; Kartoffeln, Reis und Mehl; Kaffee, Tee, Zucker, Brot; Salz, Pfeffer,
Essig, Sirup, Kräuter und Wein; … und vor allem Trinkwasser.

Der Kapitän hatte mitgeteilt, dass insgesamt 555 Passagiere an Bord
wären: Zehn Reisende bezogen die Kabinen an Deck, amerikanische
Staatsbürger aus New Orleans, St. Louis und Cincinnati. Fast alle anderen Passagiere waren in engen Massenquartieren unter Deck, dem sogenannten Zwischendeck, untergebracht. Von diesen 545 Reisenden waren
74 Kinder im Alter von ein bis zehn Jahren und 20 Säuglinge.

Mehr als die Hälfte der Auswanderer kam aus Hannover, ein gutes
Drittel war in Preußen beheimatet und ungefähr ein Zehntel der Passa-

giere waren Bürger verschiedener anderer Königreiche, Fürstentümer, Herzogtümer oder freier Städte: Bayern, Hessen, Oldenburg, Lippe, Waldeck, Bremen, Braunschweig, Württemberg und Posen. Die Passagierliste war wie ein Spiegelbild der föderalen Struktur Deutschlands.

Nach dem Ablegen hatte die *D. H. Wätjen* zunächst nur ein paar Segel gesetzt und langsam Fahrt auf die Außenweser genommen. Das ablaufende Wasser erleichterte dem Dreimaster das Herauskommen aus der Wesermündung. Nach dem der Lotse von Bord gegangen war, setzte die Mannschaft alle Segel des Vollschiffs. Der Kapitän Hermann Bätjer war ein sehr erfahrener Seemann. Er hatte bei seinem Vater, der von Anfang an als Kapitän für die Reederei Wätjen gesegelt war, gelernt. Regelmäßig im Frühjahr und Herbst machte er mit vier- bis fünfhundert Passagieren den Törn nach New Orleans und kam mit Tabak und Baumwolle voll beladen wieder nach Bremen. Dies war seine sechste Passage mit dem noch neuen Schiff. Die *D. H. Wätjen* war 1854 bei der Werft Johann Lange in Vegesack nördlich von Bremen auf Kiel gelegt und 1855 in Dienst gestellt worden.

Die Überfahrt war anfangs sehr angenehm. Man kam schnell voran: Sie passierten die Meerenge zwischen Großbritannien und Frankreich, den Ärmelkanal, umsegelten Spanien und Portugal und nahmen dann Kurs auf die Kanaren und die Azoren. Die ersten vier Wochen der Reise gingen reibungslos vorbei, das Wetter war angenehm, der Wind immer gnädig. Doch dann geriet das Schiff in einen heftigen Sturm: Alle Passagiere hatten unter Deck zu bleiben. Dreißig Stunden lang tobte des Unwetter. Dreißig Stunden wurden die Menschen im engen Zwischendeck hin und her geworfen. Die Luft war zum Schneiden. Es stank nach Erbrochenem und Urin. Beste Voraussetzungen für allerhand Übel und Erkrankungen. Unter den Passagieren brach Typhus aus. Zuerst klagte ein siebenjähriger Junge über Bauchschmerzen, Übelkeit und Fieber. Sein Zustand verschlimmerte sich zusehends und er starb Ende Oktober. In der zweiten Novemberwoche starben weitere elf Auswanderer und bis zur Ankunft in New Orleans noch einmal vier Menschen. Sechszehn Tote mussten auf hoher See bestattet werden. Als das Schiff mit zwanzig Typhuskranken und zahlreichen Typhusverdächtigen am 24. November 1857 in den Hafen von New Orleans einlief, musste es für anderthalb Monate in Quarantäne.

Anfang Februar konnten die Brüder mit ihren zukünftigen Frauen endlich die Reise auf einem der Mississippi-Raddampfer fortsetzen. Aber immer wieder behinderten Treibholz und starke Gegenströmung die

Flussfahrt. So hatten die vier ausgiebig Zeit, sich die Landschaft rechts und links des breiten Flusses anzuschauen. Sie staunten über die vielen jetzt schon blühenden Pflanzen: Narzissen, Kamelien, Forsythien, Quitten, Winterjasmin und jede Menge unbekannter Gewächse. Sie sahen die Arbeiter auf den Plantagen. Sie mochten sich kaum vorstellen, wie man im Sommer oder Herbst auf den Feldern arbeiten konnte, denn schon jetzt schien es ihnen ziemlich warm zu sein.

Nach zwei Wochen näherten sie sich den Bluffs, dem Steilufer von Quincy. Dort war der Mississippi 700 bis 800 Meter breit. Die Kleinstadt war sehr schnell gewachsen und die deutschen Einwanderer hatten ihr eigenes Viertel im Südwesten der Stadt: *Calftown*, Kälberstadt. Das angrenzende Wiesengelände nannte man *Herford Meadow*, denn die meisten deutschen Einwanderer kamen aus der Gegend rund um Herford.

*

Fünf Jahre nach seiner fehlgeschlagenen Verabredung zur Auswanderung mit seinen Brüdern in Bremerhaven heiratete Fritz Anfang Mai 1862 Lisette Ruschenburg aus Herbede bei Witten. Bereits sieben Wochen später wurde ihr erstes Kind geboren.

Die junge Familie zog in ein Vier-Ständer-Bauernhaus, den ehemaligen – bereits im Schatzbuch der Grafschaft Mark (*Schatboick in Marck Anno 1486*) erwähnten – Nöllenhof, der gegenüber der Höfestraße an der Schattbachstraße lag. Der neue Besitzer des Hofes, ein Weinhändler Blumberg aus Recklinghausen, hatte Fritz freie Wohnung versprochen. Er durfte darüber hinaus das zum Hof gehörende kleine Stück Land für den Getreideanbau und den etwa einen Morgen großen Garten für Kartoffeln und Gemüse nutzen. Dafür hatte er für die Instandhaltung von Hof und Haus zu sorgen und von den drei kleinen Familien, die in den hergerichteten Gesindestuben wohnten, die Mieten einzuziehen und mit dem Besitzer abzurechnen. Und so wurde die nächsten Jahrzehnte zur gegenseitigen Zufriedenheit verfahren, bis der Hof an einen neuen Besitzer ging.

*

Fritz und Lisette richteten sich so weit es ging gemütlich ein. Die Zahl der Kinder wuchs beständig. Alle ein bis zwei Jahre gab es Nachwuchs in der Familie: Drei Mädchen und vier Jungen wurden in den nächsten elf Jahren geboren.

Fritz und Lisette hielten eine Kuh und eine Ziege. Jedes Jahr wurden mehrere Schweine gemästet und geschlachtet. Im Stall lief eine ganze Schar Hühner herum. Später, als die Kinder groß genug waren und Verantwortung lernen sollten, wurde ein Taubenschlag auf dem Dachboden mit Brieftauben eingerichtet.

Die Kinder freuten sich auch über eine Elster, der von Fritz regelmäßig die Flügel beschnitten wurde, so dass sie nicht sehr hoch und weit fliegen konnte, nur eben in den großen *Kürtelbiärbaum*, den Winterköttelbirnenbaum vor dem Haus, wo sie immer übernachtete. An lauen Sommerabenden quakten die Frösche nach Anbruch der Dunkelheit in den Teichen im Dorf um die Wette.

Doch plötzlich wurde das friedliche und scheinbar einfache Leben auf dem Lande zerstört. Zunächst starb ihr sechstes Kind nach nur neun Monaten; Lisette war da mit ihrem siebenten Kind schwanger. Anderthalb Jahre nach dem Tod von August starb auch Lisette kurz vor Weihnachten 1873 im Alter von 31 Jahren. Gewiss, die älteren Kinder konnten sich ein bisschen um ihre jüngeren Geschwister kümmern. Unterstützung gab es auch von den Nachbarn. Aber sie alle konnten nicht die Mutter ersetzen.

Seine zweite Frau fand Fritz mit Hilfe seiner älteren, in Herringhausen verheirateten, Schwestern: Hanna Schwagmeier aus der Radewiger Feldmark bei Herford, achtundzwanzig Jahre alt. Die beiden heirateten Anfang Juni 1874 in Ümmingen. In den darauf folgenden fünfzehn Jahren wurden weitere sieben Kinder geboren. Von den insgesamt vierzehn Kindern, lebten bei der Geburt des jüngsten Sohnes nur noch sieben ältere Geschwister.

*

Auf dem Nöllenhof verpflegte man sich selbst. Nur ein paar Kleinigkeiten wurden beim Kaufmann im Dorf besorgt: Salz, Essig, Zucker, Seife und Seifenpulver und vielleicht auch mal Rüböl zum Reibekuchenbacken. Ansonsten war man Selbstversorger: Fleisch, Milch, Eier, Kartoffeln, Gemüse und Getreide waren genügend vorhanden und auch das Brot wurde selbst im großen, gemauerten Backofen gebacken.

Brotbacken war Männersache, denn die schweren Teige zu kneten brauchte viel Kraft. Nachdem Fritz den Teig im Holzbottich ordentlich durchgeknetet hatte, hieß es einen Tag lang warten. So viel Zeit musste sein, damit die Sauerteigbrote gut aufgingen. Am nächsten Tag heizte Fritz den riesigen Backofen mit eine Menge Holz an. Es dauerte eine ganze Weile, bis der Ofen die nötige Hitze besaß. Fritz fegte die Asche und die letzten verbrannten Stückchen Holz aus dem Ofen. Dann verteilte er die großen, fünf Kilogramm schweren Brotlaibe auf dem heißen Steinboden. Die Brote mussten ungefähr zwei bis drei Stunden im Ofen bleiben, bis sie richtig gar waren. Bei den Schwarzbroten, die Fritz alle paar Wochen machte, musste er besonders sorgfältig sein: Die schweren Brote brauchten viel mehr Zeit, acht bis neun Stunden.

Mindestens zweimal wurde im Herbst oder Winter geschlachtet. Das erforderte umfangreiche Vorbereitungen: Allerhand Eimer, Töpfe und Wannen wurde bereit gestellt. Eine Leiter zum Aufhängen des Tieres war auch schon da. Der Metzger tötete und zerlegte das Tier mit schnellen Messerschnitten.

Nun waren alle gefordert: Reinigen der Därme, Stopfen der Blut- und Leberwürste und Schneiden und Auslassen der Flomen, Kochen und Brühen … da musste die ganze Familie anpacken und helfen. Nach getaner Arbeit waren alle erschöpft und freuten sich auf ein Brot mit frischem Mett oder etwas Leckerem aus der Pfanne. Doch mit dem Wursten war die Arbeit noch nicht getan: die Würste und Speckseiten mussten geräuchert und haltbar gemacht werden.

Auch das Getreide machte viel Arbeit und Fritz spannte die ganze Familie ein. Nach der Aussaat musste immer mal wieder gejätet werden, eine Arbeit für die Kinder, fand Fritz. Wenn das Korn im Herbst eingefahren war – die Familie hatte nur soviel, wie Mensch und Vieh das Jahr über benötigten – kam die Zeit des Dreschens. Das war Handarbeit mit dem Dreschflegel. Fritz breitete die Garben in der vorher sauber gefegten Diele aus und zwar so, daß die Ähren an die Außenwand zu liegen kamen. Vier Personen schlugen nun mit dem Flegel im Viertakt auf die Ähren und gingen dabei rundherum, damit alles etwas abbekam. So ging es im gleichen Rhythmus fort. Nach einer gewissen Zeit wurden die Garben neu geordnet und der Tanz begann von vorn. Nach dem Dreschen wurde das Korn zusammengefegt und durch die Wannemühle oder Windfege gedreht, um es sauber von der Spreu zu trennen, und schließlich wurde das gesäuberte Getreidekorn in Säcke gefüllt und trocken gelagert.

Die Kinder hatten zudem im Garten zu helfen. Die Arbeiten wurden manchmal nur mürrisch gemacht, aber Fritz und seine Frau dachten sich immer irgendeine Belohnung aus: hier und dort gab es etwas zu knabbern oder Süßes zu probieren und dann waren sie doch zufrieden. Hin und wieder schickten die Eltern ihre Kinder mit der Kuh zum Weiden los. Die Kinder machten die Kuh mit der Kette am dicken Zaunpfahl fest – das saftige Gras fressen konnte sie ja alleine. Meistens waren dort noch Kinder aus der Nachbarschaft Querenburg mit ihrer Kuh gekommen. Dann trieben sie gemeinsam allerhand Albernheiten und manches Mal auch dummes Zeug – kein Erwachsener kümmerte sich um sie: Sie wussten ja was Kinder so machen.

Wenn das Mehl zum Backen zur Neige ging, zogen die Kinder mit einem halbvollen Sack Getreide zum Müller. Einer musste die vierrädrige Schubkarre schieben und die anderen zogen vorn am Seil. Nach einer Weile wurde gewechselt. Es war ein ziemlich weiter Weg zur alten Wassermühle bei Haus Heven, wenn man gleichzeitig noch die schwere Karre zu bewegen hatte. Die Wartezeit vertrieben sich die Kinder bei den Mühlenteichen oder sie schauten zu, wie der Müllersknecht mit einem spitzen Pickel einen mächtigen Mühlstein schärfte. Es gab immer etwas zu tun oder zu beobachten. Als Bezahlung nahm der Müller seinen Anteil vom angelieferten Korn. Nachdem er das Mehl in den Sack gefüllt hatte, rief er die Kinder und die zogen mit der etwas leichteren Karre wieder heimwärts.

*

Auf dem Hof gab es keinen Mangel an Obst. Da waren Apfel-, Birnen-, Pflaumenbäume und ein großer Kirschbaum. Die meisten Birnenbäume waren Winterbirnen. Nach der Ernte im Oktober wurden die ziemlich festen Birnen nach Witten zur Krautmühle gefahren. Da die Rosenkötter kein eigenes Pferd hatten, borgte sich Fritz für solche Gelegenheiten – aber auch zum Pflügen und Einfahren von Korn und Heu – das jeweilige Gespann bei dem Nachbarn Küper, dem er seinerseits ab und zu in der Sandgrube oder bei der Ernte gefällig war.

Die Familie belud den Pferdekarren mit den mit Birnen gefüllten Säcken und einer Anzahl blauer Tongefäße und dann ging es morgens los: Fritz und ein paar Kinder fuhren über Haus Heven zu der 1882 erbauten Ruhrbrücke mit den großen Eisenbögen bei Bommern. Der Zöllner hielt den Klingelbeutel für den Obulus aus seinem Häuschen heraus. Dann bogen sie ab in die Nachtigallstraße zur Krautmühle. – Genau hier am Ufer der Ruhr hatte man Mitte des 18. Jahrhunderts mit der Kohleförderung begonnen. Dies war gewissermaßen die Keimzelle des Bergbaus und der Eisen- und Stahlindustrie des Ruhrgebiets. – Nachmittags ging es mit den leeren Säcken, aber mit Birnensirup gefüllten Steintöpfen, in der Gegend als Birnenkraut bekannt, wieder heim. Fritz wusste, für die Kinder war dieser Tag jedesmal ein besonderes Vergnügen.

*

Auf diese Weise hatte die Familie das ganze Jahr hindurch genügend Kraut, welches vor allem die Kinder mit Vorliebe aßen. Ab und zu wurde zum Abendessen etwas Öl erhitzt, mit Salz in einer Schale aufgesetzt und Pellkartoffeln darin getunkt. Das war auch ein Ravensberger Gericht, das billig war und allen doch gut schmeckte. Sonst gab es abends *Schiewen in de Pann* (Bratkartoffeln) mit einem Krautbutterbrot dazu. Wenn kurz vorher geschlachtet war, gab es tagelang *Panhas*, ebenfalls ein westfälisches Gericht aus Wurstbrühe, gehacktem Fleisch und Buchweizenmehl, das zu einer festen Masse gekocht und in Scheiben gebraten wurde. So richtig mochte es aber niemand in der Familie und alle waren froh, wenn die Panhas endlich alle waren. Wochentags wurde Eintopf-Durcheinander gekocht mit einem tüchtigen Stück Speck, gepökelt oder geräuchert.

Ein besonderes Festessen war es für die Kinder, wenn die Mutter mal aus der Stadt Nudeln mitbrachte: *Nudeln und Prumen* (Pflaumen) wurden von allen geschätzt. An den Feiertagen oder nach dem Schlachten gab es einen leckeren Braten oder Rippchen, oder auch dann und wann mal ein ausgedientes Huhn. Sonnabends brachte der Metzger regelmäßig Rindfleisch, davon kochte die Mutter Suppe, und das Fleisch wurde mit Kartoffeln, Gemüse und Gurken gegessen. Auch brachte die Mutter mal ein Dutzend Salzheringe mit, die gewässert in einem Tonkrug mit Essig eingelegt wurden. Das war eine willkommene Abwechslung.

Kuchen gab es nur an den hohen Feiertagen und zwar selbst gebackenen *Platenkauken*.

*

Fritz' Traum war immer der eigene Hof gewesen. Dieser Wunsch hatte sich nicht ganz erfüllt. Aber als Verwalter des Nöllenhofes fühlte er sich wie sein eigener Herr. Der Eigner des Hofes, Herr Blumberg, meldete sich nur hin und wieder. Den interessierten die regelmäßigen Mieteinnahmen, ansonsten konnte Fritz schalten und walten wie er wollte.

Das Leben auf dem Nöllenhof, ja in Laer insgesamt, war ein dörfliches Idyll. Aber im Westen des Ortes, Richtung Bochum, änderte sich die Landschaft zunehmend. Bereits im 18. Jahrhundert hatte man dort begonnen, Kohle zu gewinnen. Der Bergbau rückte immer näher an das Dorf. Bereits sechs Jahre nach Fritz Ankunft in Laer, 1859, begann der Tiefbau der Zeche Dannenbaum nur einige hundert Meter vom Nöllenhof entfernt. Von der anderen Seite rückte 1860 die Bergisch-Märkische Eisenbahn-Gesellschaft mit ihrem Kohlenzügen bis nach Langendreer vor. Zwei Jahre darauf wurde die Strecke über den Bahnhof Laer bis zur Zeche Dannenbaum verlängert. In dem Jahr hatte Fritz zum ersten Mal geheiratet.

Binnen weniger Jahre veränderte sich mit der Industrialisierung die Landschaft. Die Förder- und Kokereitürme der Zeche Dannenbaum, die Schornsteine und Fabrikhallen waren unübersehbar. Die Kokerei wurde 1863 in Betrieb genommen und bei Westwind lag der typische Geruch in der Luft. Überall entstanden Eisenhütten, Stahlwerke und Kanäle. Die Eisenbahnen wurden zunehmend für den Personenverkehr genutzt. Dörfer und kleine Orte wuchsen in Städten zusammen.

*

1842 erstattete der Domänenrat Gessner, Besitzer des Guts Axthausen bei Oelde, an den Oberpräsidenten der Provinz Westfalen in Münster, Ludwig von Vincke, Bericht über größere Wanderzüge von Tagelöhnern aus Minden-Ravensberg. Gruppen von dreißig bis fünfzig Personen würden die Anwohner an den Landstraßen belästigen. Der Domänenrat hatte durchaus Verständnis für das Anliegen der Heuerlinge, die in das entstehende rheinisch-westfälische Industriegebiet unterwegs waren, um dort *Arbeit im Eisenbahnbau und sonstigen Anlagen guten Verdienst* zu finden: *Diese Klasse von Menschen scheint jedenfalls ungünstiger gestellt zu sein als die vormaligen Leibeigenen und die Hofhörigen der früheren Zeit.* Auch hätte sich durch die allgemeine Gesetzgebung der preußischen Regierung in der letzten Zeit die Lage dieser *Volksklasse* erheblich verschlechtert.

Um diesen miserablen Lebensbedingungen zu entkommen, machten sich auch mehrere Söhne der Familie Rosenkötter aus der Herforder Gegend auf die Suche nach Arbeit im Westen. Wilhelm war wohl der erste Rosenkötter, der im Ruhrgebiet Arbeit fand. Der junge Mann aus Schwarzenmoor hatte er sich Anfang der 1840er Jahre als Ackerknecht in Bergen nahe Bochum verdingt. Im Mai 1847 heiratete er in Herne die aus Gerthe stammende Elsa Lindemann. Als die Zeche *Constantin der Große* in Hofstede ihren regelmäßigen Betrieb 1857 aufnahm, wurde er Bergmann. 1864 vermeldete die Zeitschrift für das Berg-, Hütten- und Salinenwesen in dem Preussischen Staate für den 7. April, Bochum (Oberbergamtsbezirk Dortmund): *Häuer Wilhelm Rosenkötter, wurde vor der Arbeit von einer über ihn hereingebrochenen Kohlenmasse (Oberpacken) schwer verletzt und starb alsbald.*

Dies war nicht der einzige Rosenkötter, der als Bergmann in die Grube fuhr. Einer arbeitete in Annen bei Witten, andere ließen sich bei Herne in Bakau, Bickern und Crange nieder. Einige aus der engeren Familie arbeiteten als Tagelöhner, hatten eine Gemüse- oder Kartoffelhandlung aufgemacht, fanden Arbeit als Polizeidiener oder Bäcker.

In den 1840er Jahren, der ersten Phase der Zuwanderung in das Kohlerevier, suchten vor allem junge Männer aus ganz Westfalen, dem Rheinland und Hessen dort Arbeit. Es folgten Iren, Belgier und Franzosen, die als Fachkräfte und Personal zahlreicher ausländischer Investoren und Unternehmen in das Ruhrgebiet kamen: Bauingenieure, Vermessungstechniker, Kartografen, Bergbaufachleute.

In den 1870er Jahren kamen über 100.000 italienische Arbeiter, Spezialisten für Steinbearbeitung und Tunnelbau; die meisten blieben nur zehn, fünfzehn Jahre. Ende des 19. Jahrhunderts wurden gezielt preußische Staatsbürger aus Schlesien, Posen und Masuren – die Polen – für die Arbeit vor allem in den Zechen angeworben.

Zu dieser Zeit gab es bereits so viele Kohlebergwerke, dass man sich gegenseitig die Kunden streitig machte und die Gewinnmarge immer geringer wurde. Die Zeche Dannenbaum gehörte 1893 zu den Gründungsmitgliedern des Rheinisch-Westfälischen Kohlensyndikats.

Mitte des 19. Jahrhunderts lebten in ganz Westfalen rund 1,5 Millionen Menschen. 1910 war die Bevölkerung Westfalens auf über 4 Millionen Einwohner angewachsen. Der Bevölkerungszuwachs im Ruhrgebiet war hingegen ohne Beispiel: dort wohnten und arbeiteten um 1850 rund 370.000 Menschen. Als Fritz 1910 im Alter von 72 Jahren starb, war die Einwohnerzahl im Revier um mehr als das Achtfache auf über 3 Millionen gestiegen.

*

Im Jahr 1874, als Fritz zum zweiten Mal heiratete, wurde der Bahnhof Langendreer der Rheinischen Eisenbahn-Gesellschaft für den Personenverkehr eröffnet. Nun gab es keine sechs Kilometer vom Dorf Laer entfernt an der Ümminger Kirche und dem Friedhof vorbei einen direkten Zugang zur Eisenbahnlinie nach Minden.

Eine Zugreise nach Herford dauerte ungefähr vier Stunden. Alle paar Jahre leistete man sich eine Bahnfahrt in die alte Heimat: Fritz oder seine Frau Hanna nahmen dann ein, zwei oder drei ihrer Kinder mit. Sie blieben wohl eine Woche, denn man musste ja bei allen Verwandten einkehren und bleiben. Fritz fühlte sich wohl in seiner Ravensberger Heimat. Ganz besonders gern aber waren alle bei den Verwandten in Schwarzenmoor, schon weil dort gleichaltrige Vettern und Cousinen waren, mit denen die Kinder auf dem Hof herumtollen konnten.

Und während die Kinder gemeinsam die nähere Umgebung erkundeten, hatten die Erwachsenen genügend Zeit über die Vergangenheit und die vielen Veränderungen zu reden.

Fritz erzählte von seinem Neffen Caspar, dem ältesten Sohn seines Onkels, dem Schmied in Südlengern. 1866 war Caspar mit seiner Frau Louisa und den fünf Kindern nach Amerika ausgewandert. Louisas Brüder Heinrich und Wilhelm Möhlmann hatten Geld geschickt und so konnte sich die Familie die Schiffsreise in der Kabine, 2. Klasse, leisten. Sie siedelten dort, wo bereits Louisas Bruder Heinrich 160 Acres Land erworben hatte, in Manhattan, Kansas. Heinrich war der erste weiße Siedler in der Gegend, daher der Name *Moehlman's Bottoms*. Bruder Wilhelm, der Steinmetz, hatte ganz in der Nähe des Kansas River ein großes Steinhaus für die Neuankömmlinge gebaut. Im Januar 1873 war das jüngste Kind der Familie, Joe Rosencutter, geboren worden.

Die neuesten Nachrichten aus Amerika waren immer von großem Interesse. Man hörte ja nicht allzuoft etwas von den Verwandten. Und so erzählten Onkel und Tante Schwarzenmoor mal wieder all die Geschichten über die vielen Auswanderer ihrer Familie:

Als erstes waren Heinrich und Friedericke 1841 auf der Bark *Diana* nach New Orleans gesegelt. Die beiden waren dann mit einem Raddampfer den Mississippi hinaufgefahren, in St. Louis an Land gegangen und hatten sich dann nördlich der Stadt niedergelassen. Neu-Bielefeld nannte sie zunächst die Siedlung. Sie waren gewissermaßen die Kundschafter, die Wegbereiter, auf die all die anderen Auswanderer folgten.

Zwei Jahre später hatte sich Hermann Heinrich, nachdem seine Eltern gestorben waren, mit seiner Frau und fünf Kindern auf den Weg gemacht. Er hatte bis dahin als Heuerling bei Remmert in Löhne gelebt. Heinrich und Hermann gründeten zusammen mit einigen anderen Auswanderern aus Ravensberg die Kirchengemeinde und die deutsche Schule in Neu-Bielefeld.

Noch mehr Familienangehörige wanderten aus und ließen sich in Black Jack, wie die Siedlung nun genannt wurde, nieder: Die Brüder Adolph und Wilhelm – die Familie wohnte auf Niemanns Hof hier in Falkendiek an der Straße nach Bischofshagen, – hatten die Schwestern Charlotte und Elise Homburg aus Menninghüffen geheiratet und wanderten nacheinander 1849, 1850 und 1852 aus. Adolph und Charlotte starben 1852 an der Ruhr.

Dann war da noch Hermann, der jüngere Bruder von Heinrich. Hermann zog 1850 erst nach Witten, heiratete drei Jahre später Louise. 1860 segelte dann die beiden mit zwei kleinen Kindern über den Atlantik, ließen sich zunächst auch in Black Jack nieder, wo ihre Tochter ein paar Wochen später geboren wurde. Ein paar Jahre danach siedelten sie auf der anderen Seite des Missouri in Jeffriesburg im Franklin County.

Wieviel waren es den jetzt, die aus ihrer Familie ausgewandert waren? Sie mussten ein paar mal von vorne anfangen beim Zählen. Schließlich waren sie sich einig: Zehn Erwachsene und elf Kinder waren allein aus ihrer Familie zwischen 1841 und 1860 in die USA ausgewandert. Mehr als die Hälfte der Rosenkötter von hier. Fast alle waren ohne Konsens fortgezogen. Die preußischen Behörden und auch die Pastoren vor Ort hatten von der Mehrzahl der Auswanderungen nie etwas mitbekommen. Erst als man die Jungen zum Militärdienst einziehen wollte, stellte man fest, dass sie nicht mehr da waren.

Onkel und Tante Schwarzenmoor waren sich aber schnell einig, es gab sehr viele Heuerlingsfamilien hier in der Gegend, deren Familienangehörige nach Amerika ausgewandert waren. Und es hatte sich für sie gelohnt. Sie hatten ihr eigenes Land und ein Haus, sie hatten genug zum Leben und die Zukunft ihrer Kinder schien den meisten gesichert.

Den Verwandten in Schwarzenmoor ging es ja inzwischen auch gut. Den Gästen zu Ehren wurde *Pickert* gebacken. Dünne Pfannkuchen aus geriebenen Kartoffeln, Mehl, Eiern, Milch, Salz und unten drunter dünne Scheiben von geräuchertem fetten Speck. So ein Pickert, mit Butter bestrichen und warm gegessen, schmeckte einfach köstlich.

*

Mehr als dreißig Jahre lang hatte Fritz den Nöllenhof instand gehalten, bis der Hof Anfang des 20. Jahrhunderts an einen neuen Besitzer

verkauft wurde. In den 1960er Jahren wurde der Hof bis auf die Grund-
mauern abgerissen. Der Torbalken konnte gerettet werden und befindet
sich im Besitz des Hauses Laer. Fünfzig Jahre später wurden bei Bauar-
beiten an der Autobahn A 448 einige Meter unter der Erdoberfläche die
Mauerreste des Nöllenhofes aus dem 15. Jahrhundert wiederentdeckt.

*

Fritz' jüngster Sohn Wilhelm lebte lange genug, um die Schließung
der Zeche Dannenbaum Ende der 1950er Jahre zu erleben. Auf dem ehemaligen Zechengelände errichtete 1960 die Adam Opel AG ihre Produk-
tionsstätte für die Modelle *Kadett, Manta, Ascona* und *Zafira*. 2015 wurde
auch dieses Kapital der Industriegeschichte geschlossen.

Wilhelm erlebte aber auch die Gründung der Ruhr-Universität
Bochum 1962 im Bochumer Stadtteil Querenberg, südwestlich vom Dorf
Laer gelegen. Die Reformuniversität gehört zu den zehn größten Univer-
sitäten in Deutschland und steht nicht nur für den Strukturwandel im
Ruhrgebiet, sondern auch für dessen Zukunft.

Jette und Ludwigs Kinder

Der Brief war ordentlich gefaltet, gesiegelt und adressiert an die *Liebe Mutter, 1844*. In einem eigentümlichen Gemisch von Kurrent- und lateinischer Schrift gratulierte der fast achtjährige Sohn Emil seiner Mutter Jette zum Geburtstag:

Liebe Mutter!
Dein Geburtstag ist mir der feierlichste Tag im ganzen Jahre, und wie könnte ich wohl anders, als an diesem Tag Dir zum Geburtstag zu gratulieren. Ich will den Lieben Gott bitten, dass Er Dir ein langes Leben schenke und Dich gesund und heiter lasse. Auch bitte ich Dich recht sehr um Verzeihung, wenn ich Dich zuweilen durch jugendlichen Mutwillen betrübte, und gebe Dir das Versprechen, von jetzt an stets nach Deinem mütterlichen Rat zu handeln und Deine kleinsten Winke zu befolgen. Auch werde ich mir Mühe geben, durch meinen Fleiß Dir Freude zu machen. Dass Du diesen herzlichen Wunsch und diese aufrichtige Versicherung freundlich aufnehmen mögest, dieses wünscht

Dein gehorsamer Sohn
Emil Rosenkötter

Als Sechsjähriger hatte er seinem Vater zu dessen 40. Geburtstag in gleicher Weise seinen *aufrichtigsten Glückwunsch* ausgesprochen. Als *gehorsamer Sohn* und *mit dankbarem Herzen für die vom Vater erzeigten Wohltaten* wolle er *durch Fleiß und Folgsamkeit* ihm *Freude machen*. Und er fuhr fort: *Wenn ich zuweilen durch ungebührliches Betragen Dich kränkte, so bitte ich Dich sehr um Vergebung.*
Zum neuen Jahr 1849 wünschte der älteste Sohn Oscar seinen *teuersten Eltern: Der liebe Gott verleihe Euch noch lange ein vergnügtes Leben und nachher eine ewige Seligkeit vor Gottes Angesicht.* Die Eltern haben diese Briefe wertgeschätzt und aufbewahrt.

Die Kinder drückten nicht ihre eigenen Gedanken und Wünsche aus, sondern folgten irgendwelchen Anleitungen. Davon gab es eine ganze Menge. Zum Beispiel: *Theoretisch-praktischer Briefsteller für mannigfaltige Fälle des bürgerlichen Lebens* in der fünften Auflage 1809; *Lehr- und Handbuch zum Gebrauche in den weiblichen Feiertags-Schulen*, 1822; *Die Feier kindlicher Liebe und Dankbarkeit, an Familien- und Schulfesten. Eine Sammlung von 250 Glückwünschen*, 1825. Bereits Mitte des 18. Jahrhunderts erschienen solche Ratgeber und spätestens in der zweiten Hälfte des 19. Jahrhunderts wurden Hand- und Hilfsbüchlein, Hausaufgaben- und Stoffsammlungen für den Schulunterricht herausgegeben.

Wo Emil und Oscar diese Art zu schreiben gelernt haben – in der Schule oder zu Hause – lässt sich nicht nachweisen. Ludwig legte Wert auf einen gesitteten Umgang und eine ordentliche Handschrift. Er selbst hatte eine absolut feine, gleichmäßige und geschwungene Schrift. Dies ist besonders gut an der auszugsweisen Abschrift von *Das Stammbuch – Eine Auswahl von Sinn- und Denksprüchen aus den Werken der vorzüglichsten deutschen und französischen Schriftsteller* zu erkennen. Offensichtlich wollte Ludwig jederzeit einen passenden Spruch zu allen möglichen Gelegenheiten in einem kleinen Quartheft zur Hand haben. Der gesittete, höfliche Umgang war Ludwig wichtig – auch wenn er sich selbst nicht immer im Griff hatte und leicht aufbrausend war.

Es gab zwar eine allgemeine, achtjährige Unterrichts- und später auch Schulpflicht, die aber nur sehr zögerlich umgesetzt wurde. Mitte des 19. Jahrhunderts besuchte gut die Hälfte der fünf- bis vierzehnjährigen Kinder eine Schule. Ludwig legte aber Wert auf ein gute schulische und berufliche Ausbildung für seine Kinder, Mädchen und Jungen gleichermaßen; er selbst hatte das Gymnasium bis zur Primareife besucht.

*

Die älteste Tochter, Louise, hatte schon als Fünfzehnjährige kurz nach dem Umzug ihrer Eltern nach Münster immer wieder im Haushalt der Familie des pensionierten Generalleutnant Karl von Monsterberg in der Ludgeristraße Nr. 91 gearbeitet.

1852 fand Louise beim Kaufmann Eduard de Wilde und dessen Frau Catharina, Tochter eines Cochemer Gastwirts, in Zeltingen-Rachtig eine Stellung als Dienstmädchen. Der Weinbau prägte den Ort an der großen Moselschleife zwischen Bernkastel-Kues und Traben-Trarbach. De Wilde betrieb dort eine Schankwirtschaft und war als Winzer und Weinhändler

tätig. Er vermarktete aber auch amerikanische Waschseife, pries Hagel-
schadenversicherungen an, erwarb Versteigerungsprotokolle und verkaufte
frische Heringe. Zusätzlich führte er als einziger Auswanderungsagent in
der Region um Bernkastel das *Comptoir für Auswanderer E. De Wilde & Comp.*
In dieser umtriebigen Umgebung erlernte Louise die Führung eines
Haushalts und all die dafür erforderlichen handwerklichen Fertigkeiten.
Kaufmann de Wilde stellte ihr ein sehr gutes Zeugnis aus und lobte ihre
Fertigkeiten und Befähigung.

*

1855 war Louise wieder in Münster; sie war 22 Jahre alt. Sie ließ sich
weitere Zeugnisse ausstellen. So von der jüngsten Tochter des Komman-
deurs von Monsterberg. Eugenie bescheinigte im Februar 1856:

> *Ich kann der Louise Rosenkötter das Zeugnis geben, dass sie sich in den*
> *vielen Jahren, seit ich sie kenne und wo sie öfters im Hause meines ver-*
> *storbenen Vaters, des General Lieutenant von Monsterberg zur Aushilfe*
> *diente, stets als durch und durch treu und ehrlich, fleißig und willig*
> *bewährt hat, und bescheinige ich ihr dies hiermit.*

Wilhelm Lüttke, der seit 1847 Pfarrer der evangelischen Kirche und
Religionslehrer am Königlich Paulinischen Gymnasium zu Münster war,
bekräftigte:

> *Louise Rosenkötter, 23 Jahre alt, kann als geschicktes, zuverlässiges*
> *streng sittliches Mädchen empfohlen werden. Sie ist zwei und ein halbes*
> *Jahr bei dem Kaufmann de Wilde in Zeltingen an der Mosel als Stütze der*
> *Hausfrau gewesen und hat sich nächstdem ein Jahr bei ihren Eltern hier-*
> *selbst aufgehalten. Von Zeltingen ist ihr der beste Ruf hierher nachge-*
> *folgt, und wird sie darüber auch ein Zeugnis des Herrn de Wilde vor-*
> *zeigen können. Sie ist fertig in allen Haushaltsgegenständen, auch im*
> *Nähen, sehr freundlich und willig und in jedem Betracht empfehlenswert.*

Von März bis September 1856 war Louise bei der ehemaligen Lehrerin
Luise Neumann, verwitwete Oberamtmann Nebelung, in Mülheim am
Rhein tätig. Dort reiften erste Überlegungen für ein eigenes Putzmache-
rinnen- und Galanteriewarengeschäft heran. Frau Nebelung befürwortete
und förderte diese Pläne:

Es gereicht mir zum Vergnügen, obige Zeugnisse bestätigen und Louise Rosenkötter besonders empfehlen zu können, da sie bescheiden, gefällig und voll des besten Willens ist. Ihre musterhafte Treue verdient volles Vertrauen, und wünsche ich ihr das beste Glück!

Mit Galanteriewaren waren unterschiedliche Modeartikel, Zierrat, Putz- und Kleidungsstücke gemeint wie Zierbänder, Federschmuck, Kunstblumen und andere schmückende Applikationen wie Spitzen, Schleier, Manschetten oder Kragen. Louise wollte aber ihre handwerklichen Arbeiten nicht nur auf Bekleidungen im weitesten Sinne begrenzen, sondern dachte auch an die Ausschmückung von Wohnräumen und Salons, so wie es sich die hoffentlich zahlreiche Kundschaft wünschen würde.

Zusammen mit ihrer sieben Jahre jüngeren Schwester Anna wollte Louise sich mit ihren Näh- und Stickfertigkeiten selbstständig machen. Aus einem Kirchenzeugnis des Pfarrers Lüttke für die achtzehnjährige Anna wird deutlich, dass die beiden jungen Frauen sich nicht in Münster niederzulassen planten:

Anna Rosenkötter ist bisher ein Mitglied unserer Gemeinde gewesen und hat, wie wir ihr auf ihr Begehren hiermit bezeugen, sowohl am Gottesdienst, als auch dem heiligen Abendmahl fleißig teilgenommen, auch, so viel uns bekannt geworden, sich eines unbescholtenen Wandels befleißigt. Indem wir sie daher mit diesem Kirchenzeugnis aus unserer Gemeinde entlassen, ersuchen wir alle evangelischen Pfarrer und Kirchenvorsteher, sie in christlich-brüderlicher Liebe aufzunehmen und ihr zur Förderung ihres Seelenheils behilflich zu sein, wozu der Herr Seinen Beistand in Gnaden verleihen solle. – Münster, den 15. April 1858.

Als Ludwigs Schwester Helene in Ostpreußen von den Plänen ihrer Cousinen Louise und Anna erfuhr, hatte sie eine ganze Menge Frage: Warum wollten die beiden nicht in Münster bleiben? Warum sie sich ausgerechnet Unna als Standort für ihr zukünftiges Geschäft ausgesucht hätten? Und wer hätte den beiden Mädchen Geld für die Einrichtung eines Ladens gegeben? *Es müssen da doch noch immer gute Menschen sein, die sich Eurer Not erbarmen.*

*

1858 hatte Unna etwa 6.400 Einwohner. Die Stadt konnte aufgrund ihrer Randlage zum Ruhrgebiet nicht im gleichen Maße von der industriellen Entwicklung profitieren. Zwar wurde 1817 mit dem Bau der preußischen Chaussee, der heutigen Bundesstraße 1, eine sichere und schnelle Verbindung zu den sich rasch entwickelnden Ruhrgebietsstädten geschaffen, aber Unnas wirtschaftliche Entwicklung war eher durch Stillstand, ja Rückschritt gekennzeichnet. Der Anschluss an das bergisch-märkische Eisenbahnnetz 1855 änderte daran nichts, auch nicht die Eröffnung der Eisenbahnlinie Dortmund-Unna-Soest-Altenbeken im gleichen Jahr, weder die Gründung der Massener Gesellschaft für Kohlebergbau noch die Eröffnung der ersten Maschinenfabrik oder ein paar Jahre später der ersten Großbrauerei. Erst der wirtschaftliche Aufschwung der Gründerjahre um 1880 führte zu einem Aufschwung und Anwachsen der Bevölkerung auf etwa 15.000 Einwohner um die Jahrhundertwende.

Die Entwicklung Münsters verlief gänzlich anders. Als Münster 1815 Provinzialhauptstadt Westfalens wurde, lebten ungefähr 15.000 Menschen in der Stadt. In den darauffolgenden vier Jahrzehnten wuchs die Stadt um weitere 11.000 Einwohner. In Münster gab es rund um den Dom zahlreiche Prachtbauten der Domherren und ungefähr 60 Stadthöfe, Höfe und Häuser des weltlichen westfälischen Landadels, wie sie wohl in ihrer Anzahl sonst nirgendwo zu finden waren. Die meisten dieser Backsteinbauten, deren Toreinfahrten, Fenster und Türen mit gelblich getöntem Baumberger Sandstein eingefasst waren, standen oft dicht Hof an Hof vor allem in der Königsstraße, aber auch in der Neubrückenstraße und am Alten Steinweg. Die vornehmen Bürgerhäuser der Patrizier und Kaufleute befanden sich am Prinzipal- und am Roggenmarkt. In diesen Häusern wohnte eine zahlungskräftige Oberschicht. Hinzu kamen die nicht minder gut bezahlten hohen und höchsten Verwaltungsbeamten und Militärbefehlshaber.

In der Tat, warum eröffneten Louise und Anna ihr Geschäft nicht in Münster? Fürchteten sie die bereits etablierte Konkurrenz der nahezu vierzig anderen Putzmacherinnen in der Stadt? Oder waren die Ladenmieten zu hoch? Und ja – woher kam das Kapital, um ein Geschäft in Unna eröffnen zu können?

*

Die ehemalige Lehrerin Lisette Piper in Versmold war eine große Stütze der beiden jungen Frauen in Unna. Lisette war die älteste Tochter des Versmolder Pfarrers Carl Piper und dessen Frau Henrietta Walbaum. Lisette Piper war gewissermaßen die Tante von Louise und Anne Rosenkötter; nicht direkt verwandt mit den beiden, aber es gab eine familiäre Beziehung über Ludwigs Stiefvater August Wilhelm Walbaum.

Lisette Piper besuchte zunächst das Lehrerseminar in Soest und hatte sich am 21. und 22. März 1832 als *vorgebildete Schulamts-Aspirantin* einer Prüfung am Schullehrer-Seminar Büren unterzogen. Sie erhielt, wie das Königliche Provinzial-Schulkollegium in Münster mitteilte, *das Zeugnis der Wahlfähigkeit als Lehrerin.*

Lisette war Mitte der 1840er Jahre Lehrerin an der ersten – am 18. Dezember 1828 zugelassenen – Töchterschule in Bielefeld. Es waren demokratische und liberale Kräfte, die den Anstoß gaben und Unterstützung in christlichen und jüdischen Kreisen fanden, auch den Mädchen eine weiterführende Schulbildung nach dem Besuch der Elementarschule zukommen zu lassen. In den Anfangsjahren unterstützten der Rektor und Konrektor des Gymnasiums und ein Hilfslehrer den Unterricht an der Töchterschule. 1840 übernahm der spätere Superintendent Ernst Wilhelm Müller aus Mühlhausen die Leitung der Schule.

*

Müller hatte sich nach seinem ersten Examen in Halle der Burschenschaft angeschlossen. Dort trat er einer Verbindung mit dem Namen *Die Dioskuren* bei. Die Verfassung dieser Halleschen Burschenschaft hatte Anfang 1833 festgelegt, dass jeder, der in den engeren Verein eintreten wollte, der Überzeugung sein musste, dass nur auf revolutionärem Wege das Ziel der Burschenschaft zu einer Umgestaltung der Verfassung Deutschlands herbeigeführt werden konnte. 1835 wurde Müller verhaftet. Das Kammergericht Berlin befand in dem Urteil vom 4. August 1836, dass Müller allein aufgrund seiner Mitgliedschaft in der studentischen Verbindung sich des Hochverrats schuldig gemacht hatte. Darauf stand die Todesstrafe. Das Gericht verurteilte 204 Burschenschafter, davon 39 zum Tode. Müller bekam sechs Jahre Festungshaft, da er sich nicht aktiv für die politischen Ziele eingesetzt hatte. Im März 1838 wurde er – ebenso wie die zum Tode Verurteilten – begnadigt. Anläßlich des Thronwechsels zu König Friedrich Wilhelm IV. erfolgte am 10. August 1840 die Amnestie aller *politischen Verbrecher.* Bereits am nächsten Tag wurde Ernst Müller in sein Amt als Hilfsprediger an der Altstadtkirche in Bielefeld eingesetzt und übernahm die Leitung der Töchterschule.

*

Die Gründer der Töchterschule und Träger des Schulvereins hatten wohl erhofft, in Ernst Müller einen Gleichgesinnten gewonnen zu haben. Dieser wandte sich aber zunehmend den konservativ-pietistischen Strömungen in Bielefeld zu. Die Auseinandersetzungen zwischen Befürwortern liberaler beziehungsweise konservativer Grundsätze führten auch in der Töchterschule zu Spannungen zwischen den Eltern und auch den Lehrern. Müller leitete die Töchterschule immer mehr im Geist der antiliberalen Erweckungsbewegung.

Im Vorstand der Schule fanden sich von Anfang an Vertreter der Bielefelder Kaufleute – Bertelsmann, Delius, Kisker. Im Laufe des Vormärz der 1840er Jahre spitzten sich die politischen Verhältnisse in Preußen und auch in Bielefeld zu: Namen wie Rudolf Rempel – Finanzier der Wochenschrift *Das Westphälische Dampfboot* und Herausgeber der Wochenzeitschrift *Der Volksfreund* mit dem Motto *Freiheit, Wohlstand, Bildung für alle* – oder Ludwig Jüngst und Friedrich Beckhaus – der eine Gymnasialoberlehrer, der andere Justizrat, beide leiteten den *Konstitutionellen Verein* – bekannten sich zu linksliberalen bzw. liberalen Positionen in Bielefeld. Ihnen standen jene Bürger gegenüber, die die moralische und soziale Schutzfunktion der Religion gegenüber dem sozialen Wandel betonten. Sie waren stark pietistisch geprägt, ihre Haltung war antikapitalistisch sozial, politisch konservativ. Sie unterstützten den preußischen König, der sein Ziel in einem christlichen Staat sah. Der Leiter der privaten Töchterschule, Ernst Müller, fühlte sich immer mehr zu dem Jöllenbecker Pfarrer Johann Heinrich Volkening, der die dritte Generation der Minden-Ravensberger Erweckungsbewegung anführte, hingezogen.

Der liberal-demokratische Trägerverein der Töchterschule warf dem Direktor Müller vor, dass die von der Erweckungsbewegung geprägte Erziehung bei den Mädchen zu *schwärmerischen Grübeleien* führe, sie *ihrer frisch-heiteren Stellung zum Leben entfremde und ihnen dadurch im eigentlichen Sinne des Wortes ihre Jugend raube.*

*

Auch Lisette Piper hielt nichts von der Erweckungsbewegung. Sie war in einem Haushalt groß geworden, in dem Religion sicherlich eine bedeutsame Rolle spielte, aber mindestens genauso wichtig war das Wissen über gute Geschäfte, den Handel und die Geschäftswelt. Lisette hatte ihren Weg in die Eigenständigkeit als junge Frau gefunden, hatte sich auf den Beruf als Lehrerin vorbereitet und verdiente schließlich damit ihren Lebensunterhalt. Sie war gewiss mit *Erfahrung und Sachkenntnis von vielem ausgerüstet*, wie es ihre jüngere Schwester Louise ausdrückte. Und sie kannte einflussreiche Leute.

Ihr Bruder Eduard betrieb in Hamburg ein *Lager en gros von Tuch-, Leinen-, Segelleinen- und Seidenwaren* und war Richter am Niedergericht der Stadt. Ihr anderer Bruder, Heinrich Wilhelm Piper, war im Alter von dreizehn Jahren seinem Großonkel Florens Ludwig Heidsieck nach Reims in Frankreich gefolgt und gründete ein eigenes Champagnerhaus. Durch Zusammenlegung der beiden Firmen entstand die Marke *Piper-Heidsieck*. Lisette sah aber auch die Erfolge in der direkten Verwandtschaft bei den Familien Walbaum, Delius und Kisker.

Ihre Erfahrungen, ihr Wissen und ihre Unterstützung wollte Lisette jungen Frauen wie Louise und Anna Rosenkötter zukommen lassen. Sie hatte die Schwierigkeiten einer Geschäftsgründung *gefürchtet und vorhergesehen*. Und sie hatte *verschiedentlich aufmerksam gemacht, wieviel Schwierigkeiten bei den geringen Mitteln, welche zu Gebote standen, der Anfang eines Geschäftes haben würde*. Lisette wusste um all diese Herausforderungen und hatte trotzdem geglaubt, Louises und Annas *Wunsch, selbst etwas anzufangen, nachgeben zu müssen, weil ja auch eben sonst kein Weg zu gründlicher Hilfe sich zeigte*.

Im Frühjahr 1858 richteten Louise, 25 Jahre, und Anna, gerade 18 Jahre alt geworden, ihrer ersten Laden für Putz- und Galanteriewaren in Unna ein. Sie hatten sich allerhand Garne, Stoffe, Bänder, Federn und andere modische Accessoires besorgt, um ihren zukünftigen Kunden eine reiche Auswahl möglicher Verzierungen anbieten zu können. Ansonsten vertrauten die jungen Frauen auf ihre guten handwerklichen Fähigkeiten, mit Tüchern und Litzen, Nadeln und Faden geschickt umzugehen, um etwas außergewöhnlich Schönes entstehen zu lassen, das die Kundinnen erfreuen würde.

Lisette Piper hatte den beiden für die Erstausstattung Geld gegeben und auch für den laufenden Betrieb schickte sie immer wieder ein paar Taler nach Unna. Sie wusste, dass der Anfang schwer werden würde. Aufmerksamkeit zu bekommen, Kunden zu gewinnen und irgendwann von der Arbeit und dem Verkauf der Waren leben zu können, erforderte viel Durchhaltevermögen. Sie wusste aber auch, dass manchmal – mit viel Glück und Geschick – der Zufall zu Hilfe kommt, und ein Produkt plötzlich reißenden Absatz fand.

*

Ihr Bruder *Henri-Guillaume* Piper, wie er sich damals nannte, hatte ihr von einer genialen Idee seines Onkels *Louis-Florens* Heidsieck erzählt. Der hatte seinen *Champagne-Cuvée* der damaligen Königin Marie-Antoinette gewidmet und erhielt die zweifelhafte Ehre, sein Produkt persönlich der *Madame Déficit* vorzustellen. Von da an war der Champagner des *Maison Heidsieck & Cie* an den Königs- und Kaiserhöfen dieser Welt zu finden. Noch zu Lisettes Lebzeiten hatte ihr Bruder das Haus Heidsieck übernommen.

*

Die Nachricht vom Tod der Lisette Piper Ende November 1858 verbreitete sich schnell in der Verwandtschaft: *Ein Herz von seltener Güte und Biederkeit, Lauterkeit und Frömmigkeit hat aufgehört zu schlagen.* Ludwig antwortete, dass der Verlust von ihm und seiner Familie *auf Schmerzlichste empfunden* würde. Man hätte eine *treue Stütze verloren* und möchte *Auskunft über die Krankheit und den Todestag.*

Pfarrer Justus Speckmann, ein angeheirateter Verwandter, schrieb an den *geehrten Herrn Vetter* zurück und berichtete in allen Einzelheiten die Krankheit und ihren Verlauf. Er hätte mit Fräulein Louise Piper Rücksprache genommen. Die Schwester von Lisette wünschte, mit der Familie Rosenkötter in Verbindung zu bleiben. Sie hätte ihm aufgetragen, *Ihnen zu sagen, dass doch Ihre Frau Gemahlin,* wenn sie sich von ihrer Krankheit erholt habe, *bald möglichst an sie schreiben und über Ihre Verhältnisse, namentlich auch über Ihre Tochter in Unna Auskunft geben möge.*

*

Am Jahresende verfasste Louise Piper an die beiden Frauen in Unna einen langen Brief:

Ich habe oft genug an Sie und Ihre liebe Schwester Anna gedacht und auch wohl meiner Schwester [Caroline] Dieckmann hier gesagt, es verlange mich, endlich von Ihnen beiden zu hören, denn Sie dürfen versichert sein, wir alle nehmen herzlich teil an Ihrem Wohlergehen.

Wieder wird der Krankheitsverlauf der Verstorbenen in allen Details geschildert. Lisette habe immer an die jungen Frauen gedacht: *Dass doch die Kinder aus Unna, so sprach sie meist von Ihnen, nichts von sich hören lassen, gebe Gott, dass sie nicht krank sind.* Dann kam Louise Piper auf den Laden in Unna zu sprechen:

Sagen Sie mir auch, ob Sie glauben, mit Ihrem Geschäft mit der Zeit zufrieden sein zu können. Übergroße Erwartungen dürfen wir alle gewiss noch nicht hegen. … Können Sie Vertrauen zu mir fassen, so wird es mir lieb sein, mitunter von Ihnen zu hören. Und sie wiederholte ihr Angebot: *So könnte ich, sollte es mal nötig sein, doch wohl etwas helfen.* Louise Piper erwähnte zum Schluss des Briefes: *Von Ihrer guten Mutter hatte ich auf meinen Wunsch gestern auch einen Brief. – Adieu denn für heute, liebe Louise, mit herzlichem Gruß für Sie und Anna, Ihre Tante Louise Piper.* Und ein Nachtrag: *Schicken sie die Kissen, wenn es Ihnen passt. Meine Adresse ist ganz einfach: Louise Piper, Versmold. Machen Sie aber den Brief nicht frei.*

Louise hatte die Rolle ihrer Schwester als Wohltäterin innerhalb weniger Tage übernommen. Lisette hatte die Kissen offensichtlich als Geschäftsförderung in Auftrag gegeben und wahrscheinlich überteuert bezahlt. Ende Januar 1859 nahm Louise Piper erneut Kontakt zu Louise Rosenkötter auf und kam direkt zum Thema:

Die Einlage zeigt Ihnen schon, dass ich augenblicklich wohl im Stande war, Ihrer Verlegenheit abzuhelfen, dass ich es sofort tue, diene Ihnen als Beweis, dass es gern geschieht. Außer den gewünschten zehn Talern schicke ich Ihnen zugleich den Betrag für die zuletzt gefertigte Sache: drei Taler… Sie bedankte sich für den *hübschen Lampenschirm. – Sie haben mich durch eine Aufmerksamkeit erfreuen wollen und das ist Ihnen gelungen, also nochmals Dank.* Noch mehr würde sie sich freuen, wenn Louise ihr *Befriedigenderes über den Fortgang und Ertrag Ihres Geschäfts sagen könnte. … Sie sprachen mir in Ihren früheren Briefen davon, man rate Ihnen hin und wieder von Unna fortzuziehen, einen anderen Ort zu wählen, Sie fragten um meine Meinung! Da muss ich Ihnen denn offen sagen, dass ich ganz und gar dagegen wäre…, dass hieße ganz von neuem anfangen und jede schon durchgemachte Schwierigkeit aufs Neue ins Leben rufen. … Nein, in der Sache selbst liegen die Schwierigkeiten, in den unzureichenden Mitteln. … Sie können, oder dürfen nichts zusetzen.*

Sie arbeiten für ihre Existenz. ... Sie dürfen nur keinen bestimmten Zeit-
raum sich setzen, wo sie denken, es muss besser gehen. Wie lange ist es
denn, dass Sie dort sind? Noch kein Jahr denke ich! Da liegt wahrlich
noch kein Grund, den Mut zu verlieren, und nicht wahr, das tun Sie und
Anna auch nicht? Aber freilich begreife ich, dass es ein ängstlicher
Zustand, und namentlich für ein ganz junges Mädchen, wenn ein
Verfalltag naht und das Geld nicht alle beschafft sein kann.

*

Offensichtlich besserte sich die Lage für die beiden jungen Frauen in
Unna nicht. Wiederholte Krankheiten und ständige Geldsorgen führten,
entgegen der Ratschläge ihrer Tante und Gönnerin in Versmold, die Frauen
dazu, den Laden aufzulösen und nach Münster zurückzukehren. Louise
Piper verfolgte den Umzug aus der Ferne und schrieb an Jette:

Beide kehren einstweilen nach Münster zurück, wo ja hoffentlich ihrem
Streben der Erfolg nicht ganz fehlen wird. Es ist dann ja wohl mit Gottes
Hilfe einmal im passenden Augenblick wahr zu nehmen, ihnen eine güns-
tigere Stellung zu verschaffen, man darf derartiges aber nicht übereilen.
Meine gute Schwester wollte ihnen gar zu gerne nützen und hat getan
was sie eben konnte; dass es nicht ganz so erfolgreich gewesen, wie ihre
Wünsche es ihnen gern bestrebt hätten, kann uns betrüben, darf aber
nicht entmutigen; ist Ihren Töchtern auch noch keine gesicherte Existenz
geworden, haben sie doch ein Jahr lang allein streben müssen, und ist
ihnen dadurch vielleicht mehr Erfahrung und Lebenskenntnis geworden
und die will auch erkauft sein und ohne dieselbe kommt man nicht fort.
Können die Kinder künftig bei Ihnen wohnen, oder haben sie sich anders
einnisten müssen?

Anfang Mai 1859 gaben diese Anzeigen im Westfälischen Merkur in
Münster eine Antwort:

Zur Anfertigung von Putz- und sonstigen zur Garderobe gehörenden
Sachen empfehle ich mich den geehrten Damen angelegentlich. Meine
Wohnung ist Rothenburg Nr. 44.

Den geehrten Damen empfehle ich mich zur Anfertigung und Veränderung
von Putzsachen und Hauben aller Art. Hauben für Kommunikanten sind

*zu billigsten Preisen vorrätig oder werden sofort gefertigt. Meine Wohnung
ist Rothenburg Nr. 44, beim Schlossermeister Wegmann.*

Louise Rosenkötter

Im November 1859 zeigte dann die Witwe Rosenkötter an, dass nunmehr sie und ihre Tochter Louise unter der Adresse Salzstraße Nr. 71 zu erreichen wären. Dort wohnten auch die Töchter Anna und Lina. Die vier Frauen verdienten mit der Anfertigung von Putzarbeiten aller Art ihren Lebensunterhalt. Jette und Louise erteilten darüber hinaus auch *Unterricht in allen feinen Handarbeiten, vorzüglich im Weißsticken.* Die drei älteren Jungen waren inzwischen selbständig und Adalbert war seit 1858 im Annaburger Militär-Knaben-Erziehungs-Institut untergebracht.

*

Helene von Steinwehr erkundigte sich bei Henriette:

Wie kommt es denn, dass deine Kinder wieder nach Münster zurückkamen und warum richteten sie nicht von Anfang gleich ihr Geschäft in Münster ein, haben sie denn nun das Geschäft, sodass sie ihren Unterhalt dadurch gewinnen? Und Helene hatte Mitleid mit den armen Mädchen, *die schon so früh sich selbstständig ernähren müssen.*

Auch die Cousine Anne von Steinwehr wollte von Louise und Anna wissen: *Wie geht es denn jetzt mit Eurem Putzgeschäft? Kommt Ihr einigermaßen damit durch?* – Eine Frage, die anhand der vorliegenden Dokumente, unbeantwortet bleiben muss. Möglicherweise konnten sie ihr Geschäft noch zwei, drei weitere Jahre betreiben. Ende der 1860er Jahre aber wohnten die vier Frauen schon in Elberfeld.

*

Louise heiratete 1873 in Dortmund im Alter von fast 41 Jahren den Bergbaubeamten Adam Hubert Zilleken, der bei der *Union AG für Bergbau, Eisen- und Stahl-Industrie* angestellt war. Später lebten sie in Wehringhausen bei Hagen in Westfalen zusammen mit der Tante Auguste Jacobi.
Anna heiratete 1874 den Kaufmann Antonius Cornelis Wilhelm Berns in *Arnhem, Provincie Gelderland, Nederland.* Das Paar lebte in Kralingen nahe Rotterdam und hatte zwei Kinder, die beide nach wenigen Tagen

bzw. Monaten starben. Annas Ehemann starb ebenfalls sehr jung, im Alter von nur 27 Jahren. Danach wohnte Anna in *'s-Gravenhage, Provincie Zuid-Holland*. Sie wurde 67 Jahre alt.

Die jüngste Tochter Lina zog ebenfalls nach Elberfeld. 1869 heiratete sie dort den in Münster geborenen Eisenbahnbeamten Theodor Lindmann. Das Paar hatte zwei Töchter. Lina und Theo starben beide 1913 in Bielefeld.

*

Emma von Krüger in Berlin war stets großzügig: *Mein lieber junger Freund*, schrieb sie im Frühsommer 1857 an einen der Söhne Ludwigs, *was denken Sie wohl von uns? Sie glauben am Ende, dass wir Sie ganz vergessen haben, da wir so gar nichts von uns hören lassen! ... Wie haben Sie dann wohl auf Ihre Zulage gewartet! Es war mir gar zu schmerzlich Sie Ihnen nicht schicken zu können, aber wir waren leider selbst in solcher Geldverlegenheit, dass es uns unmöglich war drei Taler zu erübrigen.*

Ihr Mann wäre schwer erkrankt und bedürfe regelmäßiger Arztbesuche, Kuren und Bäder, so dass die von Krügers das nie gekannte Gefühl durchmachten, *öfter der Mittel entblößt zu sein. ... Deshalb grämen Sie sich nicht, wenn diesmal auch nur vier Taler erfolgen, sobald wir mehr übrig haben, schicken wir Ihnen gewiss.* – Aber dann hatte sie doch noch ein paar Leinenhemden als Weihnachtsgeschenk schneidern lassen:

Möchten die Hemden Ihnen doch auch nur passen. Sie schrieben mir, dass Sie nur 4 Fuß 10 Zoll [152 cm] messen, da habe ich mir ein Probehemd von meinem Knaben in der Größe geben lassen, und sie danach machen lassen. Die Hemden sollen Ihnen Freude machen.

Ein kleines Präsent, nämlich *Zeug für Sommerbeinkleider*, würde sie dem Paket beilegen. *Bei der großen Hitze müssten Sie Ihnen wohl recht nützlich sein. ... Die müssen Sie sich also schon dort von einem Maßschneider machen lassen. Das Geld steckt in dem Beinkleiderzeug. Als Umschlag um die Hemden habe ich die Lebensbeschreibung Friedrich Perthes, jenes großen Hamburger Buchhändlers, getan, damit Sie sie lesen und sehen, wie dieser später so bedeutende Mann noch in Sorgen, Mühen und Not durchgearbeitet hat. Lesen Sie sie, damit Ihnen das ein*

*Ansporn wird, mein junger Freund, auszuharren in Not und Sorgen. ...
Ich verspreche Ihnen: erhalten Sie sich auf der guten Bahn, ziehen wir
nicht unsere Hand von Ihnen zurück, wir werden alles für Sie tun, was
unsere schwachen Mittel vermögen! Als einzigen Lohn verlangen wir
uns von Ihnen: die Zufriedenheit Ihrer Vorgesetzten sich dazu anhalten
und zu erstreben!*

Diese Briefzeilen der Emma von Krüger richteten sich wahrscheinlich
an den 22-jährigen Oscar, den ältesten der vier Rosenkötter-Söhne. Oscar
hatte bis vor ein paar Monaten eine Stelle als Postkutscher gehabt, war
aber wegen heimlicher Mitnahme von Personen oder Sachen entlassen
worden. Jetzt hatte er ein Stelle im Bergwesen bekommen. Emma von
Krüger fuhr fort:

*Ihr Bruder hat nicht an uns geschrieben, es tut mir leid, dass er unsere
gute Absicht, ihm nützlich zu sein, so unbeachtet gelassen hat. Vielleicht
bedarf er es jetzt auch nicht mehr, dass er sich zu fein davor in seinem
Verhältnis fühlt.*

Oscars jüngere Brüder, Emil und Gustav Adolf, hatten eine Ausbildung als Handlungsgehilfen begonnen. Ihr Ziel war es, als Kaufmann
selbstständig zu werden. Ziemlich genau zwei Jahre später erkundigte
sich Helene: *Und deine Söhne, der zweite und dritte [Emil und Gustav Adolf]
haben ja wohl schon ziemlich gute Stellen, so dass sie Euch etwas unterstützen
können.* Sie bestätigte damit indirekt die Vermutung von Emma von Krüger.
Diese schloss ihren Brief:

*Mein Mann grüßt Sie auf freundlichste, mein guter Rosenkötter. Dass
Ihre Schwestern nun auch schon etwas verdienen hat uns sehr erfreut.
Mit der innigsten Bitte immer auf guter Bahn zu bleiben und zu wandeln.
Als die Ihrige – Emma von Krüger.*

*

Oscar hatte nicht nur eine wechselhafte Kindheit und Jugend erlebt, in
der er allein an sechs verschiedenen Orten im Südharz, an den Ausläu-
fern des Rothaargebirges, dem südlichen Münsterland, in den Hellweg-
börden, dem nördlichen Sauerland und dem Kern des Münsterlandes gewohnt hatte. Er musste sich immer wieder auf unbekannte Umgebungen,

auf neue Spiel- und Schulkameraden und unbekannte Lehrer einstellen. Seine Tante Helene, die fernab in Ostpreußen lebte, fragte 1859: *Wie kommt es denn, dass Oscar wieder bei Euch zu Hause ist. Derselbe war doch bei der Post und später beim Bergwesen, warum hat derselbe beides aufgegeben?* Die Antwort auf diese Frage ist nicht bekannt. Ab 1862 hielt sich aber ein Kaufmann und Agent Rosenkötter mehrere Male in Elberfeld auf; zuletzt im Mai 1863 zusammen mit dem Kaufmann Sassenhof aus Münster im Hotel Windrath.

Im Juni 1863 erschien erstmals eine Annonce im Münsterischen Anzeiger: *Ich habe ein Kommissions- und Agenturengeschäft hier etabliert und empfehle mich in Ausführung von Kommissionen mit der Zusicherung prompter Bedienung. Oscar Rosenkötter, Agent, Georgskommende 121.*

Oscar verkaufte als erstes alle möglichen Gegenstände einer Haushaltsauflösung eines Bauern: *Pferd und Ackerwagen, Wannemühle, Waschkessel, Bettzeug, Fässer und sonstige Haus- und Ackergeräte.* In weiteren Anzeigen bot er gut abgelagerte *Embalama-Zigarren aus Nepal,* suchte Kapitalgeber ab 3.000 Taler für zwei Kotten bei Münster und pries guten Rotwein der Sorte *Ahrbleicher in Flaschen* an. Oscar vermittelte die Vermietung eines *schön möblierten Zimmer*s und besorgte weitere Haushaltsauflösungen.

Ein paar Wochen später suchte er *Beschäftigung in allen möglichen schriftlichen und Rechnungsarbeiten,* übernahm *Linear- und Handzeichnungen* und versprach eine *gediegene Ausführung.* Er verkaufte *beste ostfriesische Butter, Nordhäuser Kornbranntwein in versiegelten Krügen* und *indischen Stückenkaffee.*

Den Herren Schuhmachermeistern bot er *Gummizüge zu Schuhen und Stiefeln* an. Er vermittelte auch *dauerhafte Turnergürtel, Hosenträger, Bracelets und Litzen; feine englische Parfümerien* oder *ungemein billigen Siegellack.*

Inzwischen war Oscar in die Telgter Straße 382 umgezogen. Er hatte die sieben Jahre jüngere Rosamunde Sassenhof Ende August 1863 geheiratet, denn man erwartete Nachwuchs: Hedwig wurde im Januar 1864 geboren. Man nahm einen Herrn Spelten als Mieter in dem Haus auf: Die kleine Familie brauchte regelmäßige Einnahmen. Der Herr Gerichtstaxator Spelten war vereidigt und am Königlichen Kreisgericht Münster angestellt.

Im Spätsommer des Jahres 1864 schaltete Oscar eine letzte Anzeige: *Eine große Partie leerer Wein-, Bier- und Likörflaschen stehen bei mir billig zu verkaufen.* Die Familie Oscar Rosenkötter ist nun in die Breite Gasse Nr. 402 in Münster umgezogen. Oscar hatte eine neue Anstellung als

Hilfsarbeiter bei der Eisenbahn-Kalkulatur der *Königlich Westfälischen Eisenbahn-Gesellschaft* erhalten. Die Stammstrecke der *Westfälischen Eisenbahn* verlief von Hamm über Soest, Lippstadt, Paderborn bis nach Warburg und überquerte als erste westdeutsche Eisenbahn ein Mittelgebirge. Im Mai 1866 wurde die zweite Tochter, Auguste, in Soest geboren.

Im gleichen Jahr wechselte Oscar zur *Bergisch-Märkischen Eisenbahn-Gesellschaft*. Diese Bahngesellschaft war 1843 in Elberfeld gegründet worden und sollte das Bergische Industriegebiet an der Wupper an die märkischen Kohlefelder nahe Dortmund anbinden. 1862 wurde die Strecke Dortmund-Duisburg über Witten, Bochum-Langendreer, Essen, Mülheim an der Ruhr eröffnet. In Bochum wurde im März 1868 das dritte Kind von Rosamunde und Oscar geboren: Adalbert – der Sohn starb im darauf folgenden Jahr.

Es scheint, dass Oscar alle zwei Jahre innerhalb der Eisenbahn-Gesellschaften versetzt wurde. So ist für die Geburt von Auguste im Februar 1870 vermerkt, dass Oscar bereits zu diesem Zeitpunkt am Bahnhof Rittershausen (heute: Oberbarmen) eingesetzt war. Im Elberfelder Adressbuch von 1868-70 heißt es: *Oscar Rosenkötter, Eisenbahn-Kontrolleur-Assistent, wohnhaft in Distelbeck 14a,* eine Straße, die südlich des heutigen Hauptbahnhofs Wuppertal liegt.

Anfang Dezember 1871 starb Rosamunde – wie ihr Schwiegervater Ludwig – an einer Pockeninfektion. Im darauf folgenden Mai starb auch Oscar. Er litt an einer Herzbeutel-Wassersucht, einer angeborenen Herzschwäche, die zu einer reduzierten körperlichen und geistigen Leistungsfähigkeit führt. Dies mag die zahlreichen Schwierigkeiten, Arbeitsplatzwechsel und Unstetigkeit Oscars erklären. Rosamunde wurde nur 30, Oscar 37 Jahre alt.

Die drei kleinen Mädchen Hedwig, Auguste und Anna – sieben, fünf und ein Jahr alt wurden unter die Vormundschaft ihres Onkels Gustav Adolf gestellt, der zu dieser Zeit bereits erfolgreich eine eigene Handelsgesellschaft betrieb. Die Kinder blieben zunächst bei den Tanten und Onkel in Elberfeld. 1874 kamen sie in die Pension einer Frau von Bernhard in dem angesagten *Kurbad* Ems an der Lahn.

Zahlreiche europäische Monarchen und Künstler bezogen im 19. Jahrhundert in diesem *Weltbad* ihre zeitweilige Residenz. Der Ort hatte mit der sogenannten *Emser Depesche*, die zum Ausbruch des Deutsch-Französischen Krieges 1870/71 beitrug und der schließlich zur Gründung des Deutschen Reiches führte, Berühmtheit erlangt. Der Krieg machte einige Leute reich, so auch Gustav Adolf, der sich deshalb die Unterbringung seiner Pflegekinder an diesem Ort leisten konnte. Die Mädchen wohnten danach in wechselnden Orten, zum Beispiel in Aachen, in Rotterdam bei ihrer Tante Anna, in Rheden bei ihrem Pflegevater Onkel Gustav Adolf oder in Dortmund bei ihrer Tante Louise, verheiratete Zilleken.

*

Keines der drei Mädchen blieb im Deutschen Reich.

Hedwig wanderte im Alter von fünfzehn Jahren in die Vereinigten Staaten von Amerika aus und ließ sich in New York nieder.

Anna ging 1890 als Zwanzigjährige nach Utrecht und machte eine Ausbildung zur diplomierten Krankenschwester beim *Witte Kruis* in Dordrecht, zwanzig Kilometer südlich von Rotterdam gelegen. 1896 arbeitete sie als Krankenpflegerin in einer Einrichtung für psychisch Kranke in Delft. Sie heiratete 1903 Nicolaas Gerben Hobma und starb 1938 in Amsterdam.

Auguste war wie ihr Vater ständig unterwegs. Mit achtzehn Jahren trat sie 1884 eine Stelle als Kinderfrau bei dem Dortmunder Staatsanwalt Ernst Maizier, der sich später *de Maizière* nannte, an. 1885 wurde er als *Erster Staatsanwalt* nach Ratibor versetzt und Auguste begleitete die Familie dahin. Danach arbeitete sie ein halbes Jahr bei den Sobtschicks in Ratibor: *Dort hat es mir nicht gefallen.* Weiter zum Premierlieutenant Justus von Websky in Schwengfeld. Von Schlesien ging Auguste im April 1893 als *Kinderjuffer* zur Familie des Rechtsanwalts Willem Karel Hendrik Mouthaan, die im Haus an der Keizersgracht 420 in Amsterdam residierte. Nach drei Monaten lebte sie für ein Jahr bei ihrer Tante Louise, die nun in Hagen wohnte. Noch einmal arbeitete Auguste in Schlesien bei der Familie von Jagwitz: *Es war entsetzlich, denn die Frau war ein schreckliches Weib.* Die beiden nächsten Arbeitsstationen waren in der Brandenburger Mark bei zu Nostitz und von Neander und weiter zur Familie von Rosen. Verschiedene Male besuchte sie ihre Tanten und Onkel in den Niederlanden. Auguste war die Begleiterin einer Dame auf deren achtwöchigen Reise durch Italien. Endlich kam Auguste in Breslau zur Ruhe, als sie von 1909 bis 1931 bei der Familie von Korn, Verleger der Schlesischen Zeitung, tätig war. Auguste ließ sich im Alter von 65 Jahren in Amsterdam nieder, wo sie 1937 starb.

*

Oskars jüngerer Bruder Emil hatte ebenfalls eine Lehre als Kommis –
so wurden früher Kontoristen, Handlungsgehilfen oder kaufmännische
Angestellte genannt – gemacht und wohnte laut dem Adressbuch von
1860 in Dortmund, Brüderweg 822½ B, Ecke Kühlstraße. 1868 war Emil
zusammen mit seinem jüngeren Bruder Adalbert als Hauptmieter in der
Südstraße 38 in Elberfeld eingetragen. Seine Nichte Auguste erzählte,
dass Emil immer krank gewesen und Mitte 30 an Magenkrebs gestorben
sei.

*

Über die ersten drei Jahrzehnte im Leben von Gustav Adolf ist nahezu
nichts bekannt. Wahrscheinlich hatte er nur die Elementarschule besucht
und recht früh eine Ausbildung zum Kaufmann begonnen. Als er zwanzig Jahre alt war, hatte *er wohl eine ziemlich gute Stelle*, wie seine Tante
Helene schrieb.

1867 besuchte G.A. – so wurde er für gewöhnlich genannt – die Familie
des Predigers Henricus Marinus Berns in Spankeren in der Gemeinde
Rheden in der niederländischen Provinz Gelderland. G.A. hatte offensichtlich großes Interesse an der Arbeit von Willem Eliza Berns, der sich
zu der Zeit als Papierfabrikant selbstständig machte. G.A. bedankte sich
in einem Brief für die freundliche Aufnahme in der Familie und sandte
dem ältesten Sohn, Egbert Johan Josua, seine Glückwünsche zu dessen
Geburtstag. Dieser schrieb ihm einen Monat später zurück: *Mit Freude
erinnern wir uns ihres Besuches* und berichtete von den Fortschritten
Willems: In ein oder zwei Wochen könnte der Betrieb starten. Egbert
wünschte G.A. *von ganzem Herzen Gesundheit, Mut und Kraft, Glück und
Gottes Segen* und unterzeichnete mit *Ihr Freund, E.J.J. Berns*. Es war der
Anfang einer langen Freundschaft zwischen den beiden Familien.

*

Im September 1870 vermeldete das Königliche Kreisgericht in Zeitz
nahe Leipzig: *In unser Handelsgesellschaftsregister ist … bei Nr. 65 Dantz et.
Comp. in Droyßig, eingetragen worden: die Auflösung der Gesellschaft und die
Bestellung des Kaufmanns Gustav Adolf Rosenkötter zum Liquidator.* Der Apotheker Wilhelm Dantz hatte 1868 die *Anlage einer chemischen Zündhölzer-
fabrik* begonnen. Im Mai 1871 wurde eben dieser Wilhelm Dantz an Stelle
des Kaufmanns Rosenkötter zum Konkursverwalter eingetragen.

In der Folgezeit hatte sich G.A. immer wieder mit Zündhölzern beschäftigt. 1873 entwickelte er *Sicherheitszündhölzer* und ein *Verfahren zur Herstellung von Zündstäbchen aus Torf.* Zur gleichen Zeit erschien eine Anzeige der Herren *Berns und Rosenkötter in Arnheim (Holland)* im humoristisch-satirischen Wochenblatt *Kladderadatsch:* Berns und Rosenkötter boten *Schwedische Zündhölzer ohne Schwefel und Phosphor* und garantierten *billige Preise.* Die beiden verkauften auch Lampions oder Kartoffelsäcke.

*

Im Frühling 1873 suchten Berns & Rosenkötter einen *Agenten zum Betriebe eines technischen Fabrikates von Bedeutung für Fabrikbesitzer gegen gute Provision. Nur gute Referenzen werden berücksichtigt.*

Zur gleichen Zeit schalteten die beiden Anzeigen in der Kölnischen Zeitung, der Rhein- und Ruhrzeitung und dem Dortmunder Anzeiger:

Eine wenig gebrauchte, doppelt wirkende, komplette Förderungsmaschine mit Kessel und eigenem eisernen Gestell billig zu verkaufen. Dieselbe eignet sich hauptsächlich zur Wasserhaltungs- und Förderungs-Maschine für den Grubenbetrieb.

Mitte November 1873 wurde im Handelsregister des Königlichen Kreisgerichts zu Hagen eine neue Gesellschaft eingetragen:

No. 218 – Firma: Berns & Rosenkötter – Sitz: Hagen
– Rechtsverhältnisse: Gesellschafter sind:
a. Der Kaufmann Cornelius Wilhelm Berns zu Arnheim in Holland,
b. der Kaufmann Gustav Adolph Rosenkötter daselbst,
c. der Kaufmann Julius Ernst Beucker zu Hagen.
– Die Gesellschaft hat begonnen am 15. Oktober 1873.

Die Firma Berns und Rosenkötter in Hagen verkaufte alle möglichen Metallwaren: Drahtseile, Maschinen und sie hatte *Temperguss und Roheisen von bekannten deutschen, englischen, schottischen und schwedischen Marken stets auf Lager,* wie es in ihren Zeitungsanzeigen hieß.

Ende Oktober 1875 – nach nur zwei Jahren – war der Kaufmann Julius Beucker als Gesellschafter aus der *Handels-Gesellschaft Berns & Rosenkötter* ausgeschieden. Im April 1876 wurde die Firma Berns & Rosenkötter zu Hagen aus dem Handelsregister gelöscht.

*

1874 war der niederländische Firmensitz von Berns & Rosenkötter von Arnheim nach Rotterdam in die *Kruiskade* im Zentrum der Stadt verlegt worden. Vorausgegangen waren zwei Hochzeiten zwischen den Familien Berns und Rosenkötter: Anfang Mai 1874 hatten Antonius Cornelis Wilhelm Berns und Anna Rosenkötter in Arnheim geheiratet und im September folgte am gleichen Ort die Heirat zwischen Woltera *Tera* Elisabeth Berns und Gustav August Rosenkötter.

In allen offiziellen niederländischen Akten – mit Ausnahme des Melderegisters von Rotterdam – wurde Gustav Adolf immer als Gustav August aufgeführt. Unter den Nachkommen war er auch nur als Gustav August bekannt. Vielleicht um Irritationen zu vermeiden, unterschrieb Gustaf Adolf immer mit dem Vornamenkürzel G.A. Rosenkötter und wurde eigentlich auch von allen so gerufen.

*

In den folgenden Jahren vermittelten Berns & Rosenkötter zwischen verschiedenen Interessenten in den Niederlanden und deutschen Unternehmen. Als Agenten großer Unternehmen im Deutschen Reich hatten sie unter anderem folgende Verträge vermittelt:

– für die *Dortmunder Union, Aktien-Gesellschaft für Bergbau, Eisen- und Stahl-Industrie*, den Eisenbahnbrückenbau bei Nimwegen im Wert von eineinhalb Millionen Gulden, den Bau eines Trockendocks in Amsterdam und, seit vielen Jahren für verschiedene niederländische Eisenbahnunternehmen, umfangreiche Lieferungen von Schienenfahrzeugen,

– für die *Aktien-Gesellschaft Friedrich Wilhelms-Hütte* mit Sitz in Mülheim an der Ruhr die Lieferung von Wasserleitungen in Leiden und

– für die *Duisburger Maschinenbau Aktien-Gesellschaft* zum Beispiel die Lieferung einer hydraulischen Einrichtung für die Holländische Eisenbahngesellschaft (HSM) in Amsterdam.

Gewöhnlich als Repräsentanten für andere handelnd, arbeiteten sie selten mit eigenen Kapital. Dennoch waren ihre Geldreserven immer ausreichend, um den für die Ausführung einer Sache geforderten Betrag garantieren zu können. Zumal sie die von ihnen getätigte Einlage wiederum durch andere versichern ließen. Hin und wieder traten aber Berns & Rosenkötter aber auch als direkte Anbieter auf: So boten sie zwanzig Tonnen

Hakenschrauben für den Oberbau der Eisenbahnschienen zum Preis von 3.344 Gulden an; bei weitem nicht das günstigste Angebot.

Die Familien Berns und Rosenkötter und deren Verwandte beteiligten sich 1880 auch an einer Gesellschaft zur Erkundung von lokalen Eisenbahntrassen in Gelderland und kauften je nach Vermögen Anteilsscheine für 250 Gulden das Stück. Mitglieder der Familie Crommelin und Koch – Vorfahren der Berns – waren ebenso beteiligt, wie die Ehefrau von G.A. und die Witwe Anna Berns, geb. Rosenkötter – ihr Ehemann war im Frühsommer 1876 gestorben – mit jeweils vier Anteilen. Alles was Rang und Namen in Eerbeek hatte, wo die Familie Berns inzwischen wohnte, war gleichfalls beteiligt: Fabrikanten, Zimmerleute, Müller, Schulrektoren, Lehrer, Ladenbesitzer oder Briefboten.

*

In den Jahren 1866/67 grassierte zum wiederholtem Male im 19. Jahrhundert die Cholera auch in den Niederlanden. 21.000 Todesfälle waren dort im Verlauf der Epidemie zu beklagen. Während vor allem in den Städten gehäuft Choleraerkrankungen zu beobachten waren, bildete Amsterdam mit nur sehr wenigen Fällen die einzige Ausnahme. Eine Folge dieser Epidemie war die Entdeckung, dass die Ausbreitung der Krankheit offensichtlich mit schlechten Trinkwasser- und Abwassersystemen zusammenhing.

Grund genug für die Regierung, alle Städte zum Bau eines Wasserversorgungssystems anzuhalten. Die Diskussion um sauberes Trinkwasser und bessere Hygiene wurde überall in Europa geführt. So veröffentlichte der Braunschweiger Wasserbauingenieur Ernst Grahn seit 1874 regelmäßig Statistiken über die Trinkwasserversorgung in England, Frankreich, Österreich und Deutschland. Der Arzt Jakob Laurenz Sonderegger aus der Schweiz schrieb zur gleichen Zeit ein Volkslehrbuch über Hygiene mit dem Titel *Vorposten der Gesundheitspflege im Kampfe ums Dasein der Einzelnen und ganzer Völker.*

Aus diesen und anderen Quellen stellte G.A. eine kleine Broschüre zusammen: *Das Wasser im Haushalte des Menschen: für Freunde von Wasserleitungen und solche die es werden wollen.* Auf elf Seiten wird die Bedeutung des Wassers für den Menschen dargestellt; es ist ein Plädoyer für die Einrichtung von Wasserleitungen, um die Haushalte mit sauberem Trinkwasser zu versorgen. Der Artikel selber ist ein eigentümliches Gemisch aus ökonomischen, medizinischen, naturwissenschaftlichen und statistischen Beschreibungen. 1878 ließ Gustav August in Arnhem die Broschüre *Statistieke Notitiën – te zamengesteld uit de journalen van Gas- en Waterwerken in Duitsland, en de mededeelingen van den Ingenieur E. Grahn te Essen, door G.A. Rosenkötter* drucken.

G.A. hatte ein neues Tätigkeitsfeld nach den Eisenbahnen erkannt: *Berns en Rosenkötter* stellten Anfragen an die Städte Zwolle, Deventer, Leiden, Utrecht und Groningen zum Erwerb von Konzessionen für den Bau von Wasserleitungen und Wasserwerken.

Bereits 1873/74 hatte die *Vereeniging tot bevordering der Volksgezondheid te Groningen,* initiiert von den beiden friesischen Allgemeinmedizinern aus Leeuwarden, Simon Eduard Oudschans Dentz und Markus Jan Baart de la Faille, ausführliche Erörterungen darüber angestellt, wie sich gutes Trink- und Nutzwasser aus der Drentsche Aa in ausreichender Menge in die Stadt leiten ließe.

Im Jahr 1878 wurden die ersten Vereinbarungen mit der Gemeinde Groningen getroffen. Im Jahr darauf trat eine Anzahl kapitalkräftiger Bürger zum Bau des Wasserwerkes zusammen, die *Naamloze Vennootschap de Groninger Waterleiding.* Die Friedrich Wilhelms-Hütte in Mülheim lieferte auf Vermittlung durch *Berns und Rosenkötter* sämtliche Röhren und Maschinen. Es gibt ein Foto von den Verhandlungen: Da stehen der kaufmännische Direktor Josef Schlink mit seinem Rechnungsbuch, daneben der technische Direktor Josef Zerwes mit einem Zollstock in der Hand und G.A. Rosenkötter hat eine Landkarte vor sich auf einem Tisch ausgebreitet.

Der Ingenieur Gustav Feistel leitete den Bau unter dem Baurat Bernhard August Salbach in Dresden. Die Anlage wurde innerhalb einer Jahresfrist ausgeführt, anstandslos in Betrieb gesetzt und galt als vorbildliches Wasserwerk. Rund 700.000 Gulden, umgerechnet 1.180.000 Mark wurden für die Baumaßnahmen aufgewendet.

*

1882 zogen G.A. Rosenkötter und Tera Berns mit ihren drei Jungen nach Groningen in die Herebinnensingel R 518 – die heutige Nr. 9. Er war Mitglied der Groninger Abteilung der *Niederländischen Gesellschaft zur Förderung der Industrie.* G.A. beteiligte sich weiterhin an Ausschreibungen, zum Beispiel für die Ausführung einiger Umbauten und die Instandhaltung der Gas- und Wasserleitungen des Vereins *De Harmonie.* Er vermittelte den Verkauf von Dampfwaschmaschinen: *Stoomwaschtoestel.*

Einfachste, natürlichste, praktische Reinigung der Wäsche innerhalb von ½ Stunde, wenig Platz, leicht zu handhaben.

1891 meldete G.A. mehrere Patente in Deutschland, Luxemburg und Belgien an: *Verfahren zur Herstellung von Zündstäbchen und Zündhölzern* und *Verfahren zur Herstellung von Zündstäbchen aus Torf.*

1895 bestand G.A. eine Auswahlprüfung und wurde an der Ausbildungsstätte für Maschinenbauingenieure in Amsterdam zugelassen.

1898 war *Kroningsfeesten*: die achtzehnjährige Wilhelmina Helena Pauline Maria von Oranien-Nassau übernahm als *Wilhelmina I.* endgültig die Herrschaft in den Niederlanden. G.A. bot zum Schmücken der Straßen Tannengrün zum Verkauf. Er hatte gut vorgesorgt: 35 Hektar könnten abgeholzt werden. – 10 Jahre zuvor, 1888, war *Wilhelm II.* zum deutschen Kaiser und König von Preußen ausgerufen. – 20 Jahre danach, 1918, bot Königin Wilhelmina I. dem flüchtigen Deutschen Kaiser Wilhelm II. das Exil an. Wieviel Hektar Tannengrün dem ehemaligen Kaiser durch seine Holzhackaktionen im Park bei Haus Doorn zum Opfer fielen, ist nicht bekannt.

*

Am 1. April 1904 verstarb Gustav August Rosenkötter im Alter von 66 Jahren in Groningen. Die Todesanzeige zeigt die weit auseinander gelegenen Wohnorte dieser Familie: Groningen, Den Haag, Bielefeld, Essen und Berlin.

Adalbert (1845 - 1914)

Spätestens im Jahr 1858 wurde Adalbert im Annaburger Institut aufgenommen. Seine Tante Helene erkundigte sich Anfang und Mitte des Jahres 1859 danach, wie gut sich Adalbert in dem Institut führe und wann er denn aus dem Waisenhaus herauskäme.

120 Jahre zuvor, 1738, war diese Schule vom sächsischen König August III. in Dresden errichtet worden und 1762 zog sie als *Erziehungs-Anstalt für Soldaten-Knaben* in das Schloss Annaburg um. 1815 wurden auf dem Wiener Kongress die Grenzen in Europa neu festgelegt: Das Königreich Sachsen musste als einer der Verlierer der sogenannten Koalitionskriege den nördlichen Teil seines Staatsgebietes an das Königreich Preußen abtreten und so kam auch dieses Erziehungsinstitut in preußischen Besitz. Das Kriegs-Ministerium betrachtete das Annaburg-Institut *speziell als eine Pflanzschule zur Bildung kräftiger Unteroffiziere, die König und Vaterland lieben.* Aufnahme erhielten nur Militärsöhne in dem Alter von 10 bis 12 Jahren nachdem sie bereits die ersten Klassenstufen an einer öffentlichen oder kirchlichen Volksschule verbracht hatten. Die aufgenommenen Jungen durften höchstens bis zum 18. Lebensjahr bleiben.

Das alltägliche Leben in der Schule war militärisch streng geregelt. Man marschierte in Reih' und Glied. Turn- und Schwimmübungen förderten die *körperliche Gewandtheit und Kraft, Mut und Fröhlichkeit.* Selbst die Kleidung der Schüler war militärisch: *Die Sommerkleidung, aus grauer Leinwand, gestattete eine freie und leichte Bewegung; die Winterkleidung bestand in einer blauen Tuchjacke mit rotem Kragen, Achselklappen und Aufschlägen, einer grauen tuchenen Hose, roter Tuchweste und blauen Tuchmütze.*

Die Mahlzeiten wurden gemeinschaftlich in dem großen Speisesaal gehalten: Zum Frühstück gab es Suppe und Brot; zum Mittagessen Gemüse, wöchentlich fünfmal mit Fleisch oder Wurst, zuweilen auch Braten; zum Abendessen Butterbrot oder Kartoffeln und an kalten Tagen eine heiße Suppe.

*

Mitte Oktober 1859 war Adalbert Schüler der Tertia und seine Mutter fragte bei der Direktion des Militär-Knaben-Erziehungs-Instituts an, wann denn Adalbert konfirmiert werde und wie seine schulischen Leistungen aussähen. Jette machte sich offensichtlich Sorgen um den schulischen Erfolg ihres Sohnes und erwog zusätzlichen Privatunterricht. Konfirmation und schulischer Erfolg waren die Bedingung für die Aufnahme in den zweijährigen Kurs der *Selekta* für höchstens vierunddreißig Militärschüler oder Knaben-Unteroffiziere. Die Selekta war eine militärische Vorschule und vergleichbar mit der Sekunda einer Realschule 1. Ordnung – allerdings ohne den Unterricht in Fremdsprachen – und entsprach durchaus den Anforderungen der Gymnasien. Die erfolgreichen Absolventen der Selekta verfügten über die wissenschaftliche Befähigung für den einjährig-freiwilligen Heeresdienst.

Am 25. Oktober 1859 kam die Antwort an die verwitwete Frau Lieutenant Rosenkötter: Die Konfirmation wäre erst für Ende September 1860 vorgesehen, schrieb der Direktor.

Ob er dann in die Abteilung der Militärschüler wird aufgenommen werden können, wird erst zu Ostern kommenden Jahres durch Konferenzbeschluss der Lehrer und Erzieher entschieden, indem diese Aufnahme vorschriftsmäßig durch gute Führung, Fleiß und körperliche Kräftigkeit bedingt wird. Es wäre wohl fraglich, ob er allen Anforderungen genügen werde, aber *Privatunterricht zu erhalten, dazu liegt kein Grund vor, da er bei gutem Fleiße auch ohne denselben in der 3. Schulklasse, in die er eben gesetzt ist, fortkommen wird.* Sollte Adalbert aber nicht in die Selekta aufgenommen werden können, so müsste er *Ihnen jedenfalls zur weiteren Fürsorge zurückgegeben werden, ohne dass die unterzeichnete Direktion im Stande wäre, dann noch etwas für ihn zu tun.*«

Das Brief war von Major Carl Emil von Brauchitsch unterschrieben, der von 1847 bis 1865 das Institut in Annaburg leitete.

Adalbert wurde am 29. September 1860 in Annaburg vom Institutsprediger, der auch gleichzeitig Schulinspektor war, konfirmiert. 1861 begann er als einer von vierunddreißig Militärschülern die Selekta. Die Militärschüler wurden gezielt auf ihre zukünftige Verwendung in den niedrigen Dienströngen als Unteroffiziere, Feldwebel oder Feuerwerker vorbereitet. Sie beschäftigten sich mit Geschichte, Mathematik oder Naturwissenschaften. Ihre Bücher wären außerordentlich sauber gehalten und schön geschrieben, obgleich ihre Arbeiten gar keiner Kontrolle unterlägen, urteilte ein Besucher. Überall im Institut herrschte eine militärische Ordnung: Die Militärschüler waren auch Aufseher, Vorturner und Exerzier-Unteroffiziere. Nach dem Abschluss ihrer Ausbildung wurden sie direkt vom Heer übernommen. Die meisten Absolventen gingen aufgrund ihrer im Institut erworbenen Kenntnisse zur Artillerie; nur sehr wenige – wie Adalbert – entschieden sich für die Infanterie.

*

Seit 1850 war die Verpflichtung zu einer längeren als der gesetzlichen Dienstzeit für die Militärschüler aufgehoben. Albert trat am 1. Oktober 1863 den Dienst als Infanterist beim 5. Westfälischen Infanterie-Regiment Nr. 53 in Münster an.

Die Infanterie war in der 1831 fertiggestellten Aegidii-Kaserne im Zentrum der Stadt untergebracht. Adalbert kannte das wuchtige, dreistöckige Gebäude bereits gut; zumindest von außen. Vor der Kaserne Ecke Aegidiistraße, Rothenburg und Johannisstraße drehten sich früher zwei-, später dreimal im Jahr die bunten Karusselle des Send, wie der Jahrmarkt in Münster genannt wird. Hier amüsierten sich die Leute an den Schaubuden und am Getränkeausschank, hier fand das laute Treiben statt. Hier trafen Adalbert und seine Geschwister sich mit ihren Freunden und genossen das muntere Treiben. Leiser ging es auf dem Domplatz mit dem traditionellen Pott- und Krammarkt zu.

Hier in der Aegidii-Kaserne begann also Adalberts vierjährige Militärzeit. Die Ausrüstung der Infanteristen in der preußischen Armee war in den letzten Jahren modernisiert worden. Die Infanterie wurde mit sogenannten gezogenen Gewehren, den Zündnadel-Hinterladern, ausgestattet. Solche gezogenen Gewehrläufe waren mit spiralförmigen Nuten versehen, die die Gewehrkugel in Drehbewegung versetzten und so die Flugbahn stabilisierten.

Die Ausbildung der Infanteristen hatte sich ebenfalls verändert: Nicht mehr der harte Drill und das ewige Wiederholen von Bewegungsabläufen, wie Adalberts Vater Ludwig es noch erlebt hatte, standen im Vordergrund. In dem neuen Ausbildungssystem waren Gefechtsübungen und Scheibenschießen bedeutsam. Obwohl die neuen Hinterlader-Gewehre eine deutlich höhere Schussfolge zuließen – fünf bis sieben gezielte

Schüsse waren pro Minute möglich – wurden die Schützen dazu erzogen genau Buch zu führen, wieviel Schüsse sie brauchten, um ein Ziel zu treffen. Nicht eine hohe Schussfolge war erstrebenswert – die wurde als Munitionsverschwendung und Zeichen von geringer Ordnung gesehen – sondern der sparsame und effektive Umgang mit der Waffe war das Ziel.

Die lange Zeit vernachlässigte Berufsausbildung der Offiziere brachte man ebenfalls wieder auf einen hohen Stand. Insgesamt wurde also die Leistungsfähigkeit der Armee, der Soldaten und Offiziere, heraufgesetzt. Schon bald sollte das preußische Heer beweisen können, dass es besser ausgebildet war, als je zuvor.

*

Die Lage im äußersten Norden Deutschlands an der Grenze zu Dänemark spitzte sich erneut zu. Die zahlreichen Erzählungen, Ansprüche und Rechte, die sich auf die drei Herzogtümer Schleswig, Holstein und Lauenburg zwischen der Nord- und Ostsee bezogen, hatten teilweise bis ins Spätmittelalter zurückreichende Wurzeln und deren Status war zuletzt nach den kriegerischen Auseinandersetzungen 1848 bis 1851 durch einen völkerrechtlichen Vertrag, dem Londoner Protokoll von 1852, zwischen den europäischen Großmächten England, Frankreich, Russland, Preußen und Österreich sowie den skandinavischen Mächten Dänemark und Schweden geregelt worden. Damit waren aber die Begehrlichkeiten auf diese Gebiete nicht verschwunden: Nationalistische bürgerliche Kräfte erhoben offen ihre Forderungen, Fürsten versuchten Fakten zu schaffen und der preußische Ministerpräsident Bismarck zog im Hintergrund seine Fäden, um langfristig die Herzogtümer ins preußische Staatsgebiet einzugliedern, Kiel als Marinehafen auszubauen und letztlich einen Kanal zwischen Nord- und Ostsee zu bauen.

Die Intervention von Preußen und Österreich als europäische Mächte geschah auf der Grundlage internationaler Verträge, an die sich Dänemark nicht gehalten hatte. Die Mobilmachung erfolgte im Oktober und November 1863. Ende Dezember wurde Holstein durch Bundesexekutionstruppen besetzt. Und Adalbert war mittendrin.

*

Der Kommandeur des 5. Westfälischen Infanterie-Regiments Nr. 53, ordnete einen mehrtägigen Fußmarsch vom Standort Münster in den

Raum Herford an. Von dort wurde das Regiment mit der Eisenbahn nach Harburg transportiert. Dann folgten wieder Fußmärsche, die durch eisige Windböen, Schneefall und kniehohe Schneewehen erschwert wurden. Die Quartiere waren zudem schlecht und völlig überbelegt. Immer wieder wurde der Vormarsch verzögert, da die Materialwagen noch langsamer vorankamen als die Soldaten. Der Übergang über die Schlei bei Missunde wurde von den dänischen Truppen abgewehrt. Keinen Widerstand gab es aber bei Arnis und Kappeln am 6. Februar 1864. Die drei Truppenverbände zogen weiter Richtung Flensburg, ein mühsamer und beschwerlicher Marsch. Das 1. Korps, das General Prinz Friedrich Karl von Preußen befehligte, wurde in Nord-Angeln in Groß-Quern, Grundhof und Glücksburg einquartiert.

Die dänische Truppen, die die Verteidigung von Schleswig aufgegeben hatten, zogen sich nach Jütland beziehungsweise Sonderburg auf der Insel Alsen zurück und waren dort durch die stark ausgebauten Schanzen und Batterien bei Düppel gesichert. Auf dem Alsen-Sund und dem Wenningbund kreuzte das zu der Zeit modernste Kriegsschiff der Welt, das auch in sehr flachen Gewässern operieren und in die Kämpfe an Land eingreifen konnte: Die *Rolf Krake* war mit Eisenplatten vollständig gepanzert und hatte frei drehbare Geschütztürme. Das sehr flach gehaltene dänische Schiff konnte durchaus Schrecken verbreiten: Als *unheimliches Schiff* und *schwarzes Ungetüm* traumatisierte es manche Soldaten.

Ab dem 9. Februar 1864 bezogen preußische Truppen Stellungen auf einer Linie von dem Hauptquartier in Schloss Gravenstein, über Atzbüll, Ulderup nach Blans. Telegrafenämter wurde im Hauptquartier, den Alarm-Quartieren und Vorposten eingerichtet und eine Standleitung nach Berlin zum Büro des Ministerpräsidenten Otto von Bismarck aufgebaut. Bei Gammelmark, östlich von Broacker, brachte man Geschütze in Stellung und über den Wenningbund hinweg wurden die dänischen Stellungen vor den Düppeler Schanzen beschossen.

Die nächsten Tage und Wochen nutzte man für Erkundungen der Gegend vor den Schanzen. Anfang März eroberten die Preußen die hochgelegene Kirche in Satrup als Stellung und hier, auf dem linken Flügel, bezogen die Westfalen Quartier. Das Resultat der Erkundungen: Die Festung auf der anderen Seite des Alsen Sunds vor Sonderburg war ohne regelrechte Belagerung nicht zu nehmen und man brauchte durchschlagkräftige Festungsgeschütze, die man aber erst aus dem fernen Ruhrgebiet von der Firma Friedrich Krupp Gussstahlfabrik in Essen herbeiholen musste.

*

Adalbert berichtete von *den großen Strapazen des Winters mit seinen Alarm-Quartieren mit altem, beinahe verfaultem Stroh voller Ungeziefer; dem Vorpostenstehen am Alsen-Sund vor den Schanzen bei zwölf bis sechzehn Grad Kälte; den Patrouillen bis dicht vor die Schanzen; den Vorpostengefechten und den allgemeinen Entbehrungen.* Er schrieb: *Seit Anfang Februar hatten wir die Hosen nicht mehr vom Leibe gehabt und sie starrten vor Ungeziefer. Mein Unterzeug hatte ich schon Anfang März fortgeworfen und auch keins mehr, trotz der Kälte, angezogen.*

Eine Besserung war nicht in Sicht: *Unsere Geldbörsen waren reichlich gespickt, allein wir konnten das Geld nicht loswerden, da den Marketendern der Zutritt zum Kriegsschauplatz verboten war.*

Immer wieder gingen kleinere Abteilungen von Satrup aus auf Erkundung der Gegend um Sandberg, Ravenskoppel und Rackebüll. Daran beteiligt waren einzelne Kompanien des 53. Infanterie-Regiments. Ein besonderes Ereignis wurde auch fünfhundert Kilometer weiter südlich in Annaburg registriert.

Der Direktor des Annaburger Instituts, Oberstleutnant von Brauchitsch erschien beim Exerzieren der Schüler-Kompanien und teilte den Jungen mit, dass

der Musketier Adalbert Rosenkötter vom Infanterie-Regiment Nr. 53 wegen seiner im Gefecht bei Rackebüll bewiesenen Bravour in einem Alter von achtzehn Jahren zum Unteroffizier befördert worden sei. Es ist dies, fuhr er fort, *sowohl eine Auszeichnung für den Betreffenden selbst wie auch für das Institut, dem er noch bis vor kurzem als Militärschüler angehörte. Ich hoffe, dass Ihr Euch an dem Verhalten dieses braven Soldaten, der den meisten von Euch wohl noch in der Erinnerung geblieben sein wird, ein Beispiel nehmen werdet.*

Oberstleutnant von Brauchitzsch war bekanntlich kein besonderer Freund davon, wenn die Militärschüler, wie dies freilich meistens geschah, bei der Artillerie eintraten. Nach der im Institut erhaltenen Ausbildung hielt er den Eintritt bei der Infanterie für geeigneter. Seine Genugtuung, dass einer *seiner Infanteristen* nun ausgezeichnet worden war, war unüberhörbar.

Einem Mitschüler ging aber dies durch den Kopf:

Sieh da, der kleine Rosenkötter, den wir freilich noch recht gut kannten! Bei seinem Ausscheiden aus dem Institut vor einem Jahr erschien er etwas schwächlich für den anstrengenden Militärdienst und nun hatte er sich doch so tüchtig bewährt.

Es sollte für Adalbert noch besser kommen.

*

Adalbert hatte in seiner Kladde notiert:

Am 11. April fand der Probesturm statt unter Anwesenheit des Prinzen Friedrich Karl von Preußen, des Kronprinzen Friedrich von Preußen und der leitenden Generalität. Die Truppen, welche zum Sturm auf die Schanzen ausersehen waren, sollten vornehmlich darüber unterrichtet werden, wie der Sturm vor sich gehen sollte und die Hindernisse zu beseitigen seien.

Für jede Schanze war eine Sturmkolonne aus Infanterie, Pionieren und Artillerie vorgesehen. Den Pionieren oblag es, *die Hindernisse zu beseitigen beziehungsweise unschädlich zu machen.* Und sie sollten die Palisaden sprengen. Die eigentliche Sturmkolonne sollte, *ohne zu schießen, mit Hurrah vorgehen* und sich mit den Schützen und Pionieren vereinigen und die Schanzen gleichzeitig von allen Seiten erstiegen werden.

Dieser Probesturm verlief natürlich ganz programmmäßig zu aller Zufriedenheit, denn wir hatten ja gar keine Dänen gegen uns.

Es stellte sich aber heraus, dass die Lücken der Palisaden nicht groß genug waren, um gleichzeitig mehrere Mann durchzulassen.

Pulversäcke mit Explosionspatronen sollten zur Sprengung gebracht werden, was aber zu lange Zeit in Anspruch nahm. Es wurde daher eine lebendige Mauer gebildet, um die Übersteigung der Palisaden zu ermöglichen. Als gewandter Turner war ich als erster über die Palisaden und im Schanzengraben. Prinz Friedrich Karl, der dieses beobachtete, rief mich nach beendeter Übung zu sich heran und belobte mich, wies auf den nahe bevorstehenden Sturm hin und ermahnte zur Tapferkeit. Wie stolz ich über diese Ansprache war, ist begreiflich.

Dies war nun bereits das zweite Mal, dass Adalbert dem Oberbefehlshaber der preußischen Truppen aufgefallen war.

Die Hinzuziehung meines Bataillons zum Sturm in erster Linie und dazu noch auf die stärkste Schanze erfüllte uns alle mit großem Stolze, aber auch mit einer feierlichen Ruhe.

*

Fünfzig Jahre später schrieb Adalbert seine Erinnerungen:

Endlich am 16. April wurde uns mitgeteilt, dass der Sturm zwei Tage später vor sich gehen sollte. Von nun ab erhielten wir doppelte Ration und waren fast ohne Dienst. Am nächsten Tag war allgemeiner Gottesdienst beider Konfessionen mit Abendmahl und Messe. Kräftiger und inniger ist wohl selten in der Kirche gebetet worden: Wir hatten Abschluss mit dem Himmel gemacht.
Als Anzug war Waffenrock mit Mütze ohne Gepäck, aber umgehängten gerolltem Mantel vorgeschrieben. Im Brotbeutel war eine ausreichende Ration Brot, Speck und Kaffee verstaut. Die übrig gebliebene Zeit des Tages verbrachten wir mit Briefschreiben an die Lieben daheim, mit Abgabe von Wertgegenständen an den zur Bewachung des Gepäcks zurückbleibenden Sergeanten.
Der Abmarsch erfolgte in lautloser Stille. Um zwei Uhr morgens erreichten wir an der Büffelkoppel den Anfang der Laufgräben zu den Parallelen und empfingen Stroh zum Lagern auf dem durchweichten Boden. Kreuz und quer durch die Laufgräben und Parallelen erreichten wir kurz nach drei Uhr morgens unseren Bestimmungsort, die dritte Parallele.
Beim Anbruch der Dämmerung begann aus 118 schweren Geschützen eine Kanonade, wie ich sie nie gehört habe. Mit rasendem Schnellfeuer wurden Bomben und Granaten in die Schanzen geschleudert. Wir glaubten, das Trommelfell müsste uns platzen. Die Sonne ging klar und heiter auf und versprach einen sonnigen Tag. Auf dem Rücken liegend konnten wir die schweren Bomben steigen und fallen sehen.
Die Militärpfarrer gingen durch die Parallelen und erteilten die Absolution mit kurzen Worten. Alles kniete nieder und betete aus gläubigem Herzen

›Vater, ich rufe Dich‹. Der katholische Pfarrer Müller aus Münster sagte auf Plattdeutsch: ›Jungens, et geit fört Vaterland‹.
Der Hauptmann kommandierte: ›An die Gewehre‹.
Noch 5 Minuten.
Die Uhr ist abgelaufen, es ist zehn Uhr. Die Geschütze schweigen. Eine Rakete steigt gen Himmel, das Zeichen zum Sturm war gegeben.
Das Kommando ›Drauf!‹ erscholl.
Ein tausendfaches Hurrah ertönt auf allen Seiten. Kaum sind die ersten in Brusthöhe aus den Parallelen, so stürzen auch schon Tote und Verwundete zurück, von Blut überströmt. Sie wurden sofort von den bereitstehenden Krankenträgern nach hinten getragen und so dem Anblick entzogen. Uns war gar nicht behaglich zu Mute. Die bleiche Farbe war auf allen Gesichtern vorherrschend. Ein Mann meiner Korporalschaft weinte laut. Ich musste ihn sehr energisch zur Ruhe mahnen.
Alles vor mir ist im Lauf begriffen, ohne Einhalt der getroffenen Ordnung. Es gibt kein Halten mehr. Jeder kommandiert, die Tamboure schlagen wie wahnsinnig das Kalbfell und die Hornisten blasen; Hurrahrufe auf der ganzen Linie, Kartätschenschüsse prasseln in die Reihen, Gewehrkugeln pfeifen um unsere Köpfe. Rechts und links sieht man Kameraden fallen, mit schrecklichem Schreien um Hilfe rufend. Ein Blick auf sie und weiter vorwärts auf die nächste Schanze los.

So weit Adalberts Erinnerungen 1914. Direkt nach dem Sturm auf die Düppeler Schanzen wurden die Ereignisse ein bisschen anders erzählt.

*

Nach dem er nach dem erfolgreichen Sturm auf die Schanzen zwölf Stunden geschlafen hatte, schrieb der Unteroffizier Adalbert am Abend des 19. April 1864 aus seinem Quartier in Satrup einen Brief an seine Mutter in Elberfeld:

Geliebte Mutter!
Endlich kann ich Euch Sieg verkündigen! Die Schanzen sind in unsern Händen!
Vorgestern Abend kam der Befehl, dass wir des Nachts zwölf ein Viertel Uhr von hier aufbrechen sollten, um dann bei Tagesanbruch den Sturm zu beginnen. Wir marschierten also nach der Büffelkoppel, ruhten uns dort etwas aus und gingen dann weiter vor, durch die Unmassen von

Laufgräben und Gängen bis ungefähr 400 Schritt vor der Schanze Nr. 3, welche ganz auf dem rechten Flügel lag. Hier warteten wir bis des Morgens zehn Uhr, wo der Sturm beginnen sollte.

Aber diese Stunden waren lange, schreckliche Stunden. Fortwährender, furchtbarer Kanonendonner, und dann fortwährend der Gedanke, in einigen Stunden lebst du vielleicht nicht mehr, oder bist zum Krüppel geschossen.

Endlich war es ein Viertel vor zehn Uhr. Sämtliche Kanonen schwiegen. In demselben Moment stürmten auch die sämtlichen Kolonnen aus den Gräben hervor, wurden aber von einem furchtbaren Kugelregen überschüttet. Mancher stürzt schon beim ersten Schritte wieder zurück. Unser Bataillon verweilte noch einige Minuten in dem Graben. Wir hörten einen furchtbaren Lärm und Schmerzensgeschrei. Jetzt war unser Augenblick auch gekommen. Ich betete noch: ›Herr Gott, du bist unsre Zuflucht!‹

Wir stürmten über den Graben und rannten schnell vor. Mein bester Kamerad war neben mir. Kaum waren wir zwanzig Schritt gegangen, so stürzte mein Freund zu Boden und mit einem ›Ach Gott!‹ verschied er. Es war der Unteroffizier Gläser, auch ein Elberfelder. Ich rannte vorwärts, damit ich aus den Schüssen herauskam. Jetzt waren wir unten an dem Graben der Schanzen. Ich war aber so müde, dass ich in Ohnmacht hätte fallen wollen. Die anderen stürmten hinauf und vertrieben die Dänen mit Bajonett und Kolben. Ich konnte nicht mehr. Aber dennoch ging ich hinauf. Die Schanze war genommen, nun ging es zur größten, und wieder dasselbe Manöver, und binnen fünf Minuten prangte auch dort unsere Fahne. Es war ein furchtbarer Lärm. Hier stand ein General, den Degen hochhaltend: mir nach!, bald dort ein Offizier. Die Schanzen waren sämtlich schon um elf Uhr genommen.

Die Tränen standen mir vor Freude in den Augen, denn Gott hatte mich beschützt. Ich war vom Tode umfangen. Aber auch jetzt war die Gefahr noch nicht vorüber, denn die Kugeln pfiffen noch immer. Der General von Manstein stellte sich im größten Kugelregen auf die Schanze an der Fahne, hielt eine Rede und ließ den König hoch leben, worauf das Preußenlied gesungen wurde. Fortwährend wurden noch in unserer Schanze welche getötet durch die vielen Bomben und Granaten, welche uns ›Rolf Krake‹ herüberschickte. Nachmittags drei Uhr wurden wir abgelöst von den Schanzen. Alle waren sehr ermattet, denn wir hatten wahrlich einen sehr heißen Tag gehabt. Unser Bataillon hatte 100 Tote und Verwundete. 3.000 Dänen hatten wir gefangen.

*

Nach zwei Monaten Verhandlungen scheiterte in London die Konferenz über die Zukunft der drei Herzogtümer Schleswig, Holstein und Lauenburg. Zu gegensätzlich waren die Forderungen. Ende Juni errichteten preußische Truppen eine Pontonbrücke zwischen Satrupholz und Arnkiel und eroberten die Insel Alsen. Die Österreicher rückten zur gleichen Zeit nach Skagen vor. Drei Wochen später war die Krieg beendet und Dänemark verlor endgültig seinen Zugriff auf die Herzogtümer.

Ende Juli und Anfang August erfolgte der Rückmarsch der preußischen Truppen nach Kiel, wo man, wie Adalbert schrieb,

auf *ordentliche, warme Quartiere hoffte, um sich von den Strapazen auszuruhen. Die Märsche dorthin glichen wahren Triumphzügen. In den Ortschaften hatten sich die Lehrer mit den Schulkindern aufgestellt und empfingen die Soldaten mit dem Liede: ›Schleswig-Holstein meerumschlungen‹. In Schleswig und Eckernförde wurden sie von der Bürgerschaft – mit weiß gekleideten Jungfrauen an der Spitze – empfangen und in ihre Quartiere geleitet.*

Die Nachrichten vom Sieg *gingen mit Blitzesschnelle durch das Vaterland und lösten unendlichen Jubel und Begeisterung aus*, notierte Adalbert. Er hatte damit wohl die eigentliche Bedeutung dieser Ereignisse für die weitere politische Entwicklung in Preußen erfasst: Was als eine Intervention österreichischer und preußischer Truppen zur Wahrung internationaler Verträge begann, wandelte sich im Laufe der darauf folgenden Jahre in eine emotional höchst aufgeladene Stimmung eines Hurrah-Patriotismus, Nationalismus und Chauvinismus. Die Bedeutung des Sieges bei Düppel wurde immer mehr überhöht und schließlich umgewandelt als der erste von drei sogenannten *deutschen Einigungskriegen*.

*

Am 11. Dezember 1864 berichteten Korrespondenten aus Münster:

Bei dem freundlichem Sonnenschein eines milden Wintertages zog heute Nachmittag um 3 Uhr das 1. Bataillon des 53. Infanterie-Regiments mit klingendem Spiele in unsere Mauern ein, eingeholt von den städtischen

Behörden und dem Bürgerschützen-Korps. Es gewährte einen prächtigen Anblick, die Erstürmer von ›Schanze Vier‹, unter endlosem brausendem Hurrah, mit gespendeten Siegeskränzen um Helm und Gewehr, umdrängt von wogenden Menschenmassen, durch den schönen Triumphbogen einziehen zu sehen, der für die Feier des Einzuges am Servatiitor errichtet ist, durch dessen stattlichen Säulen schon 1816 nach den Befreiungskriegen die heimkehrenden Sieger einzogen. – Um 6 Uhr Abends hielt das 2. Bataillon, in selbiger Weise begrüßt und eingeholt, bei loderndem Fackelschein durch die illuminierten Straßen der Stadt Einzug. Der Prinzipalmarkt war durch ein herrliches elektrisches Licht fast so tageshell erleuchtet, dass der Mond vor dieser über eine Stunde leuchtenden künstlichen Sonne schier erbleichen musste. Unter den herrlichen Klängen der Preußenhymne, begleitet von endlosen Hurrahrufen, zogen die Düppelstürmer zum Schlossplatz, von wo die Bürger ihre braven Landsleute in die Quartiere begleiteten.

*

Ministerpräsident von Bismarck plante und verfolgte sein Ziel, Preußen als die entscheidende Macht in einem geeinten deutschen Bundesstaat zu etablieren, von langer Hand. Dabei galt es verschiedene Akteure zu beachten: Zunächst Österreich, das jahrhundertelang die Geschicke in Deutschland geregelt hatte, und die anderen europäischen Mächte Frankreich, England und Russland und dann die nord- und süddeutschen Fürstentümer und schließlich die nationalen, liberalen und freiheitlichen Belange des Bürgertums.

Bereits 1863 hatte Bismarck gegenüber russischen Gesprächspartnern seine Überlegungen dargestellt, dass Preußen möglicherweise einen Überraschungsangriff auf Österreich inszenieren könnte, ähnlich wie Friedrich II. im Jahr 1756. Drei Jahre später hatten die drei europäischen Mächte signalisiert, dass sie sich aus ganz unterschiedlichen Gründe aus einem solchen Konflikte heraushalten würden: England hatte genug mit seinem Empire zu tun; Frankreich glaubte, durch einen Sieg welcher Seite auch immer, gewinnen zu können; Russland war vollauf mit der eigenen Rückständigkeit seines Landes beschäftigt, die infolge des Krimkrieges offensichtlich wurde – zudem hatte Österreich eine zwielichtige Rolle während des Krim-Krieges gespielt.

Anfang April 1866 schlossen Preußen und Italien einen gegenseitigen, auf drei Monate begrenzten Beistandspakt für den Fall einer kriegerischen

Auseinandersetzung mit Österreich, das dann an zwei Fronten kämpfen müsste. Dem national-liberalem Bürgertum in Deutschland wurden demokratische Reformen signalisiert. Den süddeutschen Fürsten wurden ebenfalls Entgegenkommen in einem zukünftigen – kleindeutschen – Bundesstaat angeboten.

Die Zukunft der Herzogtümer Lauenburg, Holstein und Schleswig war nach wie vor nicht im Sinne Bismarcks geregelt. Der Einmarsch Preußens in Schleswig führte zu einer Reihe von Entscheidungen, an deren Ende die Kriegserklärungen Preußens und Italiens gegen Österreich standen.

*

Mit Beendigung der Mobilmachung wurde Adalberts Einheit, das Infanterie-Regiment Nr. 53, mit der Eisenbahn nach Minden befördert, um dann über die Grenze ins Königreich Hannover vorzudringen. Da sich aber die hannoversche Armee bereits in Göttingen mit dem Ziel Süddeutschland versammelt hatte, konnte von anderen preußischen Einheiten das Königreich Hannover widerstandslos eingenommen werden. Adalberts Einheit wurde nach Kassel umgeleitet. Am 24. Juni 1866 – nach anstrengenden Märschen und Eisenbahnfahrten – wurde die Stadt erreicht. Das Infanterie-Regiment wurde nach Eisenach und Gotha geschickt, um die preußischen Truppen bei Langensalza im Kampf gegen Hannover zu unterstützen. Obwohl die Hannoveraner am 27. Juni gesiegt hatten, mussten sie doch zweit Tage später kapitulieren, da ihr militärischer Nachschub nicht gesichert werden konnte.

Adalberts Regiment wurde nach Fulda beordert. Auf dem Weg dorthin kam es bei Salzungen und nahe Dermbach in Zella und Wiesenthal zu kleineren Gefechten zwischen preußischen und bayrischen Truppenverbänden. Die Quälerei nahm kein Ende: anstrengende Märsche, strömender Regen, enge Quartiere und mangelhafte Verpflegung. Dann gab es doch Jubel: Der Sieg preußischer Truppen über die Österreicher bei Königsgrätz in Böhmen begeisterte alle. Die Offiziere schworen nun ihre Soldaten auf einen Sieg über die bayrischen Truppen bei Kissingen ein.

*

1866 war Kissingen längst ein Treffpunkt des Hochadels und des Großbürgertums und wurde mit Baden-Baden oder Karlsbad gleichgestellt.

Im Verlauf der letzten fünf Jahre waren zum Beispiel das russische Zarenpaar Alexander II. und Marija Alexandrowna, Kaiser Franz Joseph I. und seine Frau Elisabeth von Österreich-Ungarn, der bayerische König Ludwig II. und weitere Fürsten, Grafen, Staatsmänner aus fast allen Staaten des Deutschen Bundes und Vertreter europäischer Herrscherhäuser als Gäste willkommen geheißen. König Georg V. von Hannover mit seiner Gemahlin Maria gehörten ebenfalls zu den regelmäßigen Gästen – nach 1866 allerdings nur, wenn der preußische Ministerpräsident Otto von Bismarck nicht anwesend war.

Im Laufe des Vormittags am 9. Juli 1866 berichteten einige geflohene Einwohner der umliegenden Dörfer, dass preußische Soldaten im Anmarsch auf den Kurort seien. Die Truppen hätten den Dörflern Lebensmittel, Getränke und Vieh weggenommen. Es dürfte nur ein, höchstens zwei Tage dauern, bis sie in Kissingen eintreffen würden.

Die Bürger und die Kurgäste wollten diesen Meldungen nicht Glauben schenken. Sicherlich, bayrische Militärverbände hatten seit einiger Zeit bei Kissingen Quartier bezogen und auch waren der Holzsteg über die Saale am Schweizerhaus demontiert, sowie die Holzplanken der beiden anderen eisernen Stege hinter den Arkaden und oberhalb der Lindesmühle herausgenommen worden. Die zentrale steinerne Brücke hatten sie verbarrikadiert und mit zahlreichen Kanonen gesichert. – Aber es gab doch eine Übereinkunft zwischen Österreich und Preußen, der zufolge alle Badeorte als neutrale Plätze galten. Unter den Kurgästen waren zudem viele Preußen. – Dennoch, vorsichtige Einwohner packten ihre Wertsachen und brachten sie an sichere Orte, Kaufleute lagerten ihre besseren Waren in den Kellergewölben ein.

*

Am Morgen des nächsten Tages, dem 10. Juli, eröffneten preußische Verbände vom Staffelberg oberhalb der Kissinger Vorstadt das Feuer auf die bayrischen Soldaten an der steinernen Brücke. Unter heftigem Artilleriefeuer gelang es dem preußischen Füsilierbataillon die Vorstadt zu nehmen. Der Übergang über die Brücke blieb aber verwehrt. Gegen Mittag gelang einigen preußischen Soldaten, den Steg bei der Lindesmühle wiederherzustellen: Sie nahmen Tische, Bänke und Türen der Villa Vay, legten sie als Balkenersatz über die noch stehen gebliebenen Stützen des Stegs. Nun mussten die Bayern ihre Geschütze von der steinernen Brücke abziehen, um die eindringenden Truppen bei der Mühle abzuwehren.

In der Folge konnte die Brücke von den Preußen erobert werden und es kam zu einem Häuserkampf entlang der Kurhausstraße. Mit besonderer Vehemenz wurde in und um den Kurgarten gekämpft.

*

1289 verwundete preußische und bayrische Soldaten wurden zunächst notdürftig unter den Arkaden vor dem Kurhaus erstversorgt. Zwei Tage später war in dem Konversationssaal des Kurhauses ein vorbildlich geregelter Lazarettbetrieb eingerichtet: Jeder Verwundete hatte ein sauberes Bett, und *es stand ein ebenso zahlreiches wie aufmerksames medizinisches, aber auch geistliches Pflegepersonal zur Verfügung.*

Zum ersten Mal trugen Sanitäter auf beiden Seiten der Kriegsparteien eine weiße Armbinde mit einem aufgenähten roten Kreuz. Sie galten als neutral, durften weder angegriffen werden noch sich selbst an Kampfhandlungen beteiligen. Möglich gemacht hatte dies die erste Genfer Konvention *betreffend die Linderung des Loses der im Felddienst verwundeten Militärpersonen*, die am 22. August 1864 von zunächst zwölf Staaten – darunter Preußen, Württemberg und das Großherzogtum Hessen – unterzeichnet worden war.

Bayern hatte keine Unterschrift gegeben, da das von Bayern damals noch nicht anerkannte Italien zu den Erstunterzeichnern gehörte. Als 1866 der Krieg vor der Tür stand, hatte man es mit dem Beitritt allerdings eilig. Gerade noch rechtzeitig wurde am 6. Juli 1866 die Zugehörigkeit Bayerns zum Kreis der Unterzeichnerstaaten bestätigt. – Österreich trat vierzehn Tage nach der Niederlage bei Königsgrätz der Konvention bei.

Mitte August wurde das Lazarett für die hundert noch zu versorgenden preußischen Soldaten in das Hotel Bayerischer Hof verlegt. Unter den verwundeten Soldaten befand sich auch Adalbert, der am 10. Juli von einer Bleikugel, abgeschossen aus einem modernen Präzisions gewehr vom System Podewils, getroffen worden war. Der Durchmesser des fast dreißig Gramm schweren Geschosses betrug exakt 13,6 Milli meter. Beim Aufprall verformten sich die Kugeln häufig und führten zu üblen Verletzungen: Adalbert wurde an der rechten Schulter schwer verletzt. Viele Wochen später entließ man ihn nach Hause. Die dicke Bleikugel bewahrte Adalbert als Andenken an seine aktive Soldatenzeit auf.

*

In den Wochen nach den heftigen Kämpfen im Kurgarten wurde in der Stadt und rund um Kissingen aufgeräumt: Kinder fanden in den Wäldern und den Gräben hunderte leere Patronenpäckchen, alle gezeichnet: *10 Zündnadel-Patronen à 29 Cent. Minden, den 26/10ten 1865. C Hülsen, S Spiegel.* Auch manche Kleidungsstücke wie Hüte, Handschuhe, Knöpfe und Quasten wurden gefunden. Und Hunderte Bleikugeln, die ihre eigentlichen Ziele verfehlt hatten: Um einen gegnerischen Soldaten außer Gefecht zu setzen, verschossen bayrische Schützen mehr als siebenhundert Patronen! Bayrische Infanteristen schossen schneller, hastiger und verfehlten ihre Ziele sehr viel häufiger, obwohl ihre Podewils-Gewehre als treffgenauer galten.

Im Kurort wurde eine Bestandsaufnahme der Schäden vorgenommen. Das Verzeichnis der durch Plünderungen, Raub, Erpressung verursachten Schäden an Möbeln, Kleidern, Lebensmitteln und Getränken aller Art und der durch Beschießung der Häuser entstandenen Schäden listet 194 Namen auf, vorwiegend Kaufleute, Bierbrauer, Weinwirte, Hoteliers aber auch Schneider oder Schuhmacher. Der Konditor Funkler machte einen Schaden von 1.315 Gulden geltend, Kaufmann Schöller 1.500, Schuhmacher Federlein 710, Goldarbeiter Regensburger 633, Schmiedemeister Behlert 64, der alte Privatier Hering 1.958, die Witwe Morck 1.612, die Magd Schricher 528, Bierbrauer Schmitt 2.799 Gulden. Der Posthalter Fuß hatte eine hohen Schaden vor allem durch die gestohlenen Pferde von insgesamt 11.099 Gulden und Hotelier Bernhard war mit 45.000 Gulden Schaden besonders schwer betroffen.

Die offizielle Zusammenstellung aller Forderungen sieht folgendermaßen aus:

Schaden an Mobilien:	*120.301 fl*
Schaden an Häusern:	*13.841 fl*
1. An Zwangs-Requisitionen an den Stadt-Magistrat an 10. und 11. Juli an Brot, Fleisch, Wein und Zigarren:	*5.700 fl*
2. Schaden an den Feldern in Folge militärischer Operationen:	*2.469 fl*
3. Requisitionen an Schlachtvieh, Hafer, Heu, Stroh bis 11. Juli:	*15.988 fl*
Summa:	*158.299 fl*
Requisitionen für die Lazarette zu Kissingen und Winkels vom 12. Juli ab mindestens:	*80.000 fl*

Die Stadt Kissingen berechnete den Gesamtschaden auf 238.299 Gulden. Zur Linderung der Not erhielt sie vom bayerischen Staat ein unverzinsliches Darlehen über 24.000 Gulden und 1872 eine abschließende Entschädigung von 30.000 Gulden.

*

Was waren die Ergebnisse dieser Kriege? Österreich war der große Verlierer und hatte faktisch keinerlei Entscheidungsmacht mehr in der gesamtdeutschen Politik. Venetien wurde an Italien abgetreten. Preußen erhielt die vollständigen Rechte an Schleswig und Holstein. Die bisher eigenständigen Bundesglieder Hannover, Nassau, Hessen-Kassel, die Freie Stadt Frankfurt und ein paar kleinere Gebiete wurden von Preußen in Besitz genommen. Auf diese Weise bekam Preußen zum ersten Mal einen direkten Zugang zu seinen Provinzen im Westen. Die Auflösung des Deutschen Bundes wurde anerkannt. Zur gleichen Zeit wurde ein Militärbündnis zwischen den süddeutschen Staaten und Preußen geschlossen, wobei der preußische König im Kriegsfall den Oberbefehl über die Armeen der Bündnispartner bekam.

Weder Österreich noch seine verbündeten süddeutschen Staaten werden diese kriegerischen Auseinandersetzungen als einen Einigungskrieg empfunden haben. Preußen hatte einmal mehr seine Machtinteressen durchgesetzt: das preußische Staatsgebiet erheblich vergrößert, den großen Gegenspieler Österreich ausgeschlossen, die süddeutschen Staaten ein bisschen enger an sich gebunden. Preußen war seinem Ziel, Deutschland als eigenständigen Staat unter seiner Führung zu etablieren, einen gewaltigen Schritt näher gekommen. Die Gründung des Norddeutschen Bundes 1867 als verlängerter Arm Preußens war der nächste Schritt.

*

Am 30. September 1867 schied Adalbert aus den Militärdienst aus. Bereits in den Monaten zuvor hatte Adalbert sich um eine Ausbildung zum Eisenbahn-Sekretär bemüht und schließlich bei der Königlichen Eisenbahndirektion der Bergisch-Märkischen Eisenbahn-Gesellschaft in Elberfeld eine Stelle angeboten bekommen. Seine Mutter war inzwischen von der Hochstraße 94 in Elberfeld auf die linke Seite der Wupper in die Südstraße 38 gezogen, wo zeitweilig fast die gesamte Familie wohnte.

*

Elberfeld war eine schnell wachsende Stadt: In der zweiten Hälfte des 19. Jahrhunderts nahm die Bevölkerung des Ortes jedes Jahrzehnt um

20.000 Einwohner zu und überschritt Mitte der 1880er Jahre die Grenze zur Großstadt mit einer Bevölkerung von über 100.000 Einwohnern. Bereits Mitte des 19. Jahrhunderts waren Elberfeld und Barmen die höchstindustrialisierten Städte Deutschlands, die in ihrer wirtschaftlichen Bedeutung spätere Wirtschaftszentren wie Köln, Düsseldorf oder die Emscherregion deutlich in den Schatten stellten.

*

Aber auch das preußische Rheinland und das Ruhrgebiet sahen einen wirtschaftlichen und sozialen Wandel unvorstellbaren Ausmaßes. In den 1850er und 60er Jahren explodierte die Kohleförderung nahezu. Neue Transportmittel wie die Eisenbahnen wurden benötigt, um die riesigen Mengen von Kohle und anderen Waren zu befördern und sorgten ihrerseits für eine enorme Nachfrage nach Eisen- und Stahlprodukten. Der Wirtschaftsboom wurde durch einen hoch liquiden Finanzmarkt begünstigt. Die preußische Regierung tat das ihre, um alle möglichen Formen der Gängelung der Märkte aufzuheben und den Handel zu erleichtern.

Preußen sah die Notwendigkeit der Vereinfachung von Handel und Warenverkehr durch gemeinsame Regulierungen auf der Bundesebene. Der Bund – ein Bundesstaat und kein Staatenbund – sollte neben den Fragen von Frieden und Krieg, Militär und Marine vor allem einheitliche Regeln für folgende Bereiche festlegen: Zoll und Handel; Ordnung des Maß-, Münz- und Gewichtssystems; Bankwesen; Erfindungspatente; Schutz des geistigen Eigentums; Bestimmungen über Freizügigkeit und Ansiedlung für Gewerbebetriebe; Schutz des deutschen Handels und konsularische Vertretung; Eisenbahnen, Schifffahrt, Post- und Telegrafenwesen; Zivilprozessordnung und Konkursverfahren.

*

Am 1. Oktober 1867 begann Adalbert seine Ausbildung zum Eisenbahn-Sekretär in Elberfeld. Bei den Eisenbahnen, wie überhaupt im Königreich Preußen, war es üblich, dass Berufseinsteiger ihre Laufbahn als Diätare anfingen. Sie bezogen ihr Gehalt monatlich, seltener tageweise, und sie hatten weder Anspruch auf Wohnungsgeld oder Umzugskosten noch auf ähnliche Leistungen. Ein solcher Dienstvertrag konnte jederzeit gekündigt werden. Die Ausbildung zum Sekretär wurde in der Regel mit der Beförderung nach drei Jahren abgeschlossen.

*

Das folgende Jahrzehnt war durch viele Familiennachrichten bestimmt. Trauer und Freude lagen eng beieinander: Im April 1869 starb die Mutter Jette, im Juli heiratete Lina. Im Dezember 1871 starb zunächst Oscars Frau Rosamunde und ein halbes Jahr darauf Oscar selbst. Es folgten vier Heiraten: Im Dezember 1873 heiratete Louise, im Mai 1874 Anna, im Juli Adalbert und im September Gustav Adolf. Bis zum Ende dieses Jahrzehnts wurden sieben Kinder geboren, von denen allerdings zwei nicht des erste Jahr überlebten.

1872 wurde Adalbert als ausgebildeter Eisenbahn-Betriebs-Sekretär zur Königlichen Eisenbahnkommission Düsseldorf versetzt. Die Stadt mit ihren rund 70.000 Einwohnern hatte zu der Zeit zwei Bahnhöfe mitten im Zentrum. Südlich der Königsallee gab es den Bergisch-Märkischen Durchgangsbahnhof und den Kopfbahnhof der Köln-Mindener Eisenbahn. 1877 kam ein dritter Bahnhof im Norden der Stadt, die dann bereits über 120.000 Einwohner zählte, hinzu: der Kopfbahnhof der Rheinischen Eisenbahn.

Die Linie der Bergisch-Märkischen Eisenbahn verband das rechtsrheinische Ufer bei Hamm mit dem linksrheinischen Eisenbahnnetz bei Neuss. Die Rheinbrücke war 1870 fertiggestellt worden; gerade noch rechtzeitig vor dem Krieg 1870/71 zwischen Deutschland und Frankreich. Bei der Planung der Brücke spielten nicht nur stadtplanerische und wirtschaftliche Gründe eine Rolle, es waren vor allem militärische Erwägungen, die den Ausschlag für den Bau der Überquerung bei Hamm gaben: Etwaige Kampfhandlungen konnten so aus dem städtischen Gebiet herausgehalten und, noch wichtiger, durch die Verbindung der beiden Eisenbahnnetze links und rechts des Rheins konnten Militärtransporte schneller und reibungsloser von Westfalen in die süddeutschen Staaten durchgeführt werden.

*

Die Festanstellung als Sekretär bei der Eisenbahn bedeutete für Adalbert auch eine langfristige Sicherheit seiner Einkünfte. Im Juli 1874 heiratete Adalbert die aus einem kleinen Ort an der Düssel bei Mettmann stammende Anna Benninghofen. Zu dieser Zeit wohnte Adalbert noch auf dem Kirchfelde gegenüber der katholischen Pfarrkirche Sankt Peter.

Hier standen zu jener Zeit nur ein paar Häuser. Danach zog das Paar in eine größere Wohnung am Fürstenwall. Groß genug für eine Familie: Der Zivilstand der Oberbürgermeisterei Düsseldorf vermeldete im Düsseldorfer Volksblatt, dass Sohn Emil im Mai 1875 geboren wurde und Sohn August im Juni 1876.

Adalbert engagierte sich außerberuflich im *Stenographischen Verband (System Stolze) für Rheinland und Westfalen*: Im Verbandsbureau war er Beisitzer für Düsseldorf. Der Verband hatte zu der Zeit fünfzig Vereine mit 806 Mitgliedern.

*

Insgesamt zwölf Jahre arbeitete und lebte Adalbert in Düsseldorf. Während dieser Zeit gab es gewaltige Veränderungen bei den Eisenbahnen in Deutschland. Obwohl preußische Beamte bei den Planungen der Bahnstrecken involviert waren und diese zum Teil maßgeblich vorantrieben, waren die Gründer und Inhaber der Eisenbahnunternehmen meist Privatpersonen: Bankiers, Kaufleute oder Unternehmer. Erst nach und nach erkannte auch die preußische Regierung die Bedeutung der Eisenbahnverbindungen und beteiligte sich an den Unternehmungen in einem immer umfänglicheren Maße.

Anfang des Jahres 1850 war noch kein einziger Kilometer Eisenbahnstrecke unter der Verwaltung des preußischen Staates. Dies änderte sich in den nächsten Jahren rapide: 1863, als Adalbert seine Arbeit bei der Elberfelder Bahn aufnahm, waren bereits knapp 3.000 Kilometer unter preußischer Staatsverwaltung. Bei Adalberts Wechsel nach Düsseldorf 1872 waren es schon mehr als 5.000 Kilometer und als er 1884 nach Dortmund ging, befanden sich weit über 10.000 Kilometer Eisenbahnstrecke in der Hand des Staates.

Anfangs hatte sich die preußische Regierung nur widerwillig an Eisenbahnprojekten finanziell beteiligt. Mitte der 1870er Jahre begründete Bismarck die Notwendigkeit der Verstaatlichung des privaten Eisenbahnnetzes und verglich deren fundamentale Bedeutung für Preußen und Deutschland insgesamt mit jener der Post und Telegrafie. 1880 wurden die Köln-Mindener und die Rheinische Eisenbahn vom preußischen Staat übernommen. Anfang April 1882 kam die Bergisch-Märkische Eisenbahn in Staatsbesitz.

Mit der Übernahme der privat geführten Eisenbahnen musste auch die Verwaltungsstruktur der übernommenen Eisenbahnen neu organisiert werden. Es wurden Eisenbahndirektionen mit einheitlicher Binnen-struktur geschaffen: Es gab eine Abteilung für das Etat- und Rechnungs-wesen, Justitiariat und die allgemeine Verwaltung, eine weitere Abteilung für die Betriebs- und Verkehrsverwaltung, eine dritte für die Bau- und Werkstättenverwaltung und eine vierte für die Leitung von Neubauten. Die Eisenbahndirektion Köln (rechtsrheinisch) war in mehrere Betriebs-ämter untergliedert.

*

Im März 1884 wurde Adalbert – offensichtlich im Vorgriff auf neue Betriebsstrukturen der preußischen Eisenbahnen – als *Eisenbahn-Kassen-Rendant* zum Betriebsamt Dortmund versetzt. Adalbert war verantwort-lich für die Rechnungsprüfung und Kassenführung der Betriebskasse des Amtes Dortmund, an der Ecke Hamburger und Holländische Straße, heute Gerichtsstraße. Er wurde unterstützt von einem Betriebs-Kassen-Buchhalter, vier Betriebs-Sekretären, einem Bureau-Aspiranten und einem Kassen-Diener.

Adalbert zog mit seiner Familie in das Haus Mühlenstraße 10, das sich gegenüber der Katholischen Kapellenschule und der Altkatholischen Kirche, auch Krimkapelle genannt, befand, außerhalb des Stadtwalls jenseits der Bahngleise zwischen dem Burgtor und dem Kuckelketor.

In Dortmund wurden zwei weitere Kinder geboren: Wilhelm im März 1887 und Hans im September 1893. Zwischen dem Erst- und dem Letzt-geborenen lagen also mehr als achtzehn Jahre, fast eine Generation.

*

In den Kreisen der Dortmunder Bürgerschaft, die etwas auf sich hielt, sprach es sich schnell herum, dass bei der Eisenbahn ein neuer Rendant seine Stelle angetreten hatte. Dortmund war eine Stadt mit rund 75.000 Einwohnern und wuchs jedes Jahr um rund zwei- bis dreitausend Bürger. Aber die Zahl der Honoratioren war durchaus überschaubar. Im Norden der Stadt, dort wo auch Adalbert wohnte, traf man sich bei dem Wirt Hermann Vogell am Burgtor. Vogell war stadtbekannt als Major der Kavallerie des Schützenbundes. Er hatte erst vor ein paar Jahren die Wirt-schaft übernommen und gründlich renoviert. In dem großen Schankraum war Platz für mehrere Stammtische. Die Eisenbahner vom nahe gelege-nen Bahnhof trafen sich ganz hinten im Lokal, in der Mitte hatten die

Bauunternehmer ihren Platz und gleich beim Eingang die örtlichen Händler und Handwerksmeister. Wer im nördlichen Stadtteil Dortmunds Rang und Namen hatte, wer über Bildung und Besitz verfügte, den konnte man bei Vogell mit Sicherheit antreffen. Auch Adalbert verkehrte hier: der Beamten-Verein hatte bei Vogell seinen regelmäßigen Treff und schon bald war Adalbert im Vorstand – bis zum Frühjahr 1890. Der Kassen- und Geschäftsbericht ergab, dass der Verein gute Erfolge erzielt hatte und die Spareinlagen hätten eine Höhe von etwa 5.000 Mark erreicht. Dem Rendanten Rosenkötter dankten die Mitglieder für die geleistete Arbeit und Adalbert schied aus dem Vorstand des Beamten-Vereins aus.

*

Es warteten neue Aufgaben: Die Dortmunder Zeitung berichtete, dass seit Januar 1891 die örtliche Bauabteilung des Dortmund-Ems-Kanals eine Kanal-Nebenkasse eingerichtet hätte. *Mit der Wahrnehmung der Kassengeschäfte ist der Eisenbahn-Betriebskassen-Rendant Herr Rosenkötter beauftragt. Der Sitz der Kasse ist im Geschäftsgebäude des hiesigen königlichen Eisenbahn-Betriebsamtes.* Solche Nebenkassen wurden zur Entlastung der Hauptkasse eingerichtet: geringfügige Geldbeträge wurden über die Nebenkasse abgewickelt und später gesammelt bei der zentralen Buchhaltung abgerechnet.

Der Kanal war zur Entlastung der Eisenbahn, die nicht mehr die gesamte Produktion des Ruhrgebiets transportieren konnte, notwendig geworden. Gleichzeitig benötigte die Stahlindustrie im östlichen Ruhrgebiet ausländische, vor allem schwedische Erze, die per Schiff über den neuen Kanal ins östliche Ruhrgebiet herangeschafft werden sollten. Vor allem der aus Emden stammende Direktor Ernst Schweckendieck der *Union, Aktiengesellschaft für Bergbau, Eisen- und Stahl-Industrie,* auch unter *Dortmunder Union* bekannt, trieb den Ausbau des Kanalnetzes voran. Bereits fünf Jahre zuvor war das Bauvorhaben mit einem Kostenvolumen von 80 Millionen Reichsmark beschlossen worden.

Nur sieben Jahre brauchten die 4.500 Arbeiter – darunter viele Polen, Italiener und Niederländer – bis zur Fertigstellung des Kanals einschließlich aller Schleusen und Hafenanlagen. Der Bruder des Hüttendirektors, Oberregierungsrat Carl Schweckendieck im preußischen Ministerium für öffentliche Arbeiten, war für die Planung und Durchführung aller damit verbundenen Arbeiten zuständig. Er organisierte auch die Eröffnungsfeier des Kanals am 11. August 1899 im Beisein des Kaisers Wilhelm II.

*

Gegen Ende des Jahres 1893 hielt der Wohltätigkeitsverein seine ordentliche Generalversammlung im Keggemannschen Lokal *Zum Drachen* in der Schwarze Brüderstraße ab. Es wurde die *überhandnehmende Bettelei* angesprochen und man kam überein, dass man die *verschämten Armen* aufsuchen wolle, um ihnen in ihrer Not zu helfen. Außerdem wurde verkündet, dass die Zeche Margarethe und die Harpener Bergbau-Gesellschaft dem Wohlfahrtsverein wieder Kohlen für die notleidende arme Bevölkerung geschenkt hätten.

Der Wohltätigkeitsverein unterhielt in Dortmund auch eine *Herberge zur Heimat*, eine Unterkunft für wandernde Handwerksgesellen und Bauhandwerker. Der evangelische Theologe Wichern hatte sich für diese *guten, preiswerten, christlichen Gasthäuser* eingesetzt. Seit 1882 war ein Neubau in der Kapellenstraße – bei der Kapellenschule – mit 28 Zimmern für wandernde und arbeitslose Handwerker eingerichtet worden. Als Lohn für zwei Stunden Brennholz spalten gab es in der Herberge zur Heimat drei warme Mahlzeiten am Tag und ein Bett zum Übernachten.

Vorsitzender des Wohltätigkeitsvereins war der Bürgermeister Arnold Arbecke; als weitere Vorstandsmitglieder wurden der Holzhändler Karl Fischer und der Oberbergamts-Sekretär Heinrich Tollknäpper wiedergewählt. Emil Borner, Kaufmann und Prokurist der Harpener Bergbau-Aktien-Gesellschaft, und der Rendant Adalbert Rosenkötter wurden als Rechnungsrevisoren gewählt.

*

Die Vorläufer von Vereinen haben wir bereits in Minden Anfang des 19. Jahrhunderts kennengelernt: die Freimaurerlogen und die Gesellschaft Ressource, der Journalzirkel oder die Westphälische Gesellschaft verfolgten eher aufklärerische Ziele wohingegen die Burschenschaften, die Sänger- und Turnerbewegung entschieden politische Wirksamkeit anstrebten und demokratische, nationalliberale bis nationalistische Ziele durchzusetzen versuchten.

Die preußische Regierung verfolgte sehr aufmerksam und mit Argwohn die verschiedenen Vereinstätigkeiten. 1794 hatte das Allgemeine Preußische Landrecht den Bürgern die Vereinigungs- und Versammlungsfreiheit wohl zugestanden, aber politische Tätigkeiten in den Vereinen verboten.

1850 wurde das Vereins- und Versammlungsrecht genauer geregelt: Alle Vereine standen unter Kontrolle der Staatsgewalt. Insbesondere die politischen Vereine brauchten eine Satzung und einen Vorstand. Minderjährige, Frauen und Ausländer durften in solchen Vereinen nicht tätig werden, nicht einmal an Sitzungen teilnehmen. Der Polizei mussten die Versammlungen vorher angezeigt werden. Diese Regeln galten grundsätzlich für alle Vereine. Jedoch wurden Arbeitervereine ganz anders beobachtet als konservative oder nationalistische Vereine.

Die Entwicklung zu einem Nationalstaat verlief in den deutschen Ländern anders als in den meisten europäischen Staaten, wo sich das Bürgertum als die entscheidende politische Kraft gegen den Adel durchsetzte. Liberale und demokratische Bürgerrechte waren eng mit der politischen Emanzipation des Bürgertums verbunden und galten für alle Staatsbürger. In Deutschland hingegen musste erst einmal eine staatliche Einheit hergestellt werden. Selbst nach dem Krieg gegen Frankreich 1870/71 waren die zahlreichen Vorbehalte in den süddeutschen Staaten nicht verschwunden. Aber auch in den Staaten des Norddeutschen Bundes einschließlich Preußens war das regionale Selbstbewusstsein oftmals stärker als ein nationales Verständnis.

*

Eine Möglichkeit, Einigkeit im Innern herzustellen, war die Fokussierung auf einen gemeinsamen äußeren Gegner. Mehrere Jahrhunderte hindurch wurde von der Türkengefahr gesprochen: Türkenpredigten und die Türkenglocke – das tägliche Mittagsläuten – erinnerten die eigene Bevölkerung beständig an diese Gefahr.

Im 19. Jahrhundert mussten die Franzosen die Rolle der Türken übernehmen und wurden zum ewig bösen Feind, zum Erbfeind, zum Satan gemacht. Dies gelang um so besser als man den konservativen Kräften das Schreckgespenst einer bürgerlichen Revolution, den liberal-demokratischen Teilen des Bürgertums und den Sozialdemokraten die Gefahr des Bonapartismus ausmalte.

Der entscheidende, gemeinsame Sieg der preußischen, bayerischen, württembergischen und sächsischen Truppen über die Franzosen gelang am 2. September 1870 bei Sedan. Fortan war dieser Tag der zentrale Gedenktag an die sogenannten Deutschen Einigungskriege.

Nach der Proklamation des preußischen Königs Wilhelm I. zum Deutschen Kaiser in Versailles am 18. Januar 1871 glich seine Rückreise Mitte

März einer Triumphfahrt. Ganz bewusst wurde der Vergleich mit der Rückkehr der Quadriga 1814 nach Berlin gezogen und damit an die sogenannten Befreiungskriege erinnert.

Der wichtigste Feiertag des Deutschen Reiches wurde aber der Geburtstag des Deutschen Kaisers. Ein preußischer König Wilhelm I. hätte bei weitem nicht den Zuspruch in Süddeutschland gefunden wie der Deutsche Kaiser Wilhelm I. Das Kaisertum konnte an die Sage von dem auf dem Kyffhäuserberg schlafenden Kaiser Friedrich I., genannt Barbarossa, anknüpfen, der eines Tages aufwachen und das Reich retten würde. Der Deutsche Kaiser stand für militärische Erfolge, war verbunden mit der Reichsgründung, dem Nationalstaat und dem Reichskanzler Otto von Bismarck. Preußen war eben nicht der Primus inter Pares.

Manche Kritiker erblickten in der Kaiserkrone nur eine andere Form der Pickelhaube, und sahen das künftige Deutsche Reich als Vollendung des preußischen Militärstaates, wo Zucht und Ordnung mit Gewalt durchgesetzt würden. Die Liebe zum Vaterland sei nichts anderes als die pietistische Überhöhung des preußischen Staates. Im katholischen Süddeutschland gewannen die Preußen nur wenig Freunde.

*

Nach dem Deutsch-Französischen Krieg, insbesondere nach dem Ende der Ära Bismarck 1890 wurden in deutschen Gemeinden und Städten Hunderte von Kaiser Wilhelm I.- und Bismarck-Denkmäler aufgestellt. Solche Denkmäler hatten natürlich eine Funktion: Sie sollten eine nationale Identität schaffen, den sozialen Zusammenhalt befördern und die Erinnerung an heldenhafte Taten festigen. Dies schien insbesondere im Ruhrgebiet mit seinem sehr hohen Bevölkerungswachstum und der unterschiedlichen regionalen und nationalen Herkunft seiner Bewohner von Nöten.

*

Das erste und älteste Kriegerdenkmal in Dortmund wurde auf Initiative eines Bürgerkomitees 1869 auf dem Königswall auf Höhe des Bahnhofs und der Femlinde errichtet. Der schlafende Löwe war zugleich ein Symbol des Friedens und – wenn man ihn denn wecken würde – der Kampfbereitschaft. Das Denkmal erinnerte an die im Krieg 1866 gestorbenen Soldaten.

1875 wurde ein weiteres Denkmal *Zur Ehre der im Feldzuge 1870/71 vom 3ten Westfälischen Infanterie-Regiment Nr. 16 gefallenen Krieger* ebenfalls auf dem Königswall in Höhe der Katharinenstraße aufgestellt. Auf der Vorderseite der Säule befand sich ein Bildnis Kaiser Wilhelms I. Ein Adler stand auf der Säulenspitze mit weit ausgebreiteten Schwingen.

Seit 1881 stand ein drittes Kriegerdenkmal vor der Städtischen Gewerbeschule auf dem Hohen Wall. Auch dieses Monument erinnerte an die im Krieg 1870/71 ums Leben gekommenen Soldaten und die Deutschen Kaiser Wilhelm I. und Friedrich III., den Reichskanzler von Bismarck und den Generalfeldmarschall von Moltke.

Diese Kriegerdenkmäler waren so bedeutsam, dass ihre Standorte in den Straßenplänen eingezeichnet waren und Ortsfremde den Weg zu ihnen fanden.

In den Jahren 1885/86 wurden zu Ehren von Bismarck und Kaiser Wilhelm I. auf dem Hohen Wall beziehungsweise auf dem Königswall Eichen gepflanzt. Bäume sind seit jeher Symbole von Langlebigkeit und Kraft. Laubbäume mit ihren sich jährlich erneuernden Blättern sind Symbole der Wiedergeburt und des Lebens. In der Eiche und dem Eichenlaub wurde ein Symbol der Treue gesehen und sie symbolisierte seit 1871 die deutsche Nation.

In den 1890er Jahren wurde Bismarck zum Ehrenbürger der Stadt Dortmund ernannt und im Kaiser-Wilhelm-Hain wurden drei Denkmäler aufgestellt: 1893 der Königin-Luise-Tempel, 1894 ein Denkmal für Kaiser Wilhelm I. und 1898 für Kaiser Friedrich III.

Bismarcktürme, Trutzburgen gleich, wurden bis zu Beginn des ersten Weltkrieges errichtet. Sie symbolisierten die aggressive Abwehrhaltung des Großbürgertums gegen die immer stärker werdende Sozialdemokratie und Gewerkschaftsbewegung, die das politische System des Kaiserreiches radikal in Frage stellten.

*

Mit der Zunahme von Krieger-, Kaiser- und Bismarck-Denkmälern in den Straßen und auf den Plätzen der Städte gegen Ende der 1890er Jahre wurden der Nationalismus, Patriotismus und die Sprache auf den Versammlungen der ehemaligen Kriegsteilnehmer immer pathetischer und schwülstiger.

Als Adalbert im März 1884 nach Dortmund kam, lud zur gleichen Zeit ein Komitee zu einer kameradschaftlichen Feier der zwanzigjährigen

Wiederkehr des Düppelstürmertages im Hotel *Römischer Kaiser* in der Brückstraße ein. Anmeldungen zur Veranstaltung nahm der *Herr Gruben-direktor Kleine entgegen. Die mit kriegerischen Emblemen künstlerisch ausge-statteten Speisekarten, die Fahnen Preußens, Schleswigs und Holsteins, die mit Orden geschmückte Brust der Anwesenden, zeigte den kriegerischen Geist des Festes*, berichtete die Dortmunder Zeitung.

*

Im Oktober 1887 traf sich der Beamten-Verein in Dortmund zu einer patriotische Nachfeier des Geburtstages *unseres allverehrten Kronprinzen* in dem schön dekorierten Vereinslokal Restaurant Vogell.

Herr Rendant Rosenkötter fesselte die Anwesenden durch einen längeren sehr interessanten Vortrag, in welchem er eine Parallele zog zwischen dem Tage der Schlacht von Leipzig (1813) und demjenigen von Sedan (1870). Der Redner gab eine geschichtliche Entwicklung unseres Staats-wesens, wie sich dieselbe während des zwischen den beiden gleich bedeu-tungsvollen Tagen abgespielt hat und erntete dadurch reichen Beifall.

Es folgten ein *Hoch auf die deutsche Armee*, das Absingen patriotischer Lieder, Erzählungen von größtenteils selbst erlebten Anekdoten aus dem Soldatenleben …. *Die Mitglieder trennten sich erst in vorgerückter Stunde mit dem Bewusstsein, eine nach jeder Richtung schöne Feier begangen zu haben.*
Ein Jahr darauf hielt der Beamten-Verein seine Generalversammlung ab und gedachte der *welterschütternden Ereignisse der letzten Monate, das Ableben der beiden Heldenkaiser, Wilhelm I. und Friedrich III.*, die kurz hinter-einander am 9. März beziehungsweise am 15. Juni 1888 gestorben waren. Adalbert brachte *ein Hoch auf den jetzt regierenden Kaiser Wilhelm II.* aus.
Man schloss mit dem Gesang der Nationalhymne – oder richtiger: der Kaiserhymne *Heil dir im Siegerkranz*. 1790 war dieses *Lied für den dänischen Untertan, an seines Königs Geburtstags zu singen in der Melodie des englischen Volksliedes ›God save George the King‹* in Flensburg veröffentlicht worden. Die Melodie wurde als Fürsten- oder Nationalhymne in Russland, Bay-ern, Liechtenstein, der Schweiz oder für das Lied *My Country, 'Tis of Thee* in den USA genutzt.

*

1888 war Adalbert bereits Mitglied im Kriegerverein *Die Düppelstürmer*. Man traf sich im Vereinslokal *Schwarzer Rabe* beim Gastwirt Mellmann zu einem Pfefferpotthastessen, dem Dortmunder Nationalgericht. Adalbert gedachte der Heerführer im 1864er Feldzuge und gab sodann eine *genaue Beschreibung der ewig denkwürdigen Waffentat, der Erstürmung der Düppeler Schanzen, die als uneinnehmbar galten.*

Für die 25. Jahresfeier 1889 musste einiges vorbereitet und geplant werden, um den *Tag des Andenkens an den glorreichen Sturm auf die Düppeler Schanzen in gebührender Weise festlich zu begehen.*

Ein halbes Jahr später gab es in Gelsenkirchen ein Treffen der 1864er-Krieger aus dem Ruhrgebiet. Adalbert berichtete über die *Bestrebungen zur Erzielung eines einheitlichen Festes in Dortmund.* Die Vereinigungen der Krieger von 1864 von Witten, Essen, Recklinghausen und Münster hätten sich bereits Dortmund angeschlossen. Außerdem sei *eine Fahrt nach den Schlachtfeldern für das Jahr 1889 geplant.*

Im Januar trafen sich die Düppelstürmer wieder im *Schwarzen Raben.*

Der Vorsitzende, Herr Eisenbahnsekretär Rosenkötter, berichtete von den inzwischen schon weiter fort geschrittenen Planungen der Gedenkfeier im nächsten Jahr: Die Karten für die Eisenbahnfahrt würden für *10 Mark hin und zurück* angeboten. *Möglich ist es, dass Ihre Majestäten, der Kaiser und die Kaiserin, an der Fahrt von Kiel aus auf der Jacht ›Hohenzollern‹ teilnehmen.*

Einen Monat später ist der Ablauf der Veranstaltung – nun doch nicht in Düppel, sondern in Dortmund – genau festgelegt: 10 Uhr Gottesdienst, 11 Uhr Frühschoppen, 12 Uhr 30 Abmarsch zum Kriegerdenkmal von 1864 und Niederlegung eines Kranzes für die Gefallenen mit Ansprache, 13 Uhr 30 Festessen, 16 Uhr großer Kommers mit Freibier, Stellung lebender Bilder, Deklamationen, Gesang-Vorträge.

Anfang März 1889 erlässt das Dortmunder Komitee zur Vereinigung der fünfundzwanzigsten Jubelfeier des Feldzuges von 1864 einen Aufruf:

Krieger von 1864! Am 18. April dieses Jahres werden 25 Jahre verflossen sein, als der Sturm auf die uneinnehmbar gehaltenen Düppeler Schanzen von unsern braven Westfalen und Brandenburgern siegreich und glänzend ausgeführt wurde. Düppel und Alsen, diese beiden Namen werden in der Armee und dem Volke unvergessen bleiben. ... Dass die Söhne beider Völker, Preußens und Dänemarks Krieger, welche auf jenen nordischen Höhen ihre erste Bluttaufe empfingen, dank der weisen Führung ihrer höchsten Leiter, heute feste, innige Bande der Freundschaft umschließen ist fürwahr die schönste Schleife des Lorbeers von 1864!

Im April berichtete die Zeitung von einer Düppelfeier, die ganz anders als geplant verlief:

Still und geräuschlos nach außen – Wenn die Bürgerschaft weniger von der Feier erfahren, so geschah dies, weil an höchster Stelle der Wunsch ausgesprochen worden, es möchte doch alles vermieden werden, was in Dänemark, mit welchem wir jetzt in freundschaftlichen Beziehungen stehen, irgendwie Anstoß erregen könnte.

*

Im Juli 1889 erschien folgende Anzeige in der Dortmunder Zeitung: *Die Kameraden aus den Feldzügen von 1848/49, 1864/66, 1870/71 werden behufs Gründung eines Kampfgenossenvereins auf Samstag, den 20. diesen Monats Abends 8 ½ Uhr im ›Schwarzen Raben‹ eingeladen. Legitimation: Militärpapiere. – Das provisorische Komitee.* Der Rendant Adalbert Rosenkötter war auch dabei: Er wurde Kassenprüfer des Kampfgenossenvereins.

*

Zwei Jahre später trafen sich die Veteranen *zur Erinnerung an den vor 25 Jahren siegreich durchgefochtenen Krieg des Jahres 1866* – wie immer – im Schwarzen Raben. *Alle Mitkämpfer des Jahres 1866 fordern wir zur Teilnahme auf und bitten, Orden und Ehrenzeichen anzulegen.* Der Sieg der Preußen über die Österreicher bei Königgrätz wurde gefeiert.

Herr Rendant Rosenkötter hielt es für eine Ehrenpflicht, die Gedanken der Versammelten eine kurze Weile in eine ernste, feierliche Stimmung zu versetzen und hinzuweisen auf die Kameraden, die zwar mit uns frisch und fröhlich hinausgezogen sind in das Feld der Ehre, aber nicht wieder heimkehrten, die ihr Herzblut für das Vaterland vergossen und in fremder Erde die Ruhe gefunden haben. ... Heimwärts schlug der sanfte Friedensmarsch. ... Wir allein wissen, was es heißt, im Kriege einen guten Kameraden zu besitzen. Die gemeinsamen Strapazen, Entbehrungen und Gefahren schlingen ein Band um alle Soldatenherzen, das nicht inniger gedacht werden kann. Sieht man dann in der Schlacht rechts und links die Kameraden blutend fallen, so reißt sich einem ein Stück vom Herzen los. Doch fort geht es. Kann dir die Hand nicht geben, bleib du im ewigen Leben, mein guter Kamerad! ... Der Gefallene ist in der Erfüllung der höchsten menschlichen Pflicht gefallen, unser Vaterland gedenkt ihrer für alle Zeiten in dankbarer Erinnerung.

*

Am Nachmittag um fünf Uhr am 27. Januar 1892 begann in der Aula des Gymnasiums die Feier des Geburtstags Kaiser Wilhelms II. Die Schüler und deren Angehörige hatten alle Plätze der Aula besetzt. Der Schülerchor sang den Psalm VIII *Unendlicher! Gott, unser Herr!* von Moses Mendelssohn. Es folgten abwechselnd Gesänge und Deklamationen. Der Obertertianer Emil Rosenkötter trug das Gedicht *Die Fahne der Einundsechziger* von Julius Wolff vor. Die Festrede hielt der Gymnasialdirektor Professor Dr. Weidner. Er zeichnete in markanten Zügen das Heranwachsen Preußens unter den Hohenzollern und schloss mit dem jubelnd aufgenommenen dreifachen Hoch auf den Kaiser.

*

Ende September 1892 erschien diese Kurzmeldung:

Einer unserer bekanntesten und beliebtesten Mitbürger, der Eisenbahn-Kassen-Rendant Herr A. Rosenkötter begeht heute das Fest seines 25jährigen Dienstjubiläums. Seine zahlreichen Freunde und speziell der Stammtisch ›Phönixhalle‹ werden es sich nehmen lassen, diesen Tag festlich zu begehen. Wie wir hören, stehen dem Jubilar seitens seiner vorgesetzten Behörde ganz besondere Auszeichnungen bevor.

*

Die Jubelfeier zum 350-jährigen Bestehen des Gymnasiums begann am 29. September 1893 in der Frühe mit einem Gottesdienst in der St. Reinoldi-Kirche. Die Hauptfeier fand in der Aula des Gymnasiums statt. Etliche Honoratioren waren gekommen, überbrachten ihre Glückwünsche und überreichten auch Orden. Der Gymnasialdirektor Weidner wies auf die Aufgabe aller Schulen hin:

Sie müssten dem heranwachsenden Geschlecht im Kampf der Geister und der Leidenschaften scharfes Rüstzeug geben: jene echte maßvolle Wissenschaftlichkeit, um den Kampf mit exzentrischen Weltanschauungen bestehen zu können. Dadurch erhielten die Schüler Achtung vor dem Erwerb geistlicher und sittlicher Güter und so lange die bestehe, sei der Kommunismus nicht möglich, denn man könne sie wohl erwerben, aber nicht teilen.

Hinter dem Kommunismus als exzentrischer Weltanschauung stand natürlich die *kulturfeindliche, vaterlandslose Gesinnung der Sozial-Demokratie,* die das *Frauenstimmrecht,* die *Volkserziehung,* die *freie Liebe,* den *Atheismus,* den *Marxistischen Staat* und anderes mehr wollten. Dies alles konnte man in den Zeitungen und manchen Büchern jener Zeit lesen.

Zum Abschluss sang der Chor *Mein Vaterland* und neben vielen anderen trug der Sekundaner August Rosenkötter das *Reichsliede* von Wilhelm Jordan vor. Es gab eine szenische Darstellung der Gründung des Gymnasiums, weitere Dankesreden und Gesänge: Es war eine erhebende Feier.

*

Am 18. April 1894 trafen sich die Düppelstürmer zum dreißigsten Jahrestag wie immer im Schwarzen Raben beim Pfefferpotthast. Der neue Saal war überfüllt, fünfzig Personen mehr als angemeldet waren anwesend. Während des Essens wurde ein Huldigungstelegramm an Seine Majestät den Kaiser gesandt.

Die Kapelle des Bochumer Kapellmeisters und Musikdirektors Franz Merkert spielte den *Düppeler Sturmmarsch* von Gottfried Piefke. Dann erhielt Oberst von Auer das Wort:

Der Sturm von Düppel bedeute das Morgenrot der glänzenden Sonne, welche sechseinhalb Jahre später über Deutschland aufgegangen sei. Düppel sei der Anfang der Ernte der Arbeit gewesen, die unser entschlafener Kaiser Wilhelm I. und seine Feldherren und Räte in so mancher schlaflosen Nacht geleistet hätten. Alle Triumphe … verdanken wir den Hohenzollernfürsten.

Die Nationalhymne wurde von der Merkertschen Kapelle intoniert und von den Anwesenden ehemaligen Kämpfern mitgesungen. Der Bergbauindustrielle und Stadtrat Eduard Kleine – seit 1887 auch Mitglied des Reichstages für die Nationalliberalen – wies darauf hin,

dass *der Feldzug von 1864 der Anfang gewesen sei derjenigen Kämpfe,
die notwendig gewesen, um durch Blut und Eisen das deutsche Volk zu
einigen, das einig Deutsche Reich zusammenzuschmieden. ... Jeder
Einzelne habe nicht nur Tapferkeit, sondern auch Pflichttreue an den Tag
gelegt.*

Der Rendant Adalbert Rosenkötter war der letzte Redner:

*Mit welchem Jubel nahmen wir die Kriegserklärung und die Mobil-
machung auf. Schon sahen wir uns im Kampfe und mit Orden und Ehrenzeichen geschmückt daraus hervorgehen. ... Die Träume unser Jugend
hatten sich verwirklicht; wir konnten kämpfen und siegen oder sterben ...
und es den Vätern von anno 1813 gleichtun. ... Die Taten von 1864 sind
mit goldenen Lettern in die Annalen der Geschichte eingegraben. ... Unseren Kindern wollen wir den rechten preußischen Soldatensinn einpflan-
zen zum Schutze von Kaiser und Reich und nicht diejenigen vergessen
..., die ihr Blut fürs Vaterland hingaben und den Heldentod starben.*

Der Redakteur schloss seinen Bericht von der Gedenkveranstaltung:
*Es wurde so manches schöne Wort geredet, so manches schöne Lied gesungen,
kurzum die Feier verlief in wirklich schöner Weise.*

*

Das Königliche Amtsgericht Dortmund vermeldet am 1. April 1895 eine
Änderung im Genossenschaftsregister bei Nr. 23, nämlich das Vorstands-
Mitglied des *Spar-, Darlehns- und Wirtschafts-Verbandes des Staatsbeamten-
Vereins* in Dortmund Adalbert Rosenkötter sei ausgeschieden. Einige
andere Vereine hatten im Laufe des vergangenen Jahres ihrem Kassenprüfer, Kassierer oder Beisitzer Rosenkötter ebenfalls Lebewohl gesagt
und ihm alles Gute in seiner neuen Heimat in Essen gewünscht.

*

Nach Abschluss der Verstaatlichung und dem Bau zahlreicher neuer
Strecken musste die Verwaltung der Preußischen Staatseisenbahnen 1895
erneut umorganisiert werden. Die Zahl der Eisenbahndirektionen wurden von elf auf zwanzig erhöht, gleichzeitig aber ihre Zuständigkeits-
bereiche verkleinert. Die Aufgaben der rechts- und linksrheinische Eisen-

bahndirektionen wurden gebündelt. Aus den ausgegliederten Bereichen entstand die *Königliche Eisenbahndirektion Essen*, die die Verwaltung für das Schienennetz im gesamten Ruhrgebiet bis nach Unna, Hagen und Elberfeld übernahm. In Essen wurde auch die Eisenbahnhauptkasse, für die Adalbert Rosenkötter verantwortlich zeichnen sollte, untergebracht.

Zum 1. April 1895 zog Adalbert mit seiner Familie in ein einzeln stehendes Haus in Rüttenscheid zweihundert Meter westlich der alten Bauerschaft Vöcklinghausen – jetzt Rosastraße 70. Bis zu seinem Arbeitsplatz im ehemaligen Eisenbahnbetriebsamt an der Bachstraße – heute steht dort der Hauptbahnhof – waren es ungefähr zwei Kilometer.

Im März 1898 konnte der repräsentative Bau der Eisenbahndirektion Essen nach nur drei Jahren Bauzeit bezogen werden. Nach drei Seiten hatte das mächtige Backsteingebäude imposante Giebel im Stil der Weserrenaissance und über zwei Etagen reichten die Fensterlaibungen. Ein Jahr nach der Eröffnung wurde auf dem Vorplatz ein Bismarck-Denkmal errichtet.

Anfang Januar 1901 wurde unter der Rubrik *Amtliche Nachrichten Berlin* in den Zeitungen vermeldet: *Seine Majestät der König haben Allergnädigst geruht: dem Eisenbahnsekretär Rosenkötter in Essen a.D.R. den Charakter als Rechnungsrat zu verleihen.* Der Rechnungsrat Rosenkötter war einer von zwei Kassierern der Hauptkasse, zuständig für die Betriebskassen-Rendantur. Sein Arbeitsplatz war am Stehpult im Zimmer 114 in der ersten Etage.

Über ihm stand der Hauptkassenrendant Handwerk, der zweite Kassierer war Rechnungsrat Berkenbusch. In der Abteilung gab es des weiteren vierzehn Eisenbahnsekretäre, acht Betriebssekretäre, einen Bureauassistenten, drei Bureaudiätare und zwei Kassendiener.

Der Rechnungsrat Rosenkötter wohnte zu dieser Zeit bereits in der Brunnenstraße 60, Ecke Emilienstraße nahe des Stadtgartens im Südviertel. Die Straße war erst vor wenigen Jahren projektiert und als Adalbert mit seiner Familie dort einzog, wohnte man noch am Standrand Essens. 1895 kam Adalbert in eine Stadt mit ungefähr 95.000 Einwohnern; rund 10.000 Einwohner weniger als Dortmund zur gleichen Zeit hatte. Innerhalb von zwanzig Jahren verdreifachte sich die Bevölkerung auf 320.000 Einwohner. Immer mehr Betriebe wurden gegründet oder errichteten hier ihre Zweigniederlassungen.

*

Adalbert engagierte sich auch in Essen in verschiedenen Vereinen: Er wurde als Kassierer des *Eisenbahner-Beamten- und Arbeitervereins* in Essen gewählt. Er war einer der Vorstandsmitglieder der *Spar- und Darlehens-kasse des Verbandes der Staatseisenbahnvereine im Direktionsbezirk Essen*. Mitte Februar 1912 fand im Gesellenheim unter Vorsitz des Rechnungs-rats Rosenkötter die Generalversammlung statt. Adalbert teilte mit:

Die Bilanz schließt mit 675.340,27 Mark.
Es wurden Darlehen bewilligt 221.245 Mark,
zurückgezahlt 130.465 Mark,
an Spareinlagen eingezahlt 182.944 Mark,
Bestand 146.719 Mark.
Die Geschäftsguthaben beziffern sich auf 3.739 Mark,
die Zinseinnahme betrug 14.144 Mark und
der Reingewinn beläuft sich auf 6.040 Mark.

Und so ging das mit den Zahlen immer weiter .... Der Rechnungsrat war in seinem Element.

*

Die Kinder von Adalbert folgten seinem Vorbild: Sie wurden ent-weder Diplom-Kaufmann oder Steuerberater, Bücherrevisor, Konkursver-walter, Syndikus, Treuhänder, Wirtschaftsprüfer ... Nur der Erstgeborene schlug eine andere Richtung, eine andere Zahlenwelt, ein: Er wurde Diplom-Ingenieur für Elektrotechnik.

*

Adalbert Rosenkötter war ein geachteter Mann und ein beliebter Vor-gesetzter. Die Mitarbeiter gestalteten eine achtseitige *Festschrift zur Feier des 50jährigen Dienstjubiläums des Königlichen Eisenbahn-Betriebs-Kassen-Rendanten Herrn Rechnungsrat Adalbert Rosenkötter am Samstag, den 11. Oktober 1913.*
Die Zeitungen im Lande meldeten, dass Kaiser Wilhelm II. eine Reihe von verdienten Mitbürgern Orden verliehen habe: Unter anderem an den Eisenbahn-Betriebskassen-Rendant und Rechnungsrat Rosen-kötter zu Essen an der Ruhr den Königlichen Kronenorden, dritter Klasse. Auch der *Minister für Handel, Gewerbe und öffentliche Arbeiten*

Reinhold von Sydow zeichnete den Jubilar mit einem Erinnerungszeichen der preußischen Eisenbahnen aus. Ausgezeichnet wurden Bahnbeamte nach vollendeten und vorwurfsfreien 25 beziehungsweise 40 Dienstjahren, wobei die Militärzeit bei der Berechnung berücksichtigt wurde. Da es kein Abzeichen zum 50-jährigen Jubiläum gab, musste Adalbert mit der Zahl 40 vorlieb nehmen.

Auf einem Foto sieht man Adalbert im schwarzen Anzug und Weste mit weißem Hemd und weißer Fliege. Auch seine wenigen Haare sind weiß, legen sich wie ein Kranz um seine Glatze. Er hat einen weißen, leicht ausgedünnten Vollbart, wie es zu der Zeit Mode war. Die Augen sind direkt auf den Betrachter gerichtet. Er scheint selbstbewusst, durchsetzungsfähig.

Adalbert trägt alle Orden und Auszeichnungen, die er als Soldat und Eisenbahnbeamter bekommen hatte, auf seiner linken Brust: Ganz oben den Königlichen Kronenorden 3. Klasse. Daneben die Kriegsgedenkmünze, darunter den Roten Adler Orden 4. Klasse, das Alsenkreuz, das Düppelkreuz, die Kriegsverdienstmedaille und neben diesen Kriegsauszeichnungen das Erinnerungszeichen der preußischen Eisenbahnen.

*

Adalbert blieb auch in Essen dem Dortmunder Kriegerverein *Die Düppelstürmer* verbunden. Als sich der fünfzigste Jahrestag der Erstürmung der Düppeler Schanzen näherte, schrieb Adalbert für den *Rheinisch-Westfälischen Anzeiger* seine ausführlichen *Erinnerungen eines Düppelstürmers*, die – so der Herausgeber –

mit gewissenhafter Treue des Gedächtnisses, mit einer Unmittelbarkeit und Lebhaftigkeit der Empfindung niedergeschrieben worden sind, dass man fast glauben möchte, die Ereignisse hätten sich erst vor ein paar Tagen abgespielt, und die gleichzeitig von der jugendlichen Frische der Auffassung und der bemerkenswerten Schilderungskraft des Verfassers Zeugnis ablegen.

Zum Schluss seiner Schilderungen schrieb Adalbert: *Ich bin jetzt am Ende mit meiner Erinnerung an den Düppeler Sturm. Alle diejenigen aber, die diesen großen Tag mitgemacht haben, können stolz darauf sein und sich freuen, das goldene Jubiläum am 18. April 1914 mitfeiern zu können.*

*

Adalbert erlebte diesen Tag nicht mehr. Am Morgen hatte er noch einen Artikel *Über die Ernährung der Truppen 1864* zu schreiben begonnen, an dem man merkt, wie seine Kraft versagte und er zu schreiben aufhörte. Er starb am Nachmittag des 25. März 1914 an einer Herzlähmung.

Der Trauerzug, der von der Matrosen-Jugendabteilung des Arbeiter- und Beamtenvereins und der Kapelle des 53. Infanterie-Regiments aus Köln angeführt wurde, bewegte sich von der Rosastraße 70 zum Ostfriedhof. Dem Sarg folgten viele Kollegen der Eisenbahndirektion, ein Vertreter des Rats der Stadt Essen und der Landwehr, sowie eine Reihe ergrauter Veteranen nahmen Abschied von einer *hervorragenden Persönlichkeit*. Die Militärkapelle spielte als Trauermarsch das alte Soldatenlied *Ich habe einen Kameraden*.

August (1876 - 1958)

August war fleißig und strebsam. Auch wenn er die Schule bereits nach der 10. Klasse mit dem Abschluss der Mittleren Reife verließ. Jede Station seiner Berufslaufbahn eröffnete neue Perspektiven, ließen ihn die Erfolgsleiter weiter hinaufsteigen. Die gesellschaftliche Anerkennung wuchs – aber auch die Fallhöhe.

*

August, im Juni 1876 geboren, besuchte zwei Jahre die Städtische Volksschule im Düsseldorfer Ortsteil Friedrichstadt, dann zwei Jahre die evangelische Reinoldi-Volksschule im Zentrum Dortmunds. 1893 verließ er das städtische Gymnasium mit der mittleren Reife, dem sogenannten Einjährigen-Zeugnis, das zur Ableistung eines auf ein Jahr verkürzten Militärdienstes als Freiwilliger berechtigte. Das Militär hielt aber August ohnehin für zu klein – um einen Zentimeter verpasste er das Musterungs-maß von 1,57 m – und so er konnte sich auf seine Berufsausbildung kon-zentrieren.

August begann eine dreijährige Lehre als Kaufmann bei der Firma *Fs. ten Brink* in der Limbeckerstraße mitten in der Essener Altstadt. Das Spezialhaus für Geschenkartikel vertrieb Galanterie-, Luxus- und Haus-haltswaren. Dort konnte man über den Gold-Zahnstocher im Elfenbein-gehäuse und das handgefertigte Lederzigarren-Etui auch Gläser, Lampen, Porzellan oder Spielwaren bekommen. Passende Glückwunsch-, Gruß- und Postkarten wurden im firmeneigenen Verlag gedruckt. Der umtriebige Kaufmann Konrad ten Brink sowie Fidelis und Franz ten Brink führten gemeinsam das Geschäft. In Augusts Entlassungszeugnis Ende Dezem-ber 1897 steht, dass *Herr Rosenkötter zuletzt mit dem Verkehr mit der hiesigen Reichsbank betraut war.* Ein ordentlicher Kaufmann muss mit Geld – auch großen Summen – umgehen können.

*

Als August hörte, dass in Leipzig die erste deutsche Handelshochschule im April 1898 ihren Betrieb aufnehmen würde, war für ihn klar, dass er dort seine Kenntnisse erweitern wollte. Er belegte verschiedene kaufmännische Kurse, auch in englischer und französischer Sprache.

Einen Monat nach Eröffnung der Hochschule wurde von zehn Studenten, unter ihnen August, der *Akademische Verein Hammonia* mit dem *Zweck der fachwissenschaftlichen Bildung und Geselligkeit* gegründet. Die Burschenschafter traf sich zum Eröffnungskommers in ihrem späteren Stammlokal, der Gastwirtschaft *Bauhütte* in der Schulstraße. Die Hammonia gehörte zu den sogenannten schlagenden Verbindungen: Ihre Mitglieder übten sich im Zweikampf mit Degen oder Säbel: ein Männerbund.

*

Waren es seine Studienkollegen, die Unterrichtsinhalte, die weite Entfernung von Essen oder die sächsische Umgebung? – August fühlte sich in Leipzig offensichtlich nicht wohl. Denn schon nach einem halben Jahr verließ er Sachsen und schrieb sich im Herbst in der ebenfalls erst 1898 gegründeten akademischen Bildungsstätte für Kaufleute in Aachen mit dem Namen *Zweijähriger Kursus für Handelswissenschaften* als Student ein. An deren Gründung waren die Handelskammer – repräsentiert durch Tuchfabrikanten und Kommerzienrat Carl Delius –, Vertreter der örtlichen Feuerversicherung sowie der *Aachener Verein zur Beförderung der Arbeitsamkeit* beteiligt. Die handelswissenschaftliche Fachausbildung sollte *angehenden Kaufleuten das nötige wissenschaftliche Rüstzeug für ihren praktischen Beruf* geben und richtete sich vor allem an *angehende Leiter großer Handels- und Industrieunternehmen*. In Aachen wurden nach dem Lehrplan fast die gleichen Veranstaltungen wie in Leipzig angeboten. Den Studenten der kaufmännischen Richtung wurden unter anderem folgende Inhalte unterbreitet: Wechselrecht, Statistik, Bank- und Börsenwesen, Konkursrecht, Wirtschaftsgeographie sowie Übungen in Buchhaltung und Handelsrecht. – August schloss nach drei Semestern im März 1900 seine Ausbildung *mit großem Fleiß und vorzüglichem Erfolg* ab.

*

Seine erste Stellung trat August Anfang April 1900 beim *Rheinisch-Westfälischen Kohlen-Syndikat* in Essen an. Die Stadt hatte sich 1893 im Wettstreit mit anderen Ruhrgebietsstädten um den Sitz des neugegründeten Kohlensyndikats durchgesetzt. Essen machte ein Angebot, das man nicht zurückweisen konnte: Die Stadt bot einen repräsentativen Neubau nach den Wünschen des Syndikats, fertiggestellt innerhalb eines Jahres auf einem Grundstück in zentraler Lage zwischen Bahnhof und Kreishaus und das alles auf Kosten der Stadt Essen.

Das Kohlensyndikat war gegründet worden, um den Verkauf der verschiedenen Kohlensorten – Steinkohle, Koks und Brikett – des niederrheinisch-westfälischen Kohlenbezirks zu bündeln. Die Zielsetzung war, für die Zukunft den *ungesunden Wettbewerb auf dem Kohlenmarkt* – eine zu hohe Fördermenge führte zu sinkenden Preisen der Kohle – zu vermeiden. Langfristig sollte nicht nur der Verkaufspreis, sondern auch die Fördermenge zentral geregelt werden.

Das *Fachblatt der leitenden Männer in Handel und Industrie*, die Halbmonatsschrift *Organisation,* hatte 1898 verkündet: Klare und straffe Organisation wäre das Geheimnis erfolgreicher Geschäfte. Je besser durchorganisiert solche Kartelle wären, desto erfolgreicher – sowohl kommerziell als auch finanziell – würden sie. Und das Kohlensyndikat war äußerst erfolgreich und galt schon bald als ein Muster an Organisationskunst und weltweit als ein Idealkartell.

*

Hinter dem Erfolg des Kohlensyndikats stand einer der ersten bedeutenden angestellten Ruhrindustriellen, der Manager Emil Kirdorf, der eine kaufmännische Lehre absolviert hatte, dann in dem Hamburger Übersee-Handelshaus Eduard Richter als Volontär arbeitete, 1871 Buchhalter der arg herunter gewirtschafteten Kohlenzeche *Holland* in Wattenscheid wurde und sie erfolgreich sanierte. Zwei Jahre später wurde er als kaufmännischer Direktor der gerade gegründeten *Gelsenkirchener Bergwerks-AG*, die auch im Besitz der Zeche Holland war, angestellt. Kirdorf – inzwischen zum Generaldirektor aufgestiegen – gehörte zu den Initiatoren des Rheinisch-Westfälischen Kohlensyndikats und blieb über dreißig Jahre dessen Vorsitzender.

*

Kirdorf war nicht nur ein bedeutsamer Wirtschaftslenker, sondern er verfolgte auch politische Ziele. 1890 erschien in einigen deutschen Zeitungen der Aufruf *Deutschland, wach' auf!* gegen den *Vertrag zwischen dem Deutschen Reich und dem Vereinigten Königreich über die Kolonien und Helgoland.* Dieser Vertrag regelte einige Grenzstreitigkeiten zwischen England und dem Deutschen Reich in den Kolonien und die Übergabe der Insel Helgoland an Preußen. Helgoland hatte militärstrategische Bedeutung bekommen, lag die Insel doch gewissermaßen direkt vor der Einfahrt des im Bau befindlichen Nord-Ostsee-Kanals. Dort wollte aber die deutsche Regierung keinesfalls das englische Militär haben.

Der Aufruf fand Widerhall in den äußerst rechten rassistischen und nationalistischen Kreisen. Der Herausgeber der Rheinisch-Westfälischen Zeitung, Reismann-Grone – 1933-37 Essener Oberbürgermeister für die NSDAP – und Alfred Hugenberg, Montan-, Rüstungs- und Medienunternehmer, gründeten 1891 den Vorläufer des *Alldeutschen Verbandes.* Emil Kirdorf war ebenfalls Gründungsmitglied. Der Verband radikalisierte sich zunehmend und nahm in vielerlei Hinsicht die expansionistische, antisemitische und großdeutsche Politik der Nazis vorweg.

*

In der Frau-Berta-Krupp-Straße gegenüber dem Krupp'schen Friedhof befand sich Bürogebäude des Kohlensyndikats. Um die Jahrhundertwende, als auch August seine Arbeit dort aufnahm, waren um die einhundert Angestellte in der Verwaltung des Syndikats beschäftigt. August war als *Expedient* eingestellt worden: Als kaufmännischer Angestellter war er für die Zusammenstellung der Touren zuständig, suchte die günstigsten Transportmittel und -wege heraus und kümmerte sich um alle notwendigen Papiere und Genehmigungen. Außerdem oblag ihm das Kassen- und Rechnungswesen, das Führen von Verzeichnissen und Übersichten und die Aktenverwaltung.

*

In Essen gab es, wie in anderen Städten, einen kaufmännischen Verein, dessen Haupttätigkeit die Vermittlung von Stellen und die Gewährung von Unterstützungen bei Stellenlosigkeit war. Solche Vereine sorgten auch für ihre Mitglieder in Notfällen durch die Errichtung von Kranken-, Witwen- und Pensionskassen.

In diesem Verein lernte August die achtzehnjährige Martha Kusserow kennen und schon wenig später, im April 1902, verlobten sich die beiden. Die Trauung wurde drei Jahre danach in der Essener Paulus-Kirche durch Pastor Karl Klingemann vollzogen.

*

Karl Klingemann war ein Sohn des Sekretärs der Königlich Hannoverschen Gesandtschaft in London und seit 1891 Pfarrer der Essener Altstadtkirche. Neun Jahre später wurde er der erste Superintendent des neu geschaffenen Kirchenkreises Essen.

Klingemann gehörte zu den *aggressivsten Exponenten in der nationalistisch-monarchistischen Hauptrichtung der evangelischen Pfarrerschaft vor 1933.* 1900 trat er als Redner auf einer Kundgebung des *Alldeutschen Verbandes* am Niederwalddenkmal bei Rüdesheim auf. Aus dieser Zeit rührte eine enge Freundschaft mit dem späteren Vorsitzenden des Alldeutschen Verbands, Heinrich Claß. Klingemann wurde 1908 Stellvertreter von Claß als Vorsitzenden des Alldeutschen Verbands. *Im Vorstand bearbeitete er speziell die Ressorts Englandfragen, Kultur und Grenzland-Deutschtum.*

*

Von Ostern 1902 bis Weihnachten 1904 erteilte der Buchhalter August Rosenkötter nebenberuflich an der Essener Handelsschule, einer kaufmännischen Fortbildungsschule, Unterricht in Buchführung und Handelslehre. Für die Handelsschule verfasste August das Unterrichtsbuch *Darstellung eines Geschäftsganges.*

Das Ziel eines einheitlich geregelten Geschäftsgangs ist die Nachvollziehbarkeit von Stand und Entwicklung der Bearbeitung. Zu dem Verlauf gehören in der Regel Eingang, Registrierung, Vergabe eines Aktenzeichens, Bearbeitung, Ausgang und Ablage. Solche genauen Vorgaben führen zu einer Transparenz und Nachvollziehbarkeit der Handlungsabläufe innerhalb der Verwaltung. Das Lehrbuch erschien in mehreren Auflagen.

In dem Vorstand der Handelsschule saß auch der Chemiker und Unternehmer Dr. Karl Goldschmidt, Mitinhaber einer chemischen Fabrik in Essen. Auf seine Initiative hin wurden ab 1907 – erstmals in Deutschland – für Angestellte verschiedener Essener Betriebe berufsbegleitende Fortbildungen angeboten, die *Akademische Kurse für Handelswissenschaften und Allgemeine Fortbildung.* Goldschmidt gewann August für den Unterricht im Kurs *Fortbildung der jungen Kaufleute*, den er nebenberuflich bis 1921 anbot. Diese Akademischen Kurse wurden von der Stadt Essen und der *Industrie- und Handelskammer* weitergeführt und dienten als Vorlage für die nach dem Ersten Weltkrieg entstandenen privatrechtlichen Bildungseinrichtungen, den *Verwaltungs- und Wirtschaftsakademien*.

*

Zuvor hatte August seine Berufserfahrungen in einem Artikel über *Die Organisation des rheinisch-westfälischen Kohlensyndikats* zusammengefasst, der 1904 in dem Fachblatt *Organisation* veröffentlicht wurde. Dieser Artikel und Augusts außerberufliches Engagement in der Fortbildung hatten die Aufmerksamkeit des Vorsitzenden des Kohlensyndikats, Emil Kirdorf geweckt: August wurde Mitte März 1904 zum Vorsteher der Buchhaltung des Syndikats befördert.

Hier hatte er auch Gelegenheit, seine erste Bücherrevision zu machen und zwar bei der *Westfälischen Transport Aktiengesellschaft* in Dortmund. Das Unternehmen war auf Initiative von Ernst Schweckendieck, dem Direktor der Stahlwerke *AG Union Dortmund*, gegründet worden. Die *WTAG* besaß zu der Zeit 56 Binnenschiffe, die die Kohle des östlichen Ruhrgebiets auf dem Dortmund-Ems-Kanal zum Seehafen Emden transportierten und auf der Rückfahrt Eisenerz beförderten. Die *WTAG* befand sich mehrheitlich im Besitz des Kohlensyndikats. Der Buchhalter Rosenkötter erwarb sich *besondere Anerkennung durch das Auffinden eines Fehlers, der beim firmeneigenen Jahresabschluss der WTAG gemacht worden war.*

*

Augusts Fähigkeiten als Buchhalter sprachen sich herum: Ihm wurde ein Posten als Prokurist bei der Zeche *Consolidation Bergwerks-Aktien-Gesellschaft* angeboten. August kündigte beim *Rheinisch-Westfälischen Kohlen-Syndikat* und trat Ende September 1909 als *Geschäftsbevollmächtigter* bei der *Consol*, wie die Zeche kurz genannt wurde, an. Ihm unterstand hier die Kasse und die Buchhaltung, sowie die Bearbeitung von Verwaltungsangelegenheiten und Bergschäden. Drei Jahre, bis Ende Dezember 1912, arbeitete er *auf Schalke*.

*

Mitte des 19. Jahrhunderts hatte man gewissermaßen in der Dorfmitte von Schalke die ersten Schächte vorangetrieben. 1863 wurden die einzelnen Bergbaurechte – *Mutungen* – zusammengelegt. Daher rührt der Name *Consolidation*. Bereits in den 1870er Jahren war die *Consol* die größte Zeche des Ruhrgebiets, das Grubenfeld umfasste mehrere Quadratkilometer. Die 2.000 Beschäftigten förderten jährlich gut 350.000 Tonnen Kohle. Zehn Jahre später hatte sich die Fördermenge verdoppelt und erreichte kurz vor dem Ersten Weltkrieg fast 2.000.000 Tonnen.

*

August bezog mit seiner Familie eine kleine Wohnung in der Kaiserstraße 77. Die Kaiserstraße verband seit 1870 die Altstadt von Gelsenkirchen mit dem Dorf Schalke im Norden. Die Kaiserstraße wurde schnell zur vornehmsten Adresse. Am südlichen Ende lag der Kaiserplatz – mit einem Kaiser-Wilhelm-Denkmal. Hier standen die Gebäude der Reichsbank, der Reichspost und des Reichstelegrafenamts. Das Kreishaus und das Landratsamt teilten die gleiche Adresse. Auf halbem Wege zwischen Gelsenkirchen und Schalke verlief quer zur Kaiserstraße die Grenzstraße und markierte die frühere Grenze zwischen der Stadt und dem Dorf. Am nördlichen Ende der Kaiserstraße, wo auch August wohnte, befand sich der Schalker Markt – natürlich mit einem Reichspostamt – und gleich dahinter begann das Gelände der *Consol*. Die Villen der Zechendirektoren und Fabrikbesitzer standen auf östlichen Seite der Kaiserstraße. Ihnen gegenüber befand sich das Haus Nr. 77: August hatte es nicht weit zu seinem Arbeitsplatz. In der Kaiserstraße gab es zahlreiche Geschäfte, vornehme Läden und solche, die Waren für den täglichen Bedarf verkauften. In der Kaiserstraße wohnten eben auch ganz gewöhnliche Leute. Im Frühling 1910 wurde – drei Jahre nach dem ersten Kind, Paul, – der zweite Sohn von August und Martha, Robert, geboren: ein richtiger Schalker Junge.

*

Anfang 1913 wechselte August als leitender Angestellter zu der Firma Goldschmidt in Essen. Das Unternehmen war 1847 in Berlin von Karl Goldschmidts Vater Theodor gegründet worden und hatte sich ursprünglich mit der Herstellung von Chemikalien für die Baumwolltuchdruckerei befasst. Ein zweites Standbein war die Zinngewinnung: Die

Firma hatte ein Recyclingverfahren entwickelt, um die Zinnschicht, die das dünne Stahlblech von Konservendosen vor Korrosion schützte, vom Blech wieder zu scheiden.

Im Essener Ostviertel hatte Goldschmidt 1889 ein ausreichend großes Fabrikgelände mit Bahnanschluss gefunden und die Stahlindustrie, die Hauptabnehmer der wiederverwertbaren Bleche, war ebenfalls vor Ort. Die Forschungsabteilung entwickelte ein – noch heute angewandtes – Verfahren zum nahtlosem Verbinden von Straßen- und Eisenbahnschienen, das *Thermit-Schweißverfahren*. Das Unternehmen Goldschmidt wuchs schnell. Um neue Standorte im Deutschen Reich und im Ausland zu errichten, wurde 1911 die Firma in die *Th. Goldschmidt Aktien-Gesellschaft* mit Sitz in Essen-Ruhr umgewandelt.

Der Vorsitzende des Vorstands, Dr. Karl Goldschmidt – inzwischen war ihm der Titel *Preußischer Kommerzienrat* verliehen worden –, wollte unbedingt August, dessen beruflichen Werdegang er seit mehreren Jahren verfolgt hatte, als Prokuristen und Leiter der Buchhaltung seines Unternehmens gewinnen. Das war eine Berufung, die August sich erträumt hatte: Konnte er doch an der bisherigen rasanten Entwicklung der Firma Goldschmidt teilhaben und all sein Wissen und die Erfahrungen, die er beim Kohlensyndikat und der Zeche Consolidation gemacht hatte, in den Betrieb einbringen.

Während Karl Goldschmidt für die Bereiche Produktivität, Qualitätssicherung und Ertragsverbesserung zuständig war, brachte sein Bruder Hans Goldschmidt die Entwicklungs- und Forschungsarbeit im Betrieb voran. Karls Söhne Theo und Bernhard – 1883 und 84 in Berlin geboren – gehörten ebenfalls zu den Gründern der Aktiengesellschaft und waren später Vorsitzende des Vorstands beziehungsweise des Aufsichtsrats.

Bereits um die Jahrhundertwende war Goldschmidt Vorreiter in sozialen Belangen: Der freie Samstagnachmittag war eingeführt, die Arbeiterfamilien wurden von einer Fürsorgerin betreut, es gab ein betriebliches Erholungsheim und eine fortschrittliche Urlaubsregelung, eine Betriebskrankenkasse und eine firmeneigene Pensionskasse für die Arbeitnehmer.

Karl Goldschmidt kannte keine Standesdünkel: Sein Sohn Bernhard erinnerte sich an seine Schulzeit im Königlichen Gymnasium am Burgplatz, dass es dort A-Klassen für Kinder der sogenannten besseren Leute und B-Klassen für die anderen gegeben habe. Vater Karl hatte darauf bestanden, dass seine Söhne zu den B-Kindern gehörten. Bei solchen sozialen Einstellungen nimmt es nicht Wunder, wenn Bernhard 1922 seine Doktorarbeit zum Thema *Gewinnbeteiligung der Arbeitnehmer* schrieb.

August hatte auch eine hohe Meinung von dem Vorsitzenden des Aufsichtsrates, dem ehemaligen Oberbürgermeister von Düsseldorf Wilhelm Marx, der im Jahr zuvor den *Industrie-Club* ins Leben gerufen hatte. Dessen Mitgliederliste liest sich als *Who's Who* der deutschen Industrie. Ein besonderer Schwerpunkt des Clubs war die Förderung der Wissenschaft. Viel Wertschätzung empfand August auch für den Ingenieur Dr. Walther Rathenau – ebenfalls Mitglied des Aufsichtsrates –, der 1915 Präsident der AEG, der *Allgemeinen Electricitäts-Gesellschaft,* einer der weltweit größten Elektrokonzerne, wurde.

*

Für August war die Zeit bei der Firma Goldschmidt die schönste in seiner ganzen Berufslaufbahn. Die Firma war wie eine große Familie und eine besondere Freundschaft verband ihn mit Bernhard Goldschmidt. Der acht Jahre jüngere Sohn Karl Goldschmidts hatte sich nach seiner Schulzeit zur Kriegsmarine gemeldet und wurde 1911 als Oberleutnant zur See aus dem aktiven Dienst entlassen. Im Gegensatz zum Heer, wo der Adel immer noch das Sagen hatte, war die Marineführung, wo man technisch versierte Offiziere benötigte, eine Domäne des gehobenen Bürgertums: Ein Oberleutnant zur See genoss im Bürgertum ein höheres Ansehen als ein Dozent einer Hochschule.

Nach seiner Ausbildung zum Marineoffizier begann Bernhard eine kaufmännische Lehre im elterlichen Unternehmen und nahm gleichzeitig das Studium der Staatswissenschaften auf. Die Einweisung in die Buchhaltung war selbstverständlich Augusts besonderes Anliegen. Das gute Betriebsklima spornte alle Mitarbeiter an und auch August wollte der Firma Goldschmidt etwas zurück geben.

August war der ruhende Pol in der Abteilung, der auch in kritischen Situationen – wenn die Börse mal wieder plötzlich einbrach oder Devisenkurse heftig schwankten – einen kühlen Kopf bewahrte und entschlossen handelte. Er behielt den Überblick, vertraute seinen Arbeitskollegen und ermutigte sie zu eigenverantwortlichem Handeln. Er hielt viel von einem kollegialen, ja freundschaftlichen Umgang untereinander. Hin und wieder nach Feierabend saß man bei einem Glas Bier oder Wein zusammen in einer der Gaststätten in der Essener Altstadt.

*

Als August mit seiner kleinen Familie 1913 von Gelsenkirchen-Schalke nach Essen umzog, hatte er eine größere Wohnung in der Hofstraße 9 (heute: Gutenbergstraße) in Rüttenscheid bezogen, nur ein paar Minuten vom Stadt-Garten entfernt; schräg gegenüber stand die *Essener Actien Brauerei.* 1916 war die Familie bereits in das Haus in der Irmgardstraße 64 (heute Von-Seeckt-Straße 64) umgezogen und August kaufte ein Jahr später dieses Haus von der Witwe des ehemaligen Stadtverordneten, Schiedsmannes und Bauunternehmers Johann Hawig für 30.000 Mark. Gleichzeitig musste noch eine Hypothek von 24.000 Mark, die mit 4,5 Prozent verzinst war, an den Pfarrer der evangelischen Alten Kirche, Karl Denkhaus, getilgt werden. Doch August verdiente gut und konnte das Haus ein paar Jahre später – wohl auch dank der galoppierenden Inflation der zwanziger Jahre – schuldenfrei und zu einem guten Preis an einen Prokuristen der Firma Goldschmidt verkaufen.

Laut Adressbuch von 1916 waren Augusts Mutter Anna – die im Frühjahr 1916 starb – und seine Geschwister, die Kaufleute Hans und Wilhelm, von der Rosastraße 70 in die Witteringsstraße 82 II umgezogen. Bruder Emil war zu jener Zeit Ingenieur bei den Städtischen Gas- und Wasserwerken in Essen.

*

Anfang April 1913 war August einer von ungefähr hundert Herren, die am Abschiedsessen für Pfarrer Karl Klingemann im evangelischen *Hotel Vereinshaus* teilnahmen. Der Justizrat, Rechtsanwalt und Notar Wilhelm Schlüter als Erster Vorsitzender der Ortsgruppe Essen des Alldeutschen Verbands beschrieb Klingemann als *edlen, kerndeutschen Mann* und *wahre, starke Persönlichkeit,* der trotz seiner neuen Aufgabe als Generalsuperintendent der Provinzialkirche, der Ortsgruppe als Ehrenvorsitzender weiterhin verbunden bliebe.

Klingemann bedankte sich für die vielen freundlichen Worte. Er werde die *herrlichen Essener Bismarckfeiern* in guter Erinnerung halten. Aus dem Vorstand des Alldeutschen Verbandes würde er sich wegen der Arbeitsüberlastung zurückziehen, bliebe aber weiterhin Mitglied in der *Gewissheit, dass der alldeutsche Gedanke trotz allem siegreich bleiben werde.*

Der zweite Vorsitzende des Alldeutscher Verbands, Ortsgruppe Essen, war 1916 der Rechtsanwalt Berkermann. Der Schriftführer Schwertfeger war Bürobeamter bei der Königlichen Eisenbahndirektion Essen. Schatzmeister neben dem Prokuristen August Rosenkötter war Professor Franz

Richter, stellvertretender Schulleiter der Viktoriaschule und zugleich erster Vorsitzender des Deutschen Ostmarkenvereins in Essen.

*

Auf der Nordseeinsel Wangerooge erwartete man einen besonders guten Sommer: Im Winter hatten die Insulaner ihre Pensionen, Hotels und Restaurants für die neue Bade-Saison hergerichtet und die Zimmer waren für die kommenden Wochen ausgebucht. Die Großstädter in Bremen oder Oldenburg wollten der Hitze in den engen Straßen entkommen und freuten sich auf die frische Brise am Strand oder auf den kurzen abendlichen Spaziergang zur Düne am Ende der Hauptstraße – mal eben um den Pudding gehen.

Die Badekarren standen am flachen Strand aufgereiht nebeneinander. Diese hölzernen Umkleidekabinen wurden von Pferden zusammen mit den badewilligen Badegästen – natürlich sittlich korrekt getrennt nach Männern und Frauen – ins Wasser gezogen, damit diese dann unbeobachtet im offenen Meer ein erfrischendes Bad nehmen konnten.

Doch die Bade-Saison 1914 endete abrupt mit den deutschen Kriegs erklärungen an Frankreich und Russland Anfang August: Innerhalb von vierundzwanzig Stunden hatten alle Gäste und die meisten Insulaner die Insel Wangerooge zu verlassen. Zurück blieben die Reservisten und männlichen Angestellten der Hotels und Restaurants, die ihre Gestellungs-befehle vor der Dünenbake entgegen nehmen mussten.

Der damalige Inselfotograf, Hermann Schröder, der seit der Saison 1906 nicht nur ein Fotoatelier, sondern auch eine Buchhandlung, einen Verlag und ein Gasthaus auf Wangerooge betrieb, hatte diese Mobil-machung vom Dachgeschoss seines Hauses aus im Bild festgehalten: Zwei- bis dreihundert Männer in meist dunklen Anzügen und alle mit einem Hut oder zumindest einer Kappe auf dem Kopf und lange Stecken in der Hand standen in fünf langen Reihen in der Mittagssonne und harrten der Ungewissheit ihrer Zukunft.

Im September fertigte der Fotograf Schröder an gleicher Stelle eine Postkarte von Bernhard Goldschmidt. Was aber macht ein Oberleutnant zur See auf einem Pferd sitzend auf Wangerooge? Die Insel wie auch die nördlichen und östlichen Teile des Amtes Jever entlang der Jade gehörten zum Festungsgebiet Wilhelmshaven. Die Schifffahrtsrinne zum Kriegs-hafen führte an der östlichen Küste der Insel vorüber. Der gesamte Schiffsverkehr wurde von Wangerooge aus überwacht.

Der Bäderdampfer *Wangerooge* brachte keine Badegäste mehr zur Insel sondern junge Soldaten, die für die Verteidigung ausgebildet wurden. Das Bäderschiff wurde mit Kapitän und Besatzung dem Festungskommandanten unterstellt. Am Heck des Schiffes wehte nun die Kaiserliche Kriegsflagge. Das *Kriegshilfsschiff* übernahm bei Dunkelheit oder Seenebel die Wache in der Strömungsrinne der Harle oder zog an manchen Tagen Schießscheiben für Übungszwecke der Küstenbatterien auf die See.

Bernhard langweilte sich offensichtlich. Auf der Rückseite einer Postkarte schrieb er Anfang September:

Sehr geehrter Herr Rosenkötter! Haben Sie herzlichen Dank für Ihren lieben Brief! Auf so einem fernen Posten am Meer ist man für Grüße aus dem alten Kreise besonders dankbar! Es geht mir ausgezeichnet – nur ist es traurig, dass man vorläufig noch zur Untätigkeit gezwungen ist. Aber auch solche Posten verlangen ihre Pflichterfüllung. – Wir können glücklich sein, diese Zeiten erleben zu dürfen.

Mitte Januar 1915 war Bernhard in Cuxhaven stationiert. Er schrieb an August eine weitere Postkarte. Das Foto zeigt Bernhard inmitten der Besatzung an Bord des Torpedobootes S 114. Es stehe fest, *dass der Feind nun kommt!* – Jedoch der Feind kam nicht, sondern hatte Deutschland vom Rest der Welt abgeriegelt. Die Engländer hatten bereits im August 1914 eine weiträumige Seeblockade zwischen den Shetland-Inseln und Südnorwegen sowie im Kanal bei Dover errichtet, die sehr wirksam war und zu Rohstoffmangel und zu Lebensmittelknappheit führte.

Bernhard bedauerte, dass er bei seinem Weihnachtsurlaub nicht Zeit gehabt hatte ins Werk zu kommen: *Ich hätte sie alle gerne begrüßt!* Bernhard sandte *den Damen und Herren des Werkes* seinen freundlichen Gruß und auch der Gemahlin des Herrn Rosenkötter seine *schöne Empfehlung.*

*

Unter Kaiser Wilhelm II. gewann die Kriegsflotte an Bedeutung: Industriekomplexe für den Bau und die Ausstattung der Kaiserlichen Marine entstanden in Wilhelmshaven, Kiel, Danzig und Elbing. 1895 war der Kaiser-Wilhelm-Kanal – heute Nord-Ostsee-Kanal genannt – fertig gestellt, der die schnelle Verlegung der Seestreitkräfte zwischen Nord- und Ostsee ermöglichte. Die Marinerüstung galt als Speerspitze des technischen Fortschritts. Der 1898 gegründete *Flottenverein* beförderte die

Begeisterung der Bevölkerung für die Marine durch gezielte Propaganda. Eltern kleideten ihre Kinder in Matrosenanzügen.

Mit der Marine wollte das Deutsche Kaiserreich nicht nur mit der englischen Flotte gleichziehen, sondern auch seine Ansprüche auf Kolonien in Afrika, Asien und dem Pazifik durchsetzen. Diese imperialistische, aggressive Weltpolitik wurde von zahlreichen anderen Hilfsorganisationen und Vereinen wie dem *Deutschen Kolonialverein* oder der *Deutschen Kolonialgesellschaft* verstärkt. Die Sprache und Forderungen des *Alldeutschen Verbands*, des *Reichsverbands gegen die Sozialdemokratie* oder des *Deutschen Wehrvereins* wurden nationalistischer, rassistischer, militaristischer und bekamen einen eindeutig präfaschistischen Charakter.

*

Zu Lande und zu Wasser, unter Wasser und in der Luft stehen die heldenhafte Söhne unseres Volkes in siegreichem Kampfe. Unsere militärische Lage ist so gut wie nie. … Wir wollen, dass aus diesem Krieg ein starkes Deutschland hervorgeht. Schließe dich der Vaterlandspartei an und wirke für sie, dass sie uns als ein treu und festzusammenhaltendes einiges Volk von Brüdern umschlingen möge.

Am 31. Oktober 1917 erschein in der Westfälischen Zeitung ein ganzseitiger *Aufruf des Niederrheinisch-Westphälischen Landesvereines der Deutschen Vaterlandspartei DVLP*. Verantwortlich zeichnete als Vorsitzender des Landesvereins Generaldirektor und Kommerzienrat Ernst Schweckendieck, der unter anderem auch Mitglied des *Reichskolonialrats* und Vorsitzender der *Deutschen Kolonialgesellschaft* und des *Deutschen Flotten-Vereins* in Dortmund war. Dem engeren Ausschuss des DVLP-Landesvereins gehörten der Amtmann Berkermann in Eikel und Justizrat Schlüter an.

Den Aufruf hatten zahlreiche Personen namentlich unterzeichnet: Rechtsanwälte, Kommerzienräte, Generaldirektoren, Stadtverordnete, Landgerichtsdirektoren, Universitätsprofessoren, Regierungsräte, Staatsanwaltschaftsräte, Rektoren, Fabrikbesitzer, Zeitungsverleger, Bürgermeister, Architekten … Männer mit Geld und Einfluss, Verbindungen und Ideen. Sie verfolgten ihre eigenen unternehmerischen, finanziellen oder politischen Ziele. Was sie einte war der Nationalismus, Patriotismus, Antisemitismus und der Abscheu gegen alle, die nicht ihren nationalkonservativen Grundsätzen folgten. Sie waren *geachtete, anerkannte und ehrenwerte Männer.*

Die Vaterlandspartei war Bindeglied zwischen den wilhelminischen Rechten und dem neuen Rechtsradikalismus. Der Vorsitzende der Vaterlandspartei war Admiral von Tirpitz, Begründer der Hochseeflotte; sein Stellvertreter der rechtsradikale Wolfgang Kapp. Zum engeren Ausschuss gehörte auch Heinrich Claß vom Alldeutschen Verband mit seinem völkisch-antisemitischen Weltbild. In dessen unter Pseudonym erschienenen Buch *Wenn ich der Kaiser wär'* findet sich bereits vieles, was später in Hitlers *Mein Kampf* Eingang fand. Claß forderte einen autoritären Staatsumbau: Ein *starker Mann* an der Spitze des Staates, wie zum Beispiel der Kronprinz Wilhelm, Hindenburg oder Ludendorff, und eine zentrale Rolle für das Militär.

In der Liste der Unterzeichner des Aufrufs der Vaterlandspartei befanden sich der ehemalige Aufsichtsratsvorsitzende des Kohlensyndikats Emil Kirdorf, Professor Dr. Hans Goldschmidt, Kommerzienrat Dr. Karl Goldschmidt und der Prokurist August Rosenkötter.

Nach nur einem Jahr löste sich die Vaterlandspartei wieder auf. Zahlreiche Mitglieder und das Parteivermögen gingen zur *Deutschnationalen Volkspartei* DNVP. Inzwischen hatte bei der *Goldschmidt AG* die dritte Generation, die Brüder Theo und Bernhard Goldschmidt, die Firmenleitung übernommen. Sie fanden ebenfalls ihre politische Heimat in der DNVP.

*

Vor dem Krieg hatte die Firma Goldschmidt ordentlich Gewinne gemacht. Neben dem Standort Essen hatte die Goldschmidt AG Niederlassungen im hessischen Gernsheim und badischen Mannheim-Rheinau, sowie in New York und Aussig in Böhmen. Erze wurden vorwiegend aus Bolivien bezogen. Das Zinn wurde an deutsche und ausländische Eisenbahnen, Werften, Maschinen-Fabriken und Weißblechwerke geliefert. Reine kohlefreie Metalle, wie Chrom, Mangan und verschiedene Eisenlegierungen fanden in der Eisen- und Stahlindustrie Verwendung.

Mit Ausbruch des Ersten Weltkrieges waren die patriotisch eingestellten Goldschmidt-Brüder nur allzu bereit zum Sieg beizutragen. Doch die Rohstoffzufuhr aus dem Ausland war unterbrochen: Die Produktionsschwerpunkte Entzinnung und Thermit kamen weitgehend zum Stillstand.

Bernhard schrieb an August: *Und wie ich aus Ihren Zeilen entnehme, sind ja auch Sie für das Vaterland tätig.* Der hatte ihm von den zahlreichen Bemühungen der Produktionsumstellung der Firma Goldschmidt berichtet.

Jedoch die Forschungen zu Glykol statt Glycerin für Sprengstoffe, Zucker aus Holz, Treibstoff aus Kohle endeten alle im Misserfolg. 1918 war die Firma an einem Tiefpunkt angelangt. Die Bilanz des Ersten Weltkriegs: Das Werk hatte Geld, Filialen und Partner im Ausland verloren.

Die Belastungen des Ersten Weltkrieges stellten auch an den Prokuristen der Firma ganz neue Anforderungen, da ihm für einen großen Teil der Belegschaft die Verantwortung für die Versorgung mit Nahrungsmitteln übertragen worden war. Also ging er auf Hamsterfahrt und besorgte bei den Bauern der weiteren Umgebung Fleisch. Die Schweinehälften wurde in einem Güterwagon nach Essen zum firmeneigenen Bahnanschluss transportiert. Damit die kostbare Ware auch vollständig und unbeschadet ankam, hatte sich August kurzerhand im Wagon einschließen lassen. Der Zuspruch war ihm sicher, seine Beliebtheit war bestätigt.

*

Seit Ende Oktober 1918 überstürzten sich die Ereignisse.

Am 29. Oktober kam es zu Befehlsverweigerungen und zur Meuterei auf mehreren Schiffen der Kaiserlichen Marine in Wilhelmshaven: Matrosen weigerten sich, in eine sinnlose Seeschlacht gegen Großbritannien auszufahren. Diese Ereignisse führten schließlich zum Matrosen- und Arbeiteraufstand am 3. November in Kiel.

Am 9. November folgte die Ausrufung der Republik in Berlin durch Scheidemann. Es wurde ein *Rat der Volksbeauftragten* als provisorische Regierung gebildet. Einen Tag darauf suchte Kaiser Wilhelm II. Asyl in den Niederlanden.

Am 11. November wurde der Waffenstillstand von Compiègne unterzeichnet und damit endete faktisch der Erste Weltkrieg.

Am 22. November ging auch Kronprinz Wilhelm ins Exil nach Oosterland auf der Insel Wieringen, gut siebzig Kilometer nördlich von Amsterdam gelegen.

In Essen – wie auch in anderen Ruhrgebietsstädten – fanden Massenversammlungen und Aufmärsche statt, der Hauptbahnhof wurde besetzt, revolutionäre Arbeiter- und Soldatenräte bildeten sich. Ihre Forderungen waren:

Eine Volksrepublik!
Gleiches Wahlrecht!
Frauenwahlrecht!
Eine sozialistische Regierung!

Arbeiter- und Soldatenräte überall!
Achtstundentag!
Arbeitgeber und Arbeiter gleichberechtigt!

Anfang Januar 1919 streikten 80.000 Arbeiter, vor allem Bergleute. Der Arbeiter- und Soldatenrat der Stadt Essen übernahm die Koordination und Leitung. Einerseits versuchte die paritätisch aus Vertretern von KPD, USPD und MSPD gebildete *Neunerkommission* die weitreichenden Forderungen der Streikenden durchzusetzen, andererseits ging es ihnen auch um die Kontrolle der spontan entstandenen Bewegung. Anfang April streikten bereits über 300.000 Beschäftigte, drei Viertel der Belegschaften.

Die lokalen Behörden drohten mit dem Einsatz von Militär, um die öffentliche Ordnung wiederherzustellen. Die Sozialisierungsbewegung im Ruhrgebiet wurde schließlich durch das *Freikorps Lichtschlag* – bei den streikenden Arbeitern unter dem Namen *Freikorps Totschlag* bekannt –, auf Befehl des General von Watter vom Generalkommando des VII. Armee-Korps in Münster, blutig niedergeschlagen.

*

Überall im Ruhrgebiet gab es nach Kriegsende die gleichen Probleme: Die Lebensmittelversorgung musste gesichert und die Produktion gewährleistet werden. Hierzu wurden Sicherheitsdienste, -kompanien oder -wehren eingerichtet, die die Polizei ergänzen und unterstützen sollten. Aus diesen Organisationen entstand im Sommer 1919 die *Sicherheitspolizei*, eine paramilitärische Truppe aus besonders ausgewählten gedienten Unteroffizieren und Soldaten. Der *Reichsverband Deutscher Polizeibeamter*, ein Vorläufer der Deutschen Polizeigewerkschaft, opponierte gegen die Bildung einer solchen Sicherheitspolizei.

Zur unbedingten Aufrechterhaltung von Ruhe und Ordnung, von Recht und Gesetz, zur Verhinderung von Plünderung, Diebstahl, Zerstörung und Sabotage wurde durch Verfügungen des Reichswehrministers Noske und des Innenministers Heine – beide SPD, beide reaktionär – die Bildung von *Einwohnerwehren* im ganzen Reich angeordnet.

Diese Einwohnerwehren wurden im Ruhrgebiet ab Mai 1919 planmäßig aufgebaut. Sie gingen aus den Ende 1918 in vielen Orten gegründeten konterrevolutionären *Bürgerwehren* hervor, die vom Großbürgertum finanziert wurden. In Essen, wie auch anderenorts, setzte sich die Einwohnerwehr vorwiegend aus Bürgern des Mittelstandes zusammen.

Die Truppe unterstand dem Polizeipräsidenten Melcher und wurde vom Hauptmann und Architekten Dietzsch geführt.

Anfang des Jahres 1920 gab es somit drei Organisationen, die polizeiliche Aufgaben in Essen wahrnahmen: die städtische Polizei, die ehrenamtliche Einwohnerwehr (ca. 4.000 Mann) sowie die paramilitärische Sicherheitspolizei (ca. 600 Mann).

*

Am 13. März 1920 kam es in den frühen Morgenstunden zu einem konterrevolutionären Putschversuch gegen die Weimarer Republik. Die Essener Rheinisch-Westfälische Zeitung des Herrn Reismann-Grone meldete zustimmend in ihrer Abendausgabe: *Entschlossene Männer sind in Berlin zur Tat geschritten.... Ihr Vorgehen bedeutet Gewalt, aber Gewalt aus redlichster Überzeugung und tiefster Vaterlandsliebe heraus.* Die Regierung Ebert wurde als *herrschende Clique* bezeichnet, die es galt, *hinwegzufegen.* Die *Deutschnationale Volkspartei* (DNVP) begrüßte ebenfalls den Putsch. Die Reichswehr weigerte sich, gegen die Putschisten vorzugehen.

Die SPD rief sofort zum Streik auf:

> *Schneidet dieser reaktionären Clique die Luft ab!*
> *Kämpf' mit jedem Mittel um die Erhaltung der Republik!*
> *Es gibt nur ein Mittel gegen die Diktatur Wilhelms II.:*
> *Lahmlegung jeden Wirtschaftslebens!*

Die von den Gewerkschaften und der SPD herausgegebene *Essener Arbeiterzeitung* rief zum Generalstreik auf, um den rechten Kapp-Putsch zu unterbinden.

Noch am selben Tag wurde das *Freikorps Lichtschlag* ins Ruhrgebiet beordert, um den Widerstand der Arbeiter gegen den Putsch zu brechen. Im ganzen Ruhrgebiet bildeten sich Arbeiterwehren, auch *Rote Ruhrarmee* genannt. Es kam zu teilweise sehr schweren Kämpfen gegen Reichswehrtruppen, Freikorps und Einheiten der Sicherheitspolizei, so auch in Essen.

Nach vier Tagen gaben die Putschisten auf. Zwei Tage später, am Abend des 19. März, gab es den Befehl zum Rückzug des Militärs und der Sicherheitspolizei in die Kasernen.

*

August Rosenkötter war, wie wohl viele andere leitende Angestellte der Goldschmidt AG und ganz gewiss mit Rückendeckung durch
Theo und Bernhard Goldschmidt, die ja beide Mitglieder in der Deutschnationalen Volkspartei waren, an dieser Auseinandersetzung beteiligt.
August war eines von ungefähr 4.000 Mitgliedern der Essener Einwohnerwehr. Er erzählte, dass er gegen den *Spartakisten-Aufstand*, wie er es
nannte, auf Seiten der *Bürgerwehr* gekämpft hatte, *um mit den anderen
konservativen Kräften, dem roten Spuk ein Ende zu machen.*
Interessant ist seine Wortwahl: Mit dem Spartakusaufstand werden
gewöhnlich die Ereignisse am Ende der Novemberrevolution im Januar
1919 in Deutschland bezeichnet und es waren damals die konterrevolutionären Bürgerwehren und die Freikorps, die diese bekämpften. Die
Gegner des rechtswidrigen Kapp-Putsches – im Ruhrgebiet die Rote
Ruhrarmee – waren aus Sicht des bürgerlichen Mittelstands aber die
eigentliche Gefahr.
Eine sonderbare Umkehrung der Verhältnisse: Als Bedrohung wurden
die Bergleute, Gewerkschafter und Mitglieder der SPD und KPD empfunden, die zu der neuen Regierung standen, und nicht die Putschisten,
die die demokratische Weimarer Republik wieder abschaffen wollten.

*

Nach dem ersten Weltkrieg musste sich die Firma Goldschmidt neu
aufstellen, denn Lieferanten, Auslandsniederlassungen, Patente und Na-
mensrechte waren verloren gegangen. Die Goldschmidt AG musste neue
Produkte entwickeln und auf den Markt bringen. August hatte die Firma
sieben Jahre lang in ihrem Aufstieg und durch schwierige Zeiten begleitet. Und er hatte sich in der Firma so wohl gefühlt, dass er schließlich
seine drei Brüder zeitweise bei Goldschmidt untergebracht hatte. Sein
jüngster Bruder, Hans, hatte dort sogar seine zukünftige Frau kennengelernt: Lina Weinberg. August hätte also weiterhin in dieser angenehmen
Atmosphäre die Entwicklung der Goldschmidt AG in Essen begleiten
können, wenn da nicht ein für ihn verlockendes Angebot gewesen wäre.

*

Im Juni 1921 bekam August durch die Vermittlung eines Vetters seiner
Frau, Generaldirektor Richard Kusserow, Berlin, einen *Tipp*, dass bei den
Bielefelder Dürkoppwerken ein kaufmännischer Direktor gesucht würde.

Richard Kusserow vertrat die *Vereinigte Kammerich'sche Werke AG* aus Berlin, die 1898 in Bielefeld die *Stahlröhren-Fabrik Wrede & Co.* erworben hatte. Das Bielefelder Werk produzierte *nahtlos gezogene Stahlrohre, Press- und Stanzteile aus Stahlblech für Automobile und Fahrzeuge aller Art, Fahrrad- teile, Transmissionswellen,* und war seit 1918 die Hauptproduktionsstätte der *Kammerich-Werke Aktiengesellschaft.*

Die *Dürkoppwerke AG* gehörte zu den Kunden der Kammerich-Werke. Nikolaus Dürkopp hatte zusammen mit einem Partner das Unternehmen als Nähmaschinenentwickler und -bauer 1860 gründet. Seit 1885 wurden Fahrräder – seit 1910 sogar mit kettenlosem Kardanantrieb – angeboten. 1905 wurden auch Motorräder in das Programm aufgenommen.

Der Automobilbau aber war seit 1899 die Leidenschaft des Entwicklers und Tüftlers Dürkopp, wobei bei ihm die Einzel- und Sonderanfertigung des Automobils im Mittelpunkt stand: Der Chef baute gewissermaßen die Autos nach speziellen Kundenwünschen selbst:

Der Facettespiegel für die gnädige Frau, der elektrische Anzünder für Ihre Import-Zigarren, geehrter Herr, fehlen ebensowenig wie das Zier- schränkchen für Handschuh und Reiselektüre und das Mahagonikästchen für die Taschenuhr.

Dies ließ der Katalog von 1920, *Der Dürkopp-Motorwagen,* die werte Kundschaft wissen. Der Bau von Lastkraftwagen, Feuerwehrfahrzeugen und Omnibussen ergänzte das Programm.

Kaufmännischer Direktor oder gar wie Vetter Richard *Generaldirektor,* das hörte sich gut an: Martha träumte davon, in der Bielefelder Gesell- schaft als *Frau Generaldirektorin* angeredet zu werden und auch August fand, dass ein weiterer Schritt auf der Karriereleiter nicht schlecht wäre: mit vierundzwanzig Jahren hatte er als kaufmännischer Angestellter beim Kohlensyndikat angefangen, mit achtundzwanzig war er Vorsteher der Buchhaltung geworden, fünf Jahre darauf hatte er zusätzlich in Gel- senkirchen die Prokura bekommen und und war nun seit acht Jahren Lei- ter der Hauptbuchhaltung. Mit fünfundvierzig nochmal wechseln und kaufmännischer Direktor werden, das war schon reizvoll. Vor allem, eine solche Position würde er bei Goldschmidt wohl nicht bekommen, waren diese Positionen doch unter den Brüdern Goldschmidt bereits vergeben.

August bewarb sich bei der *Dürkoppwerke AG* und verhandelte die Einzelheiten seiner zukünftigen Anstellung: Neben einem Jahresgehalt von 72.000 Mark gab es eine Aufwandsentschädigung von mindestens

24.000 Mark und drei Prozent Tantieme vom Reingewinn im Jahr, dazu Wohnungsentschädigung, Prämienzahlung der Lebens- und Unfallversicherung, sowie Zahlung der Umzugskosten. – Allein Augusts Jahresgehalt überstieg das Gehalt eines Lehrers um das Zwanzigfache, war sechsunddreißig mal größer als das durchschnittliche Einkommen aller Lohn- und Gehaltsbezieher oder fünfzig mal so viel wie ein Arbeiter verdiente. – Nach Vertragsunterzeichung im November 1921 bezog die Familie ein Haus der Dürkoppwerke in der Schumannstraße, unterhalb des Kamms des Teutoburger Waldes, eine Viertelstunde zu Fuss bis zur Sparrenburg; zwanzig Minuten bis zu seinem Büro bei Dürkopp. In der Schumannstraße standen nur acht Häuser, meist von ein oder zwei Familien bewohnt.

Die Zeitungen vermeldeten kurz folgende Mitteilung des Amtsgerichts Bielefeld: *Am 6. Dezember 1921 bei Nr. 2 (Firma Dürkoppwerke Aktiengesellschaft in Bielefeld): Der Kaufmann August Rosenkötter aus Essen ist zum Vorstandsmitglied bestellt.*

*

August Rosenkötter machte zunächst seinen Führerschein, denn der Kaufmännische Direktor der Autofirma Dürkopp musste so etwas haben. Der gesellschaftlich Aufstieg erfolgte unter anderem durch die Mitgliedschaft im Automobil-Club Westfalen. 1923 hatte dieser *Automobilclub von Deutschland (AvD)* in ganz Westfalen 118 Mitglieder. Es war ein exklusiver Club reicher Leute: Adlige, Industrielle, Unternehmer und Bankiers.

Dürkopp-Autos waren eben eine Marke von Fabrikdirektoren für Fabrikdirektoren: Der Neupreis eines offenen Viersitzers – ein Dürkopp Doppel-Phaeton, 24 PS, 75 km/h Spitzengeschwindigkeit – betrug 8.750 Goldmark. Den kleinen Dürkopp, Modell *Knipperdolling*, – *vorteilhafter Wagen für den selbstfahrenden Arzt und Geschäftsmann, behänd und zuverlässig und leicht zu bedienen* – bekam man für 5.500 Mark.

Die Mitglieder des AvD in Westfalen machten Wochenendfahrten, Zuverlässigkeitsfahrten, Tourenfahrten durch Norddeutschland, Gesellschaftsabende, allgemeine Clubfahrten nach Münster oder Berlin, Tanztees und Kostümbälle, Schnitzeljagden, Gänse- oder Spargelessen und organisierten alljährlich das Teutoburgerwald-Autorennen.

*

August wurde zudem Mitglied in der Freimaurerloge *Armin zur Deutschen Treu* und der *Gesellschaft Ressource*. Solche Logen, Lesegesellschaften, Salons und ähnliche gesellschaftliche Zusammenschlüsse bildeten eine neue Form der Öffentlichkeit. Vor allem die in der frühen Aufklärung entstehende, gebildete Mittelschicht von Bürgern und Beamten trafen sich hier unter Gleichgesinnten. Die Aufnahmerituale in der Loge und der Ressource glichen sich: Der Aufzunehmende brauchte Frühsprecher aus dem Kreis der Mitglieder und diese stimmten per *Ballotage*, einer geheimen Abstimmung mit weißen und schwarzen Kugeln, über die Aufnahme ab.

Hier trafen sich die – männlichen – Führungskräfte aus Industrie und Handel, Politik und Verwaltung, Wissenschaft und Kultur, um mit ihresgleichen Gespräche zu führen, Meinungen auszutauschen und Kontakte zu pflegen. Ein weiterer Zweck war das anständige gesellschaftliche Vergnügen und die freundschaftliche gegenseitige Unterhaltung. Manchmal öffnete sich der Herrenclub für die Damen bei Vorträgen, musikalischen Darbietungen oder Theateraufführungen.

Die Ressource – wie auch die Loge – hatten ihr eigenes Versammlungshaus. Man traf sich in der *Ressource am Niederwall*. Das Bismarck-Denkmal vor der Haustür, gegenüber das Bielefelder Rathaus und gleich daneben das Theater. Im Haus der Ressource gab es ein Restaurant, das Zimmer für den großen Stammtisch und einen Billardraum. Die beiden Säle boten bei Festessen zweihundert Personen Platz oder es konnten sich zweihundert Paare beim Tanz vergnügen.

Für August ergab sich hierdurch ein neuer, großer Bekannten- und Freundeskreis: Da war Otto Sartorius, Syndikus der Bielefelder Industrie- und Handelskammer, den August noch aus Essen als Leiter des sozialpolitischen Büros der dort ansässigen Bergwerksgesellschaften kannte, oder Paul *Ötte* Müller, der Fabrikant Max Rochlitz, der Brauereidirektor und Händler Karl Saligmann, der Unternehmer Erich Neumann-Holste und viele andere.

August konnte von seinen bisherigen Bekanntschaften erzählen: dem Außenminister Walther Rathenau, der 1922 den Vertrag von Rapallo mit Sowjetrussland unterzeichnet hatte und damit die seit 1918 unterbrochenen diplomatischen Beziehungen wieder aufnahm, dem Chemiker und späteren Chemie-Nobelpreisträger Friedrich Bergius, dem ehemaligen Düsseldorfer Oberbürgermeister Wilhelm Marx oder Emil Kirdorf vom Kohlen-Syndikat. Seine persönlichen Beziehungen in die Wissenschaft, Wirtschaft und Politik beeindruckten die neuen Freunde in Bielefeld.

*

Anfang der 1920er Jahre traf August den ehemaligen Rektor der Bürgerschule in Bünde Heinrich Wilhelm Rumbke, der nach seiner Pensionierung – gemeinsam mit anderen Lehrern – kaufmännischen Unterricht erteilte und damit die Kaufmännische Berufsschule in Bünde begründete. Dies interessierte August natürlich, vermisste er doch sehr seine nebenberufliche Tätigkeit an der Handelsschule in Essen.

Rumbke war aber auch passionierter Heimatforscher und erwähnte August gegenüber beiläufig, dass die Familie Rosenkötter aus der Gegend Bünde und Quernheim stammen solle. So setzte die Familienforschung im November 1922 ein, die durch den Vetter Hans Backe, der zu der Zeit als Praktikant bei Dürkopp arbeitete und ebenfalls seine Vorfahren suchte, mit angeregt wurde.

Anfang des 20. Jahrhunderts fand die Familienforschung in den gebildeten Kreisen des Bürgertums zunehmend Interesse. Die Kleinfamilie hatte sich längst durchgesetzt. Die großen Familienverbände waren in den Städten allenfalls eine Erinnerung. Es entstand ein Bedürfnis, die familiären Beziehungen näher zu untersuchen. So gründeten sich 1913 in Köln die *Westdeutsche Gesellschaft für Familienkunde* und 1920 in Münster die gleichnamige westfälische Gesellschaft, die später in *Westfälische Gesellschaft für Genealogie und Familienforschung* umbenannt wurde.

August und seine Familie besuchten die verschiedenen Höfe der Rosenkötter in der Klosterbauerschaft des Stifts Quernheim und in Südlengern, fanden auch rund um Herford und Löhne Spuren, kamen aber insgesamt nicht wirklich mit ihren genealogischen Forschungen voran. Das Interesse war aber geweckt: Die Offizierspatente von Großvater Ludwig und Vater Adalbert wurden gerahmt im Wohnzimmer aufgehängt. Auch der Kirchenbucheintrag zu Albert Hermann Rosenkötter (1682-1737) – *der Mannhafte Reiter unter dem hochlöblichen Prinz-Kurland-Regiment zu Fuß* –, wurde wiedergefunden. Man wähnte sich als Glied in einer langen Reihe von Offizieren.

Die Söhne, Paul und Robert, malten mehrere Entwürfe eines Familienwappens, wie es nie existiert hatte, und August ließ sich schon einmal einen Siegelring anfertigen. Die Gewehrkugel, die aus einem Podewils-Gewehr 1866 abgeschossen worden war und Adalberts Schulter verletzt hatte, wurde neben einem Hufeisen in einer Vitrine ausgestellt. – Die Sache mit dem Hufeisen hatte eine besondere Bewandtnis.

*

Der Anruf von Major Müldner von Mülnheim aus den Niederlanden kam unerwartet aber nicht überraschend. Er ließ sich mit der Direktion der Dürkoppwerke in Bielefeld verbinden. Louis Müldner orderte das neueste Personenwagen-Modell der Oberklasse von Dürkopp, den P 12. Ein Sechs-Zylindermodell mit 3,1 Liter Hubraum, das eine Geschwindigkeit von beachtlichen 100 km/h erreichen konnte. Die Wagenfarbe sollte dunkelrot sein, ebenso die Lederpolsterung. Die Holzteile sollten aus naturbelassenem Mahagoni bestehen. An den vier Türen wäre ein kleines, schwarzes, kunstvoll gestaltetes W einzulassen. Die Räder und der Kühler müssten vernickelt sein. Der gewünschte Wagen sollte ab Herbst 1923 bei dem niederländischen Importeur für Dürkopp-Autos, Diplom-Ingenieur A. H. Stuhr, in Amsterdam auf Abruf bereit stehen.

*

Müldner war es gewohnt, die Dinge selbst in die Hand zu nehmen. Vor fünf Jahren, Ende 1918, hatte er dafür gesorgt, dass die Unterkunft in einem verlassenen Pfarrhaus am Akkerweg in Oosterland auf der kleinen Insel Wieringen mit dem Notwendigsten ausgestattet wurde: Kerzen, ein Ofen, Handtücher, Decken und ein Bett. Solche Dinge braucht der Mensch – auch ein Kronprinz. Major Müldner von Mülnheim war Adjudant, der für den Kronprinz alle Angelegenheiten in den Niederlanden und Deutschland regelte.

Die Insel Wieringen ist heute Teil des Festlandes und man muss schon genau hinsehen, um die Umrisse auf einer Karte zu erkennen. Der 29 Kilometer lange Abschlussdeich des Ijsselmeers, der 1932 fertiggestellt wurde, führt im Westen direkt auf die ehemalige Insel zu.

*

Am 11. November 1918, einen Tag nach der Unterzeichnung des Waffenstillstandes, war Kaiser Wilhelm II. ins Exil in die neutralen Niederlande gegangen. Am Nachmittag des nächsten Tages wurde die niederländische Regierung von der Ankunft des Kronprinzen Wilhelm an der belgischen Grenze nach Maastricht überrascht. Zwar hatte nach Ausrufung der Republik durch Philipp Scheidemann am 9. November der

Reichskanzler Max von Baden eigenmächtig die Abdankung des Kaisers verkündet – die formell erst am 28. November erfolgte – jedoch die Rolle des Kronprinzen war ungeklärt: Hielt er an seinem Thronanspruch fest? Welche Armeefunktion übte er noch aus?

Kronprinz Wilhelm wurde sofort entwaffnet, im Schloss Hillenraad bei Swalmen für eine Woche interniert, um danach auf Wieringen auf Dauer festgesetzt zu werden. Drei Tage nach der formellen Abdankung seines Vaters verzichtete auch der Kronprinz auf den Thron. Beide waren nun Privatpersonen, die sich als Ausländer in den Niederlanden aufhielten. Ihre Bewegungsfreiheit war auf ihren jeweiligen Aufenthaltsort begrenzt: für den Kaiser zunächst Schloss Amerongen, später Haus Doorn, für den Kronprinz die Insel Wieringen. Nach dem Kapp-Putsch 1920 mussten sie eine Erklärung unterschreiben, niemals ohne Wissen der niederländischen Regierung ihren Aufenthaltsort zu verlassen, um nach Deutschland zurückzukehren.

Der Kronprinz lebte sich schnell ein und verbrachte seine Tage mit Ausflügen über die Insel, ging mal mit den Bewohnern auf Hasen- oder Entenjagd, lernte bei dem Schmied Jan Luijt in Nieuwstraat 22 von Hippolytushoef Hufeisen zu schmieden, freundete sich mit dem Bürgermeister Arie Peereboom und dessen Frau Antje an, hatte in dem Bürgermeistersohn Piet seinen Trainingspartner beim Boxen, spielte Billard in Kosters Café und wurde – sehr zur Empörung der Inselbewohner – seinem Ruf als Schürzenjäger gerecht.

*

Von Anfang an gab es Bemühungen des Kronprinzen, wieder nach Deutschland zurückzugehen, jedoch standen sowohl die internationalen wie auch die innerdeutschen Verhältnisse seiner Rückkehr im Weg. Anfang der 1920er Jahre fand er in dem Reichstagsabgeordneten Gustav Stresemann und dem damaligen Außenminister Walther Rathenau seinem Anliegen gegenüber durchaus aufgeschlossene Politiker. Der Gesandte in Den Haag signalisierte Wohlwollen der deutschen Regierung und erachtete persönlich die Rückkehr als wünschenswert. Doch die innenpolitische Lage entwickelte sich zu Ungunsten Wilhelms: Mit der Ermordung Rathenaus im Juni 1922 durch Mitglieder der rechtsterroristischen Organisation Consul, die sich aus ehemaligen Kämpfern des berüchtigten Freikorps Erhardt zusammensetzte und im August 1921 bereits den Mord an dem früheren Finanzminister Matthias Erzberger begangen und den Kapp-Putsch 1920 maßgeblich unterstützt hatte, war die *Frage der Rückkehr … auf das allerschwerste geschädigt*. Ein weiterer Winter auf Wieringen stand bevor.

Die Aussichten verbesserten sich erst, als Stresemann im August 1923 Reichskanzler wurde. Müldner reichte erneut Wilhelms Antrag auf Rückkehr ein. Im Oktober entschied das Kabinett, dass das Abreisedatum in Rücksprache mit den Regierungen in den Niederlanden und Deutschland festzulegen sei und er sich in seinem Schloss in Oels nahe Breslau in der Provinz Schlesien niederzulassen habe. Außerdem musste Kronprinz Wilhelm, dessen rechtsradikale Positionen bekannt waren, ausdrücklich versprechen, sich aus der Politik herauszuhalten.

*

Mit Unterstützung Müldners wurde in Berlin die Rückkehr vorbereitet. Der Generalsekretär des niederländischen Innenministeriums, Jan Kan, reiste mehrmals nach Wieringen, um weitere Formalien zu regeln. Der deutsche Generalkonsul in Amsterdam stellte dem Kronprinzen einen Pass auf den Namen *Graf von Geldern* aus – der Titel wie auch der Name standen ihm als Hohenzollern zu.

Die Dürkopp-Wagen standen in Amsterdam bereit: der nagelneue dunkelrote Sechszylinder und ein kleinerer Dürkopp Sportwagen, ein Vierzylinder 8/30, der bereits im Besitz des Kronprinzen war. Die Dürkopp-Direktion hatte den damals noch unbekannten, zweiundzwanzigjährigen – später als Rennfahrer berühmt gewordenen – Hans Stuck als Chauffeur des Sportwagens bestimmt. Als Fahrer des roten Viersitzer-Phaetons wurde der Dürkopp-Vertreter in den Niederlanden, der Ingenieur Arthur Stuhr, der bereits an zahlreichen Automobilwettkämpfen und -rennen erfolgreich teilgenommen hatte, ausgewählt.

Am 10. November um vier in der Früh waren die beiden mit den Autos von Haarlem zum Treffpunkt am Hafen in Ewijksluis aufgebrochen. Zur gleichen Zeit bestiegen der Kronprinz Wilhelm, sein Adjutant Müldner und Kammerdiener Hermann Wölk sowie der neue Bürgermeister von Wieringen, Louis Charles Kolff, ein Motorboot. Gegen sechs Uhr machte sich die kleine Gruppe mit den Autos auf den Weg. Hin und wieder fuhren die beiden Rennfahrer mit Höchstgeschwindigkeit über die leeren Straßen. Alkmaar, Haarlem, Amsterdam, Amersfort, Apeldoorn, Deventer nach Almelo: Einkehr in der Brauerei Hagedorn zum Champagner-Frühstück. Soviel Zeit musste sein. Der Bürgermeister Kolff verabschiedete sich vom Prinzen und ein Herr Thielen von der niederländischen Grenzpolizei stieß zu der Gruppe, die weiter über Borne, Hengelo und Oldenzaal zum Zollamt De Poppe an der niederländisch-deutschen Grenze fuhr. Der Graf von Geldern und seine Begleiter kamen unerkannt über die Grenze und wurden dort unter anderem von Major Carl Friedrich von Selasinsky, der die Reiseroute auf den deutschen Seite geplant hatte, erwartet. Im Bentheimer Wald wurde der Frühstückskorb mit Butterbroten hervorgeholt. Mit einem Becher Portwein stieß man auf die Heimat an. Weiter ging es durch das Münsterland zum Schloss Hamborn bei Paderborn, das mal im Besitz der Familien von Mallinckrodt und von Droste zu Hülshoff war und nun dem Freiherrn von Rüxleben gehörte. Nach einer zwölfstündigen Reise genossen alle den gemütlichen Abend.

Am nächsten Morgen machte die Direktion der Dürkoppwerke ihre Aufwartung: Gustav Möllenberg, Georg Hartmann und August Rosenkötter ließen es sich nehmen, von Bielefeld herüber zu kommen und hatten *für alle Fälle* einen zweiten Sportwagen mitgebracht. Der Ersatzwagen wurde von Reinhold Dürkopp, einem Neffen von Nicolaus Dürkopp, gefahren. Ein Ingenieur überprüfte noch einmal alle Wagen auf ihren technisch einwandfreien Zustand.

Erst nach dem Mittagessen ging die Reise weiter durch die Töpferregion zwischen Weser und Leine, das sogenannte *Pottland*, zum Schloss Brüggen des Baron von Cramm südlich von Gronau an der Leine gelegen. Ungemütlich wurde es auf den braunschweigischen Straßen, die mit einem miserablen, holprigen Kopfsteinpflaster bedeckt waren, um sie gegen das Ausfahren durch die schweren Rübenfahrzeuge zu schützen. Die Gäste kamen zwar durchgerüttelt aber wohlbehalten an und waren zur Kaffeetafel und zum Abendessen eingeladen. Es wurde bis spät in die Nacht gut gelaunt gefeiert.

Die dritte Station war das Schloss des Fürsten Friedrich von Solms-Baruth, gut sechzig Kilometer südlich von Berlin gelegen. – Es ist schon praktisch, wenn man als Adliger in Europa unterwegs ist. Irgendwo ist immer eine Burg, ein Schloss oder ein Herrenhaus in der Nähe, wo man Station machen kann. Jeder ist mit jedem verwandt, man kennt sich.

Am letzten Reisetag brach man schon früh um halb neun auf: durch den Spreewald und die Lausitz nach Breslau und weiter ostwärts. Rund 1.300 Kilometer lagen hinter der Reisegruppe, als sie in Schloss Oels, dem größten Renaissanceschloss in Europa, der Sommerresidenz des Kronprinzen und seiner Familie, am Abend gegen sieben Uhr eintraf und von einer ganzen Schar von Presseleuten empfangen wurde.

Von Schloss Oels schickte Kronprinz Wilhelm eine Nachricht an Jan Kan, um ihm für seine Hilfe zu danken:

Ich weiß nicht, was wir ohne Sie gemacht hätten. Die Rückfahrt verlief glatt abgesehen davon, dass mein drittes Auto gegen einen Baum fuhr und dabei ein Kriminalbeamter verletzt wurde. Bin fast unerkannt durch mein Vaterland gereist, manches hat sich gewaltig geändert seit 1914. Traurig ist, dass man nirgends mehr Militär sieht… .

Jan Kan, die niederländische Regierung, die Alliierten und die meisten Deutschen werden letzteres anders gesehen haben.

*

Nach erfolgreichem Abschluss der heimlichen Fahrt von der Insel Wieringen nach Schlesien bekamen alle Beteiligten als Dank für ihre Bemühungen Geschenke. August erhielt die Lebenserinnerungen des Kronprinzen als Buch, ein Foto mit Widmung und dazu das vom Kronprinzen eigenhändig geschmiedete Hufeisen mit dem eingestanzten *W* für Wilhelm.

*

Der Wechsel zu Dürkopp in Bielefeld war für August hinsichtlich der vielen neuen Beziehungen und Bekanntschaften sicherlich nicht falsch gewesen. Auf der Gefühlsebene verzeichnete er ein deutliches Plus. Was ihm aber von Anfang Sorgen bereitete war die wirtschaftliche Entwicklung und die finanzielle Situation des Unternehmens. Die Zeit der fetten Kriegsgewinne von je fünfundzwanzig Prozent Dividende für die drei Jahre von 1914 bis 1917 war schon lange vorbei, als August bei Dürkopp anfing.

Nach 1918 hatte die Wirtschaft und insbesondere die Bevölkerung die ungeheuren Kosten des Krieges zu tragen. Die Siegermächte forderten von Deutschland enorme Reparationsleistungen. Die Folge war eine zunächst schleichende Geldentwertung, dann aber eine galoppierende Inflation. Im Oktober 1921 hörte man hinter vorgehaltener Hand vom Staatsbankrott. Im Dezember gab es den großen Börsenkrach: Die Wertpapiere wurden zunächst immer höher gehandelt, um anschließend ins Bodenlose zu fallen. Der Dürkopp-Generaldirektor Gustav Möllenberg konnte nicht verhindern, dass Großbanken die Aktienmehrheit bei der Dürkopp AG übernahmen.

Weil die internationalen Handelsbeziehungen erst wieder mühsam aufgebaut werden mussten, kam es überall zu einem Mangel an Rohstoffen. Bei Dürkopp hatte man deshalb seit 1921 die Typenpalette bei den Automobilen drastisch reduziert. Trotz aller Bemühungen, den Kraftfahrzeugsektor zu stabilisieren, war die Firma seit 1923 nicht mehr in der Lage gewesen, den Aktionären Dividenden auszuzahlen. Die Direktion bei Dürkopp hatte alles daran gesetzt, diesen Trend umzukehren. Es wurden Millionen in neue Anlagen und Maschinen, vor allem in die Fließbandfertigung in der Fahrrad- und Nähmaschinenproduktion investiert.

Wahrscheinlich aber hatten die Banken schon vor dem Krieg die Zukunftsaussichten für Dürkopp in der Automobilproduktion für Oberklassenmodelle wesentlich schlechter eingeschätzt als bei dem direkten Konkurrenten *Daimler-Benz*, an denen sie ebenfalls umfangreich beteiligt waren. In der Folge schränkten die Großbanken den Spielraum der Dürkopp-Direktion immer mehr ein.

Ende Februar 1925 kam es zu Streikmaßnahmen der Dürkopp-Belegschaft, die über zwei Monate dauerten und zu einem starken Rückstand in der Produktion führten. Die Direktion hoffte aber, die Rückstände bei ungestörten Betriebsmöglichkeiten größtenteils wieder aufzuholen.

*

August bereitete sich früh auf berufliche Alternativen vor: Ende Juni 1926 wurde August vor der *Bielefelder Industrie- und Handelskammer* als Bücherrevisor vereidigt. Ende September gab das Amtsgericht Bielefeld bekannt, dass sowohl der Generaldirektor der Dürkoppwerke AG, Gustav Möllenberg, als auch der kaufmännische Direktor, August Rosenkötter, aus dem Vorstand ausgeschieden seien. August war fünfzig Jahre alt. Reich an Erfahrungen wusste August nun seine kaufmännischen Fähigkeiten einzusetzen, indem er sich als selbstständiger Buchprüfer niederließ.

Die Familie musste in eine neue, aber kleinere Wohnung in der Fröbelstraße 45 umziehen. Doch schon bald war klar, dass die Wohnung zu klein war, um auch ein Büro aufzunehmen. Also wurde das Haus in Essen in der Irmgardstraße 64 für 33.000 Mark an einen ehemaligen Arbeitskollegen aus der Buchhaltung bei Goldschmidt verkauft, um auf dem Grundstück Schumannstraße 10 eine Villa mit elf Zimmern und einem Büro im Souterrain zu errichten. August hatte, als die Familie noch in dem Haus der Dürkoppwerke wohnte, bereits das Nachbargrundstück gekauft und mit einem kleinen Gartenhäuschen bestückt.

*

Otto Satorius sorgte dafür, das August nach seiner Entlassung 1926 der von ihm geliebten Unterrichtstätigkeit nachgehen konnte: Die Industrie- und Handelskammer organisierte regelmäßig *Akademische Kurse für Wirtschaftswissenschaften*. Im Bereich Betriebswirtschaftslehre konnte August zwölf Doppelstunden zu *Schwierige Buchführungs- und Bilanzfragen* jeweils abends von acht bis zehn Uhr in der Zeit von Ende November bis Anfang März 1926/27 anbieten.

Weil August über großen Fachkenntnisse und Erfahrungen verfügte und er gute Verbindungen zum Gericht hatte, wurde dem ehemaligen kaufmännischen Direktor Rosenkötter die Handlungsvollmacht für die Getreide-, Futter- und Düngermittelhandlung Wilhelm Eickhoff treuhänderisch durch einstweilige Verfügung des Amtsgerichts Bielefeld im August 1926 übertragen. Die Witwe und Kinder sowie die Brüder des im März verstorbenen Wilhelm Eickhoff waren zu unterschiedlichen Anteilen als Erben eingesetzt worden, konnten sich aber offensichtlich nicht auf eine einvernehmliche Betriebsführung einigen. Erst zwei Monate später kam es zu einer Klärung der Verhältnisse und August wurde vom Gericht von seiner Aufgabe entbunden.

Etwa zur gleichen Zeit wurde August Teilhaber der Firma Lotze & Rosenkötter, die sich mit der Reinigung von Zentralheizungskesseln befasste. Eine Anzeige in der Westfälischen Zeitung pries die Vorteile an: *Koksersparnis! Keine Betriebsstörung! Einschränkung der Reparaturen! Verlängerung der Lebensdauer!* Die Firma, die August zusammen mit dem Major a. D. Robert Lotze führte, scheint aber nicht lange Bestand gehabt zu haben.

Zwei Jahre später erschien folgende Anzeige in der Lokalzeitung: *Vom 25. September 1928 ab befindet sich mein Büro in meinem Neubau Schumannstraße 10. A. Rosenkötter, öffentlich angestellter und vereidigter Bücherrevisor, Steuerberater und Treuhänder.* August hatte sich als Selbstständiger etabliert.

Im März 1929 wurde er vom Amtsgericht in den Vorstand der *Friedrich-Wilhelms-Bleiche* berufen. Dieses Unternehmen war 1846 von Rudolf Delius gegründet worden und gehörte von Anfang an zu den größten Bleichen in Bielefeld-Brackwede mit einer Kapazität von anfangs 20.000 Stück Leinen. Zwanzig Jahre später waren es fast 30.000 Stück Leinen, die auf einer Rasenfläche von fünfzig Morgen bearbeitet wurden. Im Juni kam die Mitteilung, dass der Bücherrevisor August Rosenkötter aus dem Vorstand ausgeschieden sei. Im Juli berichtete die Westfälische Zeitung von einem Aktionärskampf bei der Friedrich-Wilhelms-Bleiche. Es hätte heftigen Protest der Aktionäre gegen die Abberufung des bisherigen Vorstandsmitglieds Rosenkötter gegeben, denn der hatte seine Arbeit zur großen Zufriedenheit der Aktionäre gemacht. Das Ergebnis der Abstimmung über die Entlastung des ehemaligen Vorstandsmitglieds spiegelte die hohe Meinung wider: 23.134 zu 1422 Stimmen, 94 Prozent.

*

August wurde in den nächsten Jahren zunehmend von den Gerichten als Sachverständiger, Treuhänder, Bücherrevisor, Vertrauensperson, Konkursverwalter und Liquidator eingesetzt.

Im Oktober 1929 wurde der ehemalige Direktor Rosenkötter als Sachverständiger vernommen: August kam zu dem Ergebnis, dass die von ihm geprüfte Buchhaltung überaus unordentlich und mangelhaft geführt worden war. Das erweiterte Schöffengericht Minden verurteilte folglich den angeklagten Direktor der *Bierbaum & Co. Mühlenwerke AG* in Reelsen wegen Konkursverbrechens zu einer Geldstrafe von 400 Reichsmark.

Als die Bielefelder Firma *Wittler & Co GmbH*, die vor allem Fahrräder produzierte, Anfang der dreißiger Jahre in Schwierigkeiten kam, wurde August vom Gericht als Treuhänder berufen.

Unmittelbar nach dem Ersten Weltkrieg hatten sich zahlreiche Menschen selbstständig gemacht und kleine Geschäfte eröffnet. Der kaufmännische Ausbildungsstand eines nicht unerheblichen Teils dieser Einzelhändler war mangelhaft. Seit 1935 wurden sogenannte *Einzelhandels-Treuhandstellen* gebildet, deren Aufgabe Berufsförderungsmaßnahmen waren, durch die eine gründliche Schulung der Einzelhändler in ihren Berufsaufgaben erreicht werden sollte. August betrieb eine von fünf in Bielefeld zugelassenen Einzelhandels-Treuhandstellen.

Als Bücherrevisor hatte August die Bücher und Bilanzen der *Hartsteinwerke Brackwede* zu überprüfen. Er wurde als Vertrauensperson in den Vergleichsverfahren der *Wäschefabrik Heinrich Eggemann Sohn GmbH*, der *Einheitspreis-Konfektion GmbH* und der *Weinhandlung Firma Wilhelm Barmeier* vom Amtsgericht Bielefeld eingesetzt.

Immer häufiger wurden Konkursverfahren durchgeführt und August wurde als Konkursverwalter vom Gericht bestimmt. So kam der Kaufman Fritz Herzberg mit seiner *Firma Paul Herzberg* in Schwierigkeiten oder das *Modehaus Hansa* des Kaufmanns Wolff geriet in Konkurs. Probleme bekam die bekannte Firma *August Rabeneick, Schleif- und Polierscheibenfabrik* und auch über die Vermögen des Möbelhändlers Erich Wittenborn in Stieghorst und des Kaufmanns Hans Lükewille, Friseurbedarfsartikel in Brackwede wurde der Konkurs eröffnet. Als Liquidator fungierte August bei der Firma *Tebeha Textil- und Bekleidungshaus GmbH*.

August wurde aber auch angesprochen, wenn es um eine ordentliche Haushaltsauflösung ging. Mehrmals erschien die folgende Anzeige unter Verschiedenes in der Lokalzeitung:

Infolge Auflösung sollen in der Wohnung Brandenburger Straße Nr. 11, 1. Etage, Möbel, Klavier, Teppiche, Gemälde, Porzellan, Silbersachen usw. günstig verkauft werden. Der Verkauf findet ab Dienstag, täglich von 9 - 13 Uhr, statt. Im Auftrage: Aug. Rosenkötter, beeideter Bücherrevisor.

*

Jedes Mal wenn August die Buchführung eines Unternehmens, sei es ein kleines Geschäft, ein Werk oder ein Konzern, auf seine Richtigkeit überprüfen durfte, fühlte er sich zuhause: Die Welt der Zahlen, der Einnahmen und Ausgaben, wenn die einzelnen Buchungsposten lückenlos nachvollziehbar waren und belegt werden konnten, alles zeitlich und sachlich richtig und vollständig verzeichnet war, wenn Aktiva und Passiva, Vermögen und Verbindlichkeiten ausgeglichen waren, dann war August zufrieden, ja glücklich. Nichts irritierte ihn aber mehr als Unstimmigkeiten oder gar Fehler. Noch schlimmer waren bewusste Irreführung oder gar Bilanzfälschungen, das empörte ihn, machte ihn wütend. So konnte man mit Zahlen nicht umgehen.

Diese Welt der Zahlen hatte ihn vom Buchhalter in der Ausbildung bis zum Direktor eines Großunternehmens geführt. In der Selbstständigkeit als Bücherrevisor bekam er reichlich zu tun, denn die wirtschaftlich schlechte Lage vieler Betriebe bis hin zur Abwicklung der Unternehmen bedeutete für August viel Arbeit und ein gutes Einkommen. Als sich die Konjunktur langsam stabilisierte und viele Leute in Arbeit kamen, wurde August Steuerberater und wieder war ihm die Kundschaft sicher. Das Geschäft konnte sehr gut ausgebaut werden, so dass diese Zeit Mitte der zwanziger bis Anfang der dreißiger Jahre, wie er sagte *doch recht glücklich war*. Sein Beruf war krisensicher – zumindest wenn es sich um konjunkturelle Schwankungen handelte.

*

August Rosenkötter war als vereidigter Buchprüfer Mitglied im *Verband Deutscher Bücherrevisoren*, mehr noch, er war Führer des Gaues Oberlandesgerichtsbezirk Hamm in Westfalen. Dazu gehörten sämtliche Bezirke der Landgerichte Bielefeld, Bochum, Dortmund, Essen, Hagen, Paderborn, Münster, Arnsberg und Siegen mit ihren vierundsiebzig Amtsgerichten. Im November 1933 fand eine Sitzung des *Verbandes Deutscher Bücherrevisoren, Wirtschaftsprüfer und -treuhänder e. V., Sitz Berlin* in Hagen statt. Auf dieser Verbandssitzung wurde beschlossen – oder vielmehr angeordnet – dass die vereidigten Buchprüfer als ein Organ der Rechtspflege sich dem *Bund Nationalsozialistischer Deutscher Juristen* anschließen. Dieser hatte ein halbes Jahr zuvor die Verpflichtung zur Mitgliedschaft in der NSDAP aufgehoben, damit möglichst alle Juristenverbände zusammengeführt werden konnten. Im Mai 1934 wurde der Bund Nationalsozialistischer Deutscher Juristen in *Nationalsozialistischer Rechtswahrerbund* umbenannt.

Verantwortlich für diese Politik zeichnete der von Reichspräsident Hindenburg 1933 ernannte Reichsjustizkommissar Hans Frank, der seit dem Herbst 1923 sowohl Mitglied der SA wie auch der NSDAP war und am Putschversuch Adolf Hitlers am 9. November 1923 in München teilgenommen hatte. Als Reichskommissar war Frank zuständig für die *Gleichschaltung der Justiz und für die Erneuerung der Rechtsordnung*. Sämtliche Mitglieder des Rechtsstandes sollten in der *Deutschen Rechtsfront* als Zwangsorganisation zusammengefasst werden. Auf diese Weise sollte der Totalitätsanspruch der NSDAP auch in der Rechtspolitik durchgesetzt werden.

Hans Frank wurde als *Schlächter von Polen* bekannt und 1946 als einer von vierundzwanzig Hauptkriegsverbrechern vor dem Internationalen Militärgerichtshof in Nürnberg in den Anklagepunkten *Kriegsverbrechen* und *Verbrechen gegen die Menschlichkeit* schuldig gesprochen und zum Tode durch den Strang verurteilt.

*

Am 2. Dezember 1933 berichtete das Bielefelder Tageblatt ausführlich in mehreren Artikeln über die *Einheit von Partei und Staat*: Die NS-Reichsregierung hatte am Tag zuvor das *Parteigesetz* verabschiedet. Im Paragraphen 1 heißt es:

Nach dem Siege der nationalsozialistischen Revolution ist die Nationalsozialistische Deutsche Arbeiterpartei die Trägerin des Staatsgedankens und mit dem Staat unlöslich verbunden. Sie ist eine Körperschaft des öffentlichen Rechtes. Ihre Satzung bestimmt der Führer.

In einem weiteren Zeitungsartikel – *Die Front der Anständigen* – wurde über die machtvolle Kundgebung der Deutschen Arbeitsfront in dem Dürkopp-Werk berichtet. Der Bürgermeister Fritz Budde, Mitglied der NSDAP und SA, hielt die Hauptrede:

Gerade in Bielefeld stehen Tausende deutscher Volksgenossen abseits, die wir als ehrliche Menschen anerkennen und um die wir jetzt ringen werden. … Wir unterscheiden weder nach Stand noch Konfession, wir unterscheiden: Bist du ein anständiger Kerl oder bist du keiner. Wir in der Provinz haben nicht die Aufgabe, große politische Probleme zu wälzen, sondern nur die eine: unsere Pflicht und Schuldigkeit gegenüber dem deutschen Volke zu tun. Wir haben nur zu tun, was der Führer verlangt.

*

Die *Deutsche Arbeitsfront* wurde im Mai 1933 nach Zerschlagung der Freien Gewerkschaften gegründet und umfasste nicht nur die Berufsverbände der Angestellten, Beamten und Arbeiter, sondern auch die Unternehmer des *Reichsverbandes der Deutschen Industrie* und der *Vereinigung Deutscher Arbeitgeberverbände*, die im *Reichsstand der Deutschen Industrie* zusammengeführt wurden.

Niemand konnte sich der Gleichschaltung durch die NSDAP entziehen. August bekam von der *Arbeitsfront* der Partei die Leitung der *Arbeitsgemeinschaft für Bilanzbuchhalter* von Mai 1936 bis November 1938 übertragen. Dies bedeutete vor allem Lesungen zu Fragen der Buchhaltung zu halten.

*

Tante Auguste, Oscars Tochter, hatte ihre eigene Sichtweise auf Deutschland. Schon als Kind war sie viel im Deutschen Reich und den Niederlanden herumgekommen: Soest, Elberfeld, Ems, Aachen, Rotterdam, Rheden bei Arnheim, Dortmund. Mehrere Male besuchte sie ihre Geschwister und Cousins in den Niederlanden. Acht Wochen lang begleitete sie eine Dame auf deren Italienreise. Ab 1931 – Auguste war 65 Jahre alt – lebte sie eine Weile bei ihrer Schwester Anna in Rotterdam. Die letzten Jahre ihres Lebens wohnte sie am *Van Tuyll van Serooskerkenplein* im Amsterdamer Stadionviertel.

Die Beziehungen zwischen den Niederlanden und dem Nordwesten Deutschlands waren schon immer sehr eng. Insbesondere die holländischen Städte wie Amsterdam, Den Haag und Rotterdam zogen deutsche Arbeitskräfte an. Ab 1933 entstanden in den deutschen Kolonien in den Niederlanden Ortsgruppen der NSDAP, die nach und nach in allen deutschen Institutionen und Vereinen ihre Ideologie verbreiteten und zunehmend Einfluss gewannen. Die Deutschen in den Niederlanden orientierten sich an den politischen und gesellschaftlichen Vorgaben aus dem Heimatland und standen diesen Entwicklungen relativ unkritisch gegenüber.

In mehreren Briefen berichtete Auguste von ihrem Leben in den Niederlanden:

Anfang März 1934 fand im Deutschen Klub ein Hitlerabend statt. Die Musikkapelle und Redner waren aus Düsseldorf gekommen. Der große Saal war überfüllt, wohl tausend oder noch mehr Menschen waren gekommen. Überall hingen Hitlerfahnen, die mit dem Hitlergruß geehrt wurden. Zum Schluss der Veranstaltung wurde für die Winterhilfe gesammelt. Hier in Amsterdam gibt es eine kleine NS-Vereinigung, sie wird aber sehr angefeindet. Ich lese jetzt mit großem Interesse ›Mein Kampf‹ und bin voller Bewunderung für diesen Mann, den uns wirklich der liebe Gott geschickt hat, möge nur alles was er tut und denkt zum Segen unseres Volkes ausfallen.

Zu den Reichstagswahlen wurde den Auslandsdeutschen in den Niederlanden ermöglicht, ebenfalls an der Wahl teilzunehmen. Auguste schrieb, dass sie zu der Wahl 1933 mit einem Sonderzug von Amsterdam nach Kleve gefahren sei. Jetzt, 1936, würde wieder ein Extrazug organisiert werden, den wohl die meisten Deutschen nehmen würden. Andere führen von Amsterdam aus mit dem Motorschiff auf dem Nordseekanal nach IJmuiden, wo sie im neutralen Gewässer außerhalb des niederländischen Hoheitsgebiets an den Reichstagswahlen teilnehmen würden. Auguste bedauerte, dass sie dieses Mal nicht fahren könnte: *Es ist für mich zu anstrengend, alleine geht es überhaupt nicht.*

Ende März 1936 machte Auguste sich große Sorgen über die Zukunft, *denn Frankreich wird wohl nie zur Vernunft kommen. Die anderen Völker tun, was Frankreich will. Es ist, als ob alle mit Blindheit geschlagen sind. Man versteht solche Blindheit und Borniertheit nicht.*

Was war passiert? Frankreich und die Sowjetunion hatten im Mai 1935 einen Beistandspakt vereinbart, für den Fall, dass eine der Vertragsparteien Opfer eines Angriffs eines dritten Staates würde; eine Bündnispolitik, wie sie jahrelang von Bismarck erfolgreich betrieben wurde. Aufgrund des Ratifizierungsprozesses im März 1936 ließ der NS-Staat das Rheinland von der Wehrmacht besetzen. Dies kam einer Remilitarisierung des Rheinlandes gleich und war ein offenkundiger Verstoß gegen den Friedensvertrag von Versailles. Die Siegermächte reagierten nicht mit militärischen Gegenmaßnahmen und ließen sich von von deutschen Friedensbeteuerungen beschwichtigen.

Auguste fand das Vorgehen der Nazis völlig richtig: *Die Deutschen sind wirklich das best geschätzte Volk unter der Sonne; aber es ist auch viel Neid und Angst dabei. Nur, wir stehen ja alle in Gottes Hand und wer sich auf ihn verlässt, wird je nicht verlassen werden.*
Und Gott hatte ja Hitler geschickt… Am Abend würde sie sich das Resultat der Wahl anhören und sie freute sich schon auf die Rede Hitlers einige Tage später: *Was wird es für Staub aufwirbeln.*
Sie fühlte sich durch Frankreich und Russland bedroht. *Wird es England gelingen, Frankreich zur Raison zu bringen?* Und wenn Russland seinen Kommunismus über die Völker brächte, dann wäre wohl alles verloren. *Wir sind jetzt ebenso wie 1914 eingekreist, nur noch schlimmer. – Gott schütze unser Vaterland, das ist mein tägliches Gebet. Er ist der einzige, der hier Einhalt tun kann, und je mehr Glauben wir ihm entgegen bringen, desto sicherer wird er uns nicht verlassen.*

Im August 1936 war Auguste mit ihren Geschwistern für drei nette Wochen im Harz. *Ich genoss endlich wieder deutsche Luft, doch die Menschen sind Ausländern gegenüber zu unvorsichtig. Plaudern alles aus, was ihnen nicht recht ist oder passt und die Ausländer legen es dann nach ihren Gunsten aus. Ich habe verschiedenen Deutschen gründlich meine Meinung gesagt – aber was hilft es.*

Wenig später sah Auguste die Zukunft für Deutschland noch düsterer: *Das Ausland fabelt Krieg, es ist schrecklich, dass uns Deutschen alles in die Schuhe geschoben wird. Nur Schlechtes wird von uns gedacht, Gutes kommt nie in die ausländische Zeitung, dass ist für Deutsche, die im Ausland leben müssen, schwer zu ertragen. – Von Herzen hoffe ich, dass alles besser kommt, als ich befürchte, und wir vor einem Krieg bewahrt bleiben.*

*

Kurz vor ihrem Tod 1937 berichtete Tante Auguste ihren Neffen Paul und Robert, die inzwischen in der Hauptstadt arbeiteten, von ihrem Besuch bei deren Eltern, August und Martha:

Ich habe die vierzehn Tage in Bielefeld sehr genossen. Nach vier Jahren sah ich alle wieder. Vater besser denn je, Mutter sehr nervös. Es stürmt zu viel auf sie ein. Ohne Menschen ist das Haus doch zu groß. Dazu kommt noch der Garten. Reni – das Hausmädchen – ist fleißig aber noch so jung.

August, sechzig Jahre alt, war noch zuversichtlich, dass es ihm beruflich wieder besser gehen würde. Die wirtschaftliche Lage hatte sich in den dreißiger Jahren stabilisiert, es herrschte Vollbeschäftigung. Das Schlimmste schien überwunden. August hatte bisher reichlich verdient, das Geld krisensicher in Haus und Boden investiert. Außerdem hatte er für das Alter genug Geld auf dem Bankkonto gut verzinst angespart und mit Versicherungen die letzte Lebensphase abgesichert.

Seine Frau Martha aber machte sich Sorgen um die Zukunft. Sie hatte die gesellschaftliche Anerkennung genossen. Aber nun war ihr Mann ein gescheiterter Direktor und in seiner Selbstständigkeit lief es auch nicht rund. Die Söhne waren nicht mehr im Hause. Paul war bereits verheiratet und lebte in Berlin. Robert, der jüngere Sohn, hatte in Berlin studiert, dann als Ingenieur in Bitterfeld – wo er sich verliebt hatte – und in Roßlau an der Elbe gewohnt. Jetzt war er wieder in Berlin und wollte demnächst heiraten. Seine Mutter aber mochte *diese Frau* nicht und wollte auch keinen Kontakt zu ihr. Es schien Martha, als wenn man ihr nach und nach alles nehmen wollte.

*

Der Beginn des Zweiten Weltkrieges am 1. September 1939 bedeutete für August zunächst noch weniger Arbeit und Einkünfte. Und mehr Sorgen um die Zukunft seiner Familie: Paul war, wie es damals hieß, *nicht kriegsverwendungsfähig* und wurde zur Arbeit beim *Reichsnährstand* in Berlin verpflichtet. Der Reichsnährstand, 1933 als ständische Organisation der Landwirte gegründet, wurde mit Kriegsbeginn zunehmend zu einem Instrument der NSDAP.

Robert war für sechs Monate als Soldat in Polen eingesetzt, wurde dann zum Sperrwaffenversuchs-Kommando als Abnahme-Ingenieur bei der Goldschmidt-Firma *Hagenuk* in Kiel überstellt und zwei Monate später als Marine-Ingenieur bei der Beschaffungsabteilung der Sperrwaffeninspektion verbeamtet. Als Marine-Oberingenieur wurde er bis Ende des Krieges in der Erprobungsstelle für Seeminen, Torpedos, Wasserbomben und Abwehrwaffen verpflichtet.

*

Immer wieder wurden von den britischen und amerikanischen Flugzeugen über Bielefeld Brand- und Sprengbomben abgeworfen. Vor allem die Innenstadt mit dem eng bebauten Wohnviertel Gehrenberg, die Dürkopp-Werke und in Richtung Heepen das Lagerhaus der Ravensberger Spinnerei wurden weitgehend zerstört. Die Außenbezirke der Stadt kamen weitgehend glimpflich davon. Das Haus in der Schumannstraße 10 wurde indirekt durch Brandbomben und Bomben auf Nachbargrundstücke beschädigt.

Die psychischen Auswirkungen auf August und Martha waren größer: Der Buchhalter, der sich beim Kohlensyndikat, der Zeche Consul und Goldschmidt durch nichts – nicht durch Krieg, Inflation oder Wirtschaftskrisen – aus der Fassung bringen ließ, hatte in den letzten zwanzig Jahren zu viele Erniedrigungen und Niederschläge erfahren, als dass er allein die Situation bewältigen konnte. Die Eltern baten ihren Sohn Robert nach Bielefeld zu kommen, um ihnen zu helfen. Im großen Haus waren inzwischen zahlreiche Flüchtlinge einquartiert worden. Jeder Familie standen zwei Räume zu. Robert und seine Frau richteten sich –

nach Überwindung einiger bürokratischer Hemmnisse – im Keller des Elternhauses ein. Dieses Haus war der einzige Aktivposten; Ersparnisse und Versicherungen waren kaum noch etwas wert. Augusts Gesundheit ließ immer mehr nach. Die Eltern plagten Existenzängste. Hinzu kamen Querelen und Ärger in der Familie.

*

Gänzlich andere Erfahrungen machte in Berlin die Familie von Hans Rosenkötter, Augusts siebzehn Jahre jüngerem Bruder. Der hatte Lina Weinberg während des Ersten Weltkrieges bei der Firma Goldschmidt kennengelernt und die beiden hatten 1918 in Essen geheiratet. Danach hatte Hans das Studium der Philosophie in Heidelberg aufgenommen. 1921 promovierte er bei Professor Gothein, der den Lehrstuhl Max Webers für Nationalökonomie übernommen hatte. Gothein vertrat linksliberale Ansichten, war gegen die Mobilmachung und den Beginn des Ersten Weltkrieges. Er war Mitglied in der Deutschen Demokratischen Partei, die auch die politische Heimat Walter Rathenaus war.

Kurz darauf waren Hans und Lina nach Berlin gegangen. Dort wurde Hans Syndikus und Prokurist in der Geschäftsleitung der *Gebrüder Pierburg AG* in Berlin-Tempelhof. Nach der Geburt des Sohnes Lutz 1925 zog die junge Familie nach Berlin Lankwitz, später Lichterfelde und genoss die Nähe des Schlachtensees.

*

Für die letzte Aprilwoche 1932 vermeldete die *Sächsische Dorfzeitung und Elbgaupresse* den Aufenthalt des Syndikus Dr. Hans Rosenkötter in *Dr. Weidners Sanatorium* im Dresdener Stadtteil Loschwitz. Die Kureinrichtung befand sich in exklusiver Lage im Wachwitzer Höhenpark oberhalb der Elbe mit Blick auf die Altstadt, das Elbflorenz. Hier traf sich die Prominenz aus Kunst, Kultur und Wirtschaft neben hochrangigem Adel und Militär. So hatte sich zur gleichen Zeit auch der Maler Emil Nolde aus seinem Winterquartier in Berlin-Westend zu einem Kuraufenthalt eingefunden.

Das 1914 errichtete schlossartige Gebäudeensemble verfügte über zahlreiche Gesellschaftsräume: Eine Bibliothek mit gemütlichen Ohrensesseln bot Rückzugsmöglichkeiten, der Musik- und Spiegelsaal lud ein zu Konzerten und Tanz und im Billard- und Radiozimmer durfte auch geraucht werden. Das Sanatorium bot *klinisch geleitete, diätisch-physikalische Heilkuren.* Im Kurmittelhaus befanden sich die Behandlungsräume mit Badekabinen, mehrere Gymnastiksäle und auf dem Dach eine Sonnenterrasse. Im Freien gab es Luftbäder – getrennt für Herren und Damen, Plätze für Freiübungen sowie eine Kegelbahn und einen Tennisplatz.

Im Spätsommer 1936 erholten sich Hans und Lina gemeinsam in Dr. Weidners Sanatorium. Sie hatten es wohl nötig: In den ersten beiden Augustwochen waren zahlreiche Freunde, Bekannte und Verwandte zu Besuch. Vom großen Balkon der neuen Wohnung am Kaiserdamm konnte man mehrfach Hitler und Mussolini beobachten, wie sie in ihren offenen Mercedes-Limousinen – vom *Sieg Heil!*-Geschrei der Massen begleitet – zum Olympiastadion fuhren. Die meisten Gäste auf dem Balkon machten spöttische Bemerkungen, nur Hans' älterer Bruder Wilhelm hielt sich mit seiner Sympathie für die Nazis nicht zurück.

*

Die Wohnung am Kaiserdamm 35 lag im großbürgerlichen, weltoffenen Milieu Charlottenburgs. Zwei der sieben Zimmer nutzte Hans als Büro, denn zu jener Zeit arbeitete er als selbstständiger Steuerberater und Wirtschaftsprüfer. Ausschlaggebend für den Wohnungswechsel waren aber die verächtlichen und antijüdischen Verhaltensweisen im mittlerweile vorherrschenden kleinbürgerlichen Milieu in Lichterfelde. Der Boykott jüdischer Geschäfte und der zunehmende Antisemitismus belasteten die junge Familie, denn Lina Weinberg war Jüdin und damit galt ihr Sohn Lutz als *jüdischer Mischling 1. Grades.* Die Anfeindungen in der Schule waren manchmal nur schwer zu ertragen. Die Eltern litten unter dem Stigma, das ihnen auferlegt war. Und auch Hans' Brüder und deren Frauen äußersten sich immer wieder abfällig über *die Juden* und verhehlten nicht ihre Sympathie für die Nazis.

*

Das Verhältnis zu den jüdischen Verwandten in Minden jedoch war sehr eng. Lutz liebte seine warmherzige Großmutter Bertha, die jedes Jahr ein paar Monate bei der Familie ihrer Tochter Lina in Berlin verbrachte und die übrige Zeit bei ihrem Sohn Max und seiner Frau Else in Minden. Auch Lutz' Tante Rahel, die alle Lu nannten, besuchte sie oft.

1942, als Lutz siebzehn Jahre alt war, wurde seine Großmutter nach Theresienstadt deportiert. Er und seine Mutter Lina konnten sich noch von Bertha verabschieden und sie zum Bahnhof in Minden begleiten. Sein Onkel Max und dessen Frau Else waren bereits 1941 nach Riga deportiert worden. Beide starben 1944, Max in Dachau, Else in Stutthof bei Danzig. Ihr Sohn Günter wurde 1942 ins Ghetto Warschau deportiert und starb wenig später. Tante Rahel wurde 1943 ins KZ Auschwitz deportiert und dort ermordet. Onkel Wilhelm Weinberg in Essen floh mit seiner Frau und Tochter im September 1937 in die lombardische Kleinstadt Codogno. Dort wurde er im Dezember 1943 verhaftet und beging einen Monat später Selbstmord im Mailänder Gefängnis San Vittore. Seiner Frau Hilde und ihrer Tochter Inge gelang Anfang 1944 die Flucht in die Schweiz, wo sie im Februar 1945 Bertha trafen, die durch einen Tauschhandel in die Schweiz abgeschoben worden war. Als einzige Überlebende dieser Familie Weinberg gelangten die drei Frauen im Sommer 1947 auf dem Schiff *Ernesto* von Savona, Italien ins Exil nach New York.

*

Im ersten Monat der sogenannten Schlacht um Berlin zerstörte die Bomberflotte der Royal Air Force ganze Stadtteile. In der Nacht vom 22. auf den 23. November 1943 wurde auch das Haus Kaiserdamm 35 – zwischen Soor- und Ahornstraße gelegen – getroffen. Im Luftschutzkeller des Hauses wurde Lina, die Mutter von Lutz, von einem herabstürzenden Balken erschlagen. Der Vater und das Hausmädchen Luise blieben unverletzt. Lutz befand sich während dieser Bomberangriffe im Luftschutzbunker Bahnhof Zoo. In jener Nacht wurde auch die Kaiser-Wilhelm-Gedächtniskirche stark beschädigt. Heute steht die Turmruine als Mahnmal gegen den Krieg und erinnert daran, dass in diesem Krieg ein Drittel der Wohnungen in Berlin völlig zerstört und ein weiteres Drittel schwer beziehungsweise leicht beschädigt wurde. Tausende Menschen starben, noch mehr wurden wohnungslos.

Nach einer Weile bekam Hans Rosenkötter eine kleine Wohnung im Gebäude des Zirkus Sarrasani am Carolaplatz in Dresden durch seine Mandantin, Zirkusdirektorin Trude Stosch-Sarrasani. Lutz bezog ein möbliertes Zimmer unweit des Zirkus, der ihn auch beschäftigte.

*

Anfang Januar 1945 wurden Hans und Lutz verhaftet – der Vater wegen Abhörens ausländischer Sender, der Sohn, weil er ein Hitlerbild in seinem Zimmer abgehängt und sich über die Landung der Amerikaner in der Normandie gefreut hätte. Sie wurden im SS- und Polizeigefängnis Dresden in der Schießgasse 7 eingesperrt. Wenig später beging Hans Selbstmord in der Gefängniszelle – wahrscheinlich durch Einnahme einer Zyankali-Kapsel.

Onkel Wilhelm Rosenkötter aus Berlin besuchte Lutz im Gefängnis und machte aus seiner Haltung keinen Hehl: *Ich habe ja immer gewusst, dass es mit euch ein schlechtes Ende nehmen wird.* – Selbst der anwesende Kommissar schien unangenehm berührt.

Einen Monat später, in der Nacht vom 13. zum 14. Februar 1945 kam der große Luftangriff auf Dresden. Obwohl das Polizeigefängnis im stark zerstörten Stadtzentrum lag, brannten nur die oberen Stockwerke des Gefängnisses. Nachts wurden in die Zelle von Lutz noch zwei weitere Gefangene eingeschlossen. Gegen Morgen zerschlug ein Hausmeister mit einer Axt die Zellentür, ließ alle Gefangenen, von Wärtern begleitet, zum nahe gelegenen Belvedere und den Elbterrassen bringen.

Die Stadt lag in Trümmern, beißender Qualm, Staub und Hitze quälten die Menschen, das Atmen fiel schwer, die Augen tränten. Natürlich waren die Gefängnisinsassen nicht allein, die Menschen strömten von überall her an das sichere Elbufer. Lutz mischte sich unter die Massen und ging über die Elbbrücke zum Zirkus am Carolaplatz.

Dort traf er auf bekannte Gesichter. Gemeinsam machte man sich auf den Weg nach Bad Schandau, zum Ausweichlager des Zirkus Sarrasani in der Sächsischen Schweiz. Am ersten Tag kamen sie bis Pirna und übernachteten in einem Massenquartier, das in dem Restaurant *Tannensäle* eingerichtet worden war.

*

Nur ein paar hundert Meter von dem Gasthaus entfernt lag die Heilanstalt *Schloss Sonnenstein*, die bald nach ihrer Gründung 1811 aufgrund ihres reformpsychiatrischen Konzepts einen sehr guten Ruf genoss: Die dort tätigen Ärzte gingen davon aus, dass psychische Erkrankungen heilbar seien und die Patienten nicht als Geisteskranke oder Irre abgeschoben und eingesperrt gehörten.

Einer der Patienten war Paul Schreber, der seine Wahnvorstellungen in seinem Buch *Denkwürdigkeiten eines Nervenkranken* detailliert beschrieb.

Diese Darstellung veranlasste Sigmund Freud 1911 zu seinem Aufsatz *Psychoanalytische Bemerkungen zu einem autobiographisch beschriebenen Fall von Paranoia.* Lutz konnte auf seiner Flucht 1945 noch nicht ahnen, welche Bedeutung dieser österreichische Arzt für ihn einmal haben würde: Lutz wurde einer der bekanntesten deutschen Psychoanalytiker, Mitarbeiter von Mitscherlich und Mitherausgeber der Zeitschrift *PSYCHE.*

*

1928 aber begann in der Heil- und Pflegeanstalt Sonnenstein die systematische Ausgrenzung und in den Jahren 1940/41 die systematische Ermordung von rund 13.720 psychisch kranken und geistig behinderten Menschen durch Kohlenmonoxid in einer Gaskammer im Keller der Anstalt. Und hier nahm der systematische Massenmord von KZ-Häftlingen seinen Anfang: Über 1.000 Menschen aus den Konzentrationslagern Sachsenhausen, Buchenwald und Auschwitz wurden in der Gaskammer in Pirna-Sonnenstein ermordet. Erst fünfzig Jahre später wurden diese Vorgänge einer breiten Öffentlichkeit bekannt.

*

Am nächsten Morgen ließen Lutz und seine Wegbegleiter schnell Pirna hinter sich. Sie kamen nur langsam voran und mussten sich immer wieder vor herannahenden Tieffliegern, die auf alles schossen, was sich bewegte, in die Straßengräben werfen. Am Abend waren sie endlich im Ausweichlager Gut Prossen des Zirkus Sarrasani angekommen.

Hier würde man Lutz am ehesten suchen, befand die Zirkusdirektorin und sorgte für seinen weiteren Fluchtweg über den Bahnhof Radebeul nach Berlin. Mit einem großen Geldbetrag ausgestattet und einer Portion Chuzpe gelang die Reise mit der Eisenbahn in die Hauptstadt. In Berlin ging er zu seinem Onkel Wilhelm, der ihn mit den Worten: *Hier kannst du nicht bleiben, das ist viel zu gefährlich. Am besten meldest du dich freiwillig bei der Gestapo.* abfertigte.

Lutz suchte seinen ehemaligen Schulkameraden und Freund Andrej Timofeev auf, dessen Vater Direktor der genetischen Abteilung des *Kaiser-Wilhelm-Instituts für Hirnforschung* in Berlin-Buch war. Andrejs Eltern gewährten Lutz Unterkunft. Als im April die sowjetische Truppen zum Zentrum der Stadt Berlin vorstießen, wurde der Ortsteil Buch im Norden Berlins kampflos von der Roten Armee eingenommen.

*

Im Frühjahr 1946 – Lutz war völlig allein und mittellos, zwanzig Jahre
alt und damit nicht volljährig – suchte er seinen Onkel August in Bielefeld auf. 23 Jahre später schilderte er seinem Cousin die Begegnung so:

*Ich selbst konnte mich der Sippe der Rosenkötter nie so verbunden fühlen,
weil ich sehr nachdrücklich erfahren musste, dass auf diese Familienbande
in Notzeiten kein Verlass ist. [August und Martha] waren wenig erfreut
und haben weder Interesse an meinem Ergehen gezeigt noch mir Hilfe
angeboten. Auf die wenig noble Haltung gegenüber meiner Mutter, die ja
auch den Namen Rosenkötter trug, möchte ich hier im einzelnen nicht
eingehen.*

Nein, in Bielefeld hatte man keinen Platz für diesen jungen Mann.
Lutz kehrte unverrichteter Dinge nach Berlin zurück und nahm zum
Wintersemester 1946/47 sein Medizinstudium an der Wilhelm-Hum-
boldt-Universität in Ostberlin auf.

*

Die vier Brüder Emil, August, Wilhelm und Hans hatten nach dem
Ersten Weltkrieg wenig oder gar keinen Kontakt zueinander. Der älteste
Bruder Emil, der in Berlin als Diplomingenieur ein Büro für Isolierungen
betrieb, verfügte 1941: *Mein letzter Wille! Meine Brüder August, Wilhelm und
Hans Rosenkötter und deren Familien sind von der Erbschaft ausgeschlossen.*
Fünfundzwanzig Jahre später, 1966 bei der Beerdigung Wilhelms, lernten
Augusts Söhne Emils Frau Ottilie Dillberger kennen, die über viele Jahre
hinweg in Berlin-Charlottenburg ein Delikatessengeschäft in der Leibniz-
straße geführt hatte und im Adressbuch von 1930 als Privatière in der
Kantstraße eingetragen ist. 1966 lebte Ottilie in Ost-Berlin.

*

1946 wurde August Rosenkötter siebzig Jahre alt. In seinem großen
Haus lebten lauter fremde Leute. Die Zahl der Klienten wurde immer ge-
ringer, die Angst um ihre Existenz und die Zukunft immer größer. Die
Währungsreform fraß alle Ersparnisse auf und auch die Versicherungen

für das Alter waren nichts mehr wert. Das Haus musste auf Rentenbasis verkauft werden, um überhaupt noch regelmäßige Einkünfte zu haben. Hinzu kamen Querelen und Ärger innerhalb der Familie. Augusts Körper war geschwächt, gestresst und ausgezehrt. Die Folge waren zahlreichen Krankheiten: Geschwüre, Tumore und Gedächtnisverluste. August zog sich immer weiter in seine eigene Welt zurück. Er starb 1958 im Alter von zweiundachtzig Jahren.

*

Am 25. Februar 1947 trat das Gesetz Nr. 46 des Alliierten Kontrollrates in Deutschland in Kraft.

Der Staat Preußen – der seit jeher Träger des Militarismus und der Reaktion in Deutschland gewesen ist –, seine Zentralregierung und alle nachgeordneten Behörden werden hiermit aufgelöst.

Zur Entstehung des Buches

Vor mir lagen über 60 handgeschriebene Briefe und Dokumente. Mal sehr sauber und akkurat verfasst und mit schwungvollen Verzierungen versehen, mal kaum lesbar von ungeübter Hand geschrieben. Einige Briefe waren unvollständig, manchmal war die Schrift verblichen oder nur teilweise lesbar, da Stücke einer Seite fehlten.

Es waren offizielle Schreiben – Zeugnisse, Beurteilungen, ein Losbrief und ein Heiratskonsens, eine Geburtsbescheinigung und ein Entlassungsschreiben, eine Witwenversorgung und Quittung, schließlich eine 23-seitige Verteidigungsschrift eines Rechtsanwalts – und private Briefe von Familienangehörigen, Freunden, Verwandten und Bekannten. Darunter auch Personen, von denen ich bisher nie etwas gehört hatte.

Hinzu kamen vier Lebensläufe, meist reduziert auf die wesentlichen Daten und Familienereignisse. Mal drei, mal acht Seiten lang. Die Lebensstationen eines Pfarrers; eines Leutnants, Grenzaufsehers und Steuereinnehmers; eines Soldaten und Rechnungsführers; und zuletzt eines Buchhalters, Kaufmännischen Direktors und Steuerberaters. Von den Frauen und Kindern wurde nichts oder nur wenig berichtet.

*

Die Briefe wurden zum wiederholten Male hervorgeholt, gelesen und wieder weggepackt. Irgendwann entstand die Idee. Spiegelte sich nicht in diesen Lebensläufen die Geschichte Preußens wider: die Rolle der Religion; Militär und Kriege; Industrialisierung und technischer Fortschritt; Wanderungsbewegungen; Nationalismus und Militarismus; Aufstieg und Fall?

*

Wie aber kann man über den Sohn eines Schmiedes erzählen, wenn man nur das Geburts- und Sterbedatum und nur wenige Lebensstationen kannte: er wurde Hauslehrer und dann Pastor, war verheiratet und hatte zwei Kinder?

*

Ein Pastor muss ein Studium gemacht haben, also muss der Junge zur Volksschule und einer weiterführenden Schule gegangen sein, er brauchte Förderer. Wer kam dafür in Frage? Wo wurden die zukünftigen Pfarrer ausgebildet? Welche religiöse Richtung wurde vertreten? Und so weiter, und so fort. Glück, Beharrlichkeit und das Internet, Bücher, Aufsätze und Zeitungsartikel halfen weiter.

Die Recherchen führten meist zu weiteren Fragen und noch mehr Nachforschungen. Grundsätzlich wurden zu jeder Person um Umkreis der Hauptfiguren Ermittlungen durchgeführt. Auf diese Weise kann man Freundschafts- und Bekanntenkreise ausfindig machen. Da gibt es Wegbegleiter, Unterstützer, Förderer und nicht so wohl Gesonnene oder gar Gegner und Feinde. Die Informationen ergänzen das Bild von der Person, den Zeitumständen und den Orten, ermöglichen neue Spurensuche und führen mit Glück, Einsicht und Überlegung zu vielen neuen, manchmal überraschenden Aspekten. Nicht alle Erkenntnisse wird man verwenden, manches verwerfen. Aber jede Spur kann zu unvermuteten Einsichten führen.

*

Um mir ein Bild von der Vergangenheit zu machen, habe ich immer wieder alte Landkarten gesichtet, Reisebeschreibungen gelesen, Archive nach allen möglichen Begriffen, Sachverhalten und Ansichten durchwühlt. Landschaften, Orte und Städte verändern sich ständig, aber unsere Sichtweise ist meist bestimmt durch unsere eigene Gegenwart. Natürlich wissen wir, dass früher viel weniger Leute in den Zentren gewohnt haben und wir können uns anhand von historischen Karten und Plänen schnell einen Überblick verschaffen.

Aber diese Orte waren auch anders strukturiert und funktionierten auf eine Weise, wie wir es uns gemeinhin kaum vorstellen. Adressbücher listen zum Beispiel nicht nur die Straßen und Einwohner auf, sondern wir erfahren von der Organisation der Stadt-, Behörden-, Militär- oder

Kirchenverwaltung. Wir bekommen Einsicht in die unterschiedlichen Berufe, die Anzahl der Handwerker, Läden oder Gaststuben, Herbergen und Hotels. Darüber hinaus vermitteln die Anzeigen zu den angebotenen Dienstleistungen und Waren einen Eindruck von den Bedürfnissen der Einwohner.

Reiseführer und -berichte beschreiben nicht nur die Sehenswürdigkeiten und möglichen Unterkünfte eines Ortes, sondern auch die Größe der Stadt, benennen die Anzahl der Häuser und Einwohner. Die Abfahrt- und Ankunftszeiten der Post und Eisenbahn sind genauso angegeben wie die Dauer der Reise zwischen den einzelnen Städten.

*

Die Recherche in Archiven hat sich in den letzten Jahren stark verändert und wird in Zukunft noch leichter von zu Hause aus zu machen sein. Die digitale Aufbereitung der Archivmaterialien und eine einheitliche Datenstruktur ermöglichen den Zugriff auf Dokumente, die bisher nur nach aufwendiger Suche – wenn überhaupt – auffindbar waren. Solche Archive existieren auf den unterschiedlichsten Ebenen (Staat und Bundesländer, Kirchen, Universitäten, Büchereien, Zeitungen und genealogische Vereine).

*

Das alles hört sich nicht nur aufwendig und zeitintensiv an, es ist es auch. Manche kurzen Abschnitte, ja sogar der einzelne Absatz oder auch nur die Suche nach den Vornamen einer Person erforderten stunden-, manchmal tagelange Recherchen – und blieben auch mal ohne Ergebnis. Jedoch ohne diese Nachforschungen wären möglicherweise nie die vielfältigen Beziehungen einzelner Personen untereinander und die Verflechtungen ganzer Familien über sehr lange Zeiträume sichtbar geworden.

Mehr noch, es wurde ein breit gefächertes System von Unterstützern deutlich, die aus wahrscheinlich sehr unterschiedlichen Motiven heraus tätig wurden: Der dienstlich Vorgesetzte, der für das berufliche Weiterkommen seiner Untergebenen sorgte. Menschen, die sich für die Wohlfahrt ihrer Mitbürger einsetzten. Frauen, die insbesondere die Förderung der Eigenständigkeit von jungen Frauen im Blick hatten. Da es keinerlei staatlichen Sozialsysteme gab, war die finanzielle und auch materielle Unterstützung Bedürftiger eine gesellschaftliche Notwendigkeit.

*

Unser Blick auf die Vergangenheit ist geprägt von unseren eigenen Erfahrungen und jenen der Eltern und Großeltern. Ausgangspunkt dieses Buches waren die Lebensläufe von vier Männern und die Lebensgeschichte einer Familie. Frauen wurden, wenn überhaupt, nur am Rande erwähnt.

Wer aber waren die Frauen? Nur die Namen, Geburts- bzw. Tauf-, Heirats- und Sterbedaten waren notiert worden. Doch Beharrlichkeit und einige Zufälle halfen weiter und führten zu einer anderen Sicht auf die Rollen und Aufgaben der Frauen.

Die arrangierte Ehe war kennzeichnend für die Beziehungen zwischen Mann und Frau bis Mitte des 19. Jahrhunderts, wie ich dies ja bereits in meinem Buch *Alltag und Lebenswelt einer Bauernfamilie* beschrieben hatte. Da allgemeine, staatlich finanzierte, soziale Sicherungssysteme fehlten, achteten die Familien darauf, dass ihre Kinder in die gleiche soziale Schicht einheirateten. Selbstverständlich führten die Frauen von Bauern, Handwerksmeistern oder Kaufleuten die Geschäfte.

In den überlieferten Briefen des Pastors Moritz Schwager und seiner Frau Helene Gösling wird die Eigenständigkeit der Ehepartner sehr deutlich. Auch Helene Rosenkötter, verheiratet mit Julius von Steinwehr, war in ihrer Rolle als Gutsverwalterin anerkannt. Oder ihre Tochter Jutta: Über zwanzig Jahre genoss sie gemeinsam mit ihrer Freundin Lilly von Wnuck das Leben voll und ganz.

Bei Jette und Emilie Jacobi wird deutlich, dass die Ehe aus Liebe nicht immer so in Erfüllung geht, wie man es sich erhofft hatte. Und bezeichnenderweise wurde nichts über Anna und Martha, die Ehefrauen von Adalbert und August gefunden: Die meisten Ehefrauen des späten 19. und des 20. Jahrhunderts wurden öffentlich nicht mehr wahrgenommen, wurden entrechtet und damit schlechter gestellt als ihre Mütter im 18. Jahrhundert.

*

Wenn man sich so intensiv über einen langen Zeitraum mit einer Person beschäftigt, verändert sich auch die Einstellung zu diesem Menschen. Adalbert war anfangs für mich nur der *Düppelstürmer*, weil fast alle Nachrichten über ihn mit diesem Kriegsereignis in Verbindung stehen.

Und er war ja auch nicht ganz unschuldig an diesem Bild.

Ohne Zweifel blieben Adalberts Erfahrungen in den sogenannten Einigungskriegen bestimmend für sein weiteres Leben. Seine militaristischen und nationalistischen Äußerungen sind aber auch dem damaligen Zeitgeist geschuldet: Wohl nur wenige konnten sich der allgemeinen Stimmung und Denkweise entziehen oder widerstehen, wie sie sich nach der Gründung des Deutschen Reiches 1871 in der Öffentlichkeit entwickelte und im letzten Jahrzehnt des 19. Jahrhunderts zunehmend an Schärfe, Aggressivität und Feindseligkeit äußerte und schließlich in den Ersten Weltkrieg führte. So gesehen wird einem die Person Adalbert vielleicht nicht sympathisch, aber man kann sie besser verstehen.

Sein Enkel Robert beschreibt Adalbert so: *Klein von Statur, aber groß im Charakter.* Aber so nah wird man einer Person durch die publizierten Berichte, Mitteilungen und Artikel in den Zeitungen und Büchern nie kommen, um ein solches Urteil fällen zu können.

*

Vom gleichen Autor bei Books on Demand erschienen:

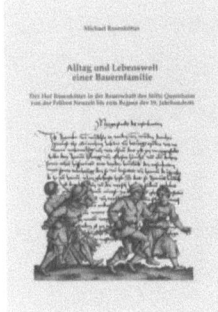

Alltag und Lebenswelt einer Bauernfamilie
Der Hof Rosenkötter in der Bauerschaft des Stifts
Quernheim von der Frühen Neuzeit bis zum
Beginn des 19. Jahrhunderts

Paperback, 164 Seiten, 21×29,7cm (Maxiformat)

ISBN-13:9783750494916
Erscheinungsdatum: 30.03.2020

**From Westphalia Into the World / Von Westfalen
in die Welt** – Eine ostwestfälische Bauernfamilie
sucht das Glück in den Vereinigten Staaten von
Amerika – Sprache: Englisch / Deutsch

Paperback, 192 Seiten, 19×27cm (Großformat)

ISBN-13: 9783833403408
Erscheinungsdatum: 07.11.2003